UNIVERSALISMO E DIVERSIDADE

Renato Ortiz

UNIVERSALISMO E DIVERSIDADE
Contradições da modernidade-mundo

Copyright © Renato Ortiz, 2015
Copyright desta edição © Boitempo Editorial, 2015

Direção editorial	Ivana Jinkings
Edição	Isabella Marcatti
Coordenação de produção	Livia Campos
Assistência editorial	Thaisa Burani
Preparação	Laura Folgueira
Revisão	André Albert
Diagramação	Vanessa Lima
Capa	Antonio Kehl e Sérgio Romagnolo sobre detalhe de *Agapanthus* (1914-1926), óleo sobre tela de Claude Monet

Equipe de apoio Allan Jones, Ana Yumi Kajiki, Artur Renzo, Bibiana Leme, Elaine Ramos, Fernanda Fantinel, Francisco dos Santos, Ivam Oliveira, Kim Doria, Magda Rodrigues, Marlene Baptista, Maurício Barbosa, Renato Soares, Thaís Barros

CIP-BRASIL. CATALOGAÇÃO-NA-FONTE
SINDICATO NACIONAL DOS EDITORES DE LIVROS, RJ

O89u

Ortiz, Renato
  Universalismo e diversidade : contradições da modernidade-mundo / Renato Ortiz. - 1. ed. - São Paulo : Boitempo, 2015.

  Apêndice
  Inclui bibliografia
  ISBN 978-85-7559-394-3

  1. Antropologia. 2. Sociologia. 3. Cultura. 4. Globalização. I. Título.

15-24745
CDD: 320
CDU: 32

É vedada a reprodução de qualquer
parte deste livro sem a expressa autorização da editora.

Este livro atende às normas do acordo ortográfico
em vigor desde janeiro de 2009.

1ª edição: agosto de 2015

BOITEMPO EDITORIAL
Jinkings Editores Associados Ltda.
Rua Pereira Leite, 373
05442-000 São Paulo SP
Tel./Fax: (11) 3875-7250 / 3875-7285
editor@boitempoeditorial.com.br | www.boitempoeditorial.com.br
www.blogdaboitempo.com.br | www.facebook.com/boitempo

SUMÁRIO

Apresentação 9

A polissemia das palavras 13

As ciências sociais e seus sotaques 37

Tradição e modernidade: a linha do tempo 63

Sobre o relativismo cultural 89

Diversidade e mercado 113

Anexo: Imagens do Brasil 139

Bibliografia 165

Apresentação

Existe atualmente um mal-estar do universalismo. A revolução digital, os meios de comunicação, as finanças, as viagens, o imaginário coletivo do consumo nos levam a valorizar os traços compartilhados destes tempos de unificação planetária. A própria noção de espaço se transformou; os símbolos e signos culturais adquirem uma feição desterritorializada, descolados de suas cores nacionais ou regionais, redefinindo-se no âmbito da modernidade-mundo. Diante desse movimento real das sociedades, uma desconfiança se insinua. O mal-estar é uma sensação imperceptível de desconforto. É palpável, mas disperso; sua manifestação é sinuosa, difícil de ser identificada. Porém, malgrado sua imprecisão, ele é evidente, tangível.

A situação de globalização implica a necessidade da busca por respostas consensuais em relação aos problemas comuns, mas nossas certezas em relação às crenças anteriores se esvaneceram. O universalismo dos filósofos iluministas já não nos serve de guia. As guerras, a dominação tecnológica, os desmandos da colonização, o eurocentrismo, a divisão das sociedades em civilizadas e bárbaras, o racismo são fatos inegáveis. Para enfrentá-los, de nada adiantaria certo malabarismo intelectual a fim de compreendê-los como desvios de uma modernidade inacabada.

Paradoxalmente, no momento em que determinada situação histórica aproxima a todos, o universal, como categoria política e filosófica, perde em densidade e em convencimento. Ressurge, assim, um debate antigo, mas que agora se reveste de formas distintas: o relativismo. Ele está associado às reivindicações identitárias, ao multiculturalismo, aos direitos indígenas, valorizando a diversidade cultural como traço essencial das sociedades humanas. Vivemos uma mudança do humor dos tempos. As qualidades positivas, antes atribuídas ao universal, deslocam-se para o "pluralismo" da diversidade. Talvez o exemplo

10 UNIVERSALISMO E DIVERSIDADE

mais emblemático disso seja a redefinição do mito de Babel. Na tradição da Europa ocidental ele é uma mancha, uma regressão: para superar a incomunicabilidade das falas, os homens deveriam buscar uma língua universal capaz de fundar a harmonia entre os povos e os indivíduos. Babel significava simplesmente desentendimento e incompreensão, o domínio irracional das paixões particulares. Quando dizemos hoje que a Internet é uma Babel, estamos no polo oposto. O diverso torna-se um ideal, e o uno, uma maldição. No entanto, é nessa brecha que o mal-estar se introduz. A diferença é sinal de riqueza, patrimônio a ser preservado, porém, simultaneamente, fonte potencial de conflito diante de um destino comum.

Por que a temática da diversidade tornou-se tão importante nos últimos anos? Porque o mundo se unificou. Talvez essa resposta pareça contraditória, mas é justamente esse o aspecto que merece ser sublinhado. Não se trata de compreender se o mundo é mais ou menos diverso do que o foi no passado – embora muitos autores enveredem por esse caminho –, isso é um falso problema. Uma definição instrumental da diversidade, unidade de medida que serviria de padrão comparativo entre os tempos históricos, é simplesmente inócua. Tampouco se ele é homogêneo, devido ao avanço das tecnologias virtuais e à consolidação de um mercado de bens materiais e simbólicos em escala global. A metáfora do mundo "plano", nivelado pelas mesmas expectativas e necessidades de consumo, é uma ilusão dos que pensam a realidade social apenas do ponto de vista tecnológico e econômico.

A questão relevante é de outra natureza: o que significa a emergência dessa problemática no âmbito da modernidade-mundo? Em que sentido o antagonismo entre universalismo e diferença "fala" de nossa condição? O debate contemporâneo muitas vezes se limita a contrapor o universal ao particular, o comum às diferenças, como se o antagonismo entre os termos fosse meramente conceitual. No entanto, se esquece de indagar por que utilizamos essas antinomias para caracterizar o "espírito de nosso tempo". O que elas possuem de específico para se tornarem indícios que nos interpelam? Octavio Ianni, em seus estudos sobre a globalização, utiliza uma expressão sugestiva ao se referir à tradição sociológica do século XIX: ele denomina "emblemas" algumas das problemáticas levantadas pelos pensadores da época[1]. Esse seria o caso dos conceitos de nação, indivíduo, modernidade, multidão. De alguma maneira, exprimem um conjunto de reflexões, distintas e controversas, que giram em torno de um eixo comum. Mas o que é um emblema? Eu diria que é uma representação gráfica que torna

---

[1] Octavio Ianni, "Globalização: novo paradigma das ciências sociais", *Estudos Avançados*, v. 21, n. 8, 1994.

visível um determinado aspecto da realidade, algo que condensa de maneira taquigráfica um significado que o constitui e o ultrapassa. Por isso nos remete sempre a algo que o transcende, não se esgota na materialidade de seu significante. Creio que a "diversidade", isto é, a forma como a pensamos e a discutimos hoje, pode ser considerada um emblema da modernidade-mundo. Com isso quero dizer que antes ela não era percebida dessa forma. O mundo da Antiguidade não conhecia a "questão da diversidade", apesar da existência de povos, línguas e costumes diversos. Seria um anacronismo considerarmos o conceito dentro dessa perspectiva. Mesmo nos séculos XVII e XVIII, durante o Iluminismo, as coisas colocavam-se de outra maneira. Afinal, a ideia de civilização e a ideologia do progresso deixavam pouca margem para as diferenças se afirmarem. Na verdade, até algumas décadas atrás, a "diversidade" não era uma noção suficientemente densa para se constituir numa espécie de totem de nossa contemporaneidade. Retiro a expressão de Durkheim, que, em seus estudos sobre as formas elementares da vida religiosa, dizia que "o totem é o emblema da tribo". Assim, todo totem é um emblema coletivo que concentra um conjunto de significados implícito nas relações sociais às quais se refere. Certamente o totem da diversidade é mais controverso que os dos grupos australianos analisados por Durkheim; no entanto, ele se constitui num referente que nos remete aos impasses e às incertezas do presente.

Os ensaios que se seguem inscrevem-se nessa perspectiva. Tomei a problemática da diversidade como fio condutor, algo que nos envolve na situação de globalização. Eles são de naturezas distintas, cobrem áreas variadas, mas evoluem todos ao redor de questões agrupadas sob a mesma denominação emblemática. Como outros de meus escritos, resultam de incursões por bibliotecas e bases de dados. Contei para isso com o auxílio imprescindível do CNPq, instituição brasileira que soube compreender as necessidades dos pesquisadores e a importância do trabalho intelectual.

A POLISSEMIA DAS PALAVRAS

O termo *universal* é polissêmico, o uso que dele fazemos é geralmente dúbio e impreciso. Diante de seus múltiplos sentidos, uma estratégia possível é delinear o conceito de modo a separá-lo dos significados enganosos que o aprisionam; por exemplo, distinguindo entre o universal e o uniforme, o universal e o comum, como faz François Jullien[1]. O pensamento atua como ferramenta de esclarecimento, precisando os contornos de sua validade teórica. No entanto, outra alternativa pode ser contemplada. Neste caso, não é tanto a definição mais apropriada que interessa, mas, sim, em que medida o termo nos remete a diferentes tradições intelectuais. Uma primeira acepção vincula-se à herança do Iluminismo: universal define uma qualidade da natureza humana. Os pensadores dos séculos XVII e XVIII divergiam a respeito de várias questões – a passagem do estado selvagem para a vida coletiva, as formas de governo dos povos (democracia, despotismo, monarquia), a hierarquia das raças, a origem da linguagem. Porém, partiam de um mesmo princípio: o homem (Foucault acredita que ele integra um dos pilares da *epistémê* moderna). Este é um ser objetivamente dado, raiz da vida em sociedade, independentemente da forma como ela se autogoverna ou se estrutura. Rousseau imagina um estado de pura natureza no qual o homem isolado encerraria potencialmente as virtudes que o constituem enquanto ser singular. Na primeira parte do *Discurso sobre a origem e os fundamentos da desigualdade entre os homens*, ele descreve as adversidades deste "homem só, ocioso", "rodeado de perigos", forte, ágil, capaz de resistir às enfermidades, desde a infância habituado às intempéries.

---

[1] François Jullien, *De l'Universel, de l'uniforme, du commun et du dialogue entre les cultures* (Paris, Fayard, 2008).

Para sua conservação, a nudez e a falta de habitação não são, portanto, um infortúnio, assim como a privação de tantas inutilidades que acreditamos necessárias. Se eles não têm a pele aveludada é porque nos países quentes não têm nenhuma necessidade, e eles sabem, nos países frios, apropriar-se da pele dos animais que abateram.[2]

Buffon tem uma visão distinta e o considera como parte de um instinto gregário, vivendo em manada (embrião da sociedade) com outros homens. Indagando-se sobre o que o tornaria diferente de outros animais, o autor afirma:

No homem a matéria é conduzida pelo espírito; ele conseguiu, portanto, modificar os efeitos da natureza; encontrou os meios para resistir às intempéries climáticas; criou o calor, quando o frio o destruía. O uso e a descoberta dos elementos do fogo, resultados unicamente de sua inteligência, deixou-o mais forte e robusto do que qualquer um dos animais.[3]

Malgrado as discrepâncias, o mesmo fundamento se mantém e perpassa essas ponderações. O humanismo das Luzes funda-se nesta categoria transcendente e abstrata: o homem; por isso os filósofos se interessam tanto pela passagem do estado de natureza para a sociedade. É preciso compreender esse momento inaugural, a faísca que separa definitivamente o ser humano da animalidade, quando sua universalidade se exprime de maneira inquestionável. A despeito das diferenças históricas, culturais e sociais, enfatiza-se o traço unificador. A obsessão pelo estado de natureza nada tem de fortuita (são inúmeros os debates a seu respeito, assim como fantasiosos seus argumentos), ela materializa um elemento decisivo para o pensamento: a unicidade do substrato humano. Uma vez postulado tal princípio, pode-se erigir um saber que o considere como objeto específico. O período das Luzes vê o surgimento de uma ciência da moral que se pretende objetiva como os estudos sobre o universo físico e biológico. Um saber que se emancipa da transcendência divina e prescinde das interpretações religiosas na compreensão do mundo. Certamente há uma diferença entre os fenômenos da natureza que Turgot considerava submetidos a leis constantes e encerrados num círculo cuja revolução é sempre a mesma e a vida social que escapa ao ritmo de sua repetição. Porém, nos dois domínios a noção de lei se aplica. Caberia ao pensamento deslindar a lógica das constantes que regem as relações humanas. Esse é o intuito de Montesquieu ao compreender as leis que nos governam como "uma relação necessária que deriva da natureza

---

[2] Jean-Jacques Rousseau. *Discours sur l'origine et les fondements de l'inégalité parmi les hommes* (Paris, Librarie Générale Française, 1996), p. 86 [ed. bras.: *Discurso sobre a origem e os fundamentos da desigualdade entre os homens*, Porto Alegre, L&PM, 2008].

[3] Georges Buffon. "L'Homme", em *Histoire naturelle* (Paris, Gallimard, 1984), p. 271.

das coisas"[4]. Observar a natureza humana significa compreender as regras de conduta, assim como as instituições que modelam o convívio em sociedade: família, Estado, governos. Exercício que transborda o domínio da mera reflexão, pois os pensadores do Esclarecimento são habitados por um profundo otimismo: descobrir as leis da natureza e mobilizá-las para tornar o homem feliz.

Não se deve imaginar que os iluministas tenham pouco interesse pela diversidade das culturas e dos povos. Pelo contrário, como demonstra Michèle Duchet, eles são ávidos leitores dos relatos de viagens[5]. Com a descoberta da América e os esforços de circum-navegação do planeta, por volta de 1770 praticamente todas as costas litorâneas das terras habitadas eram conhecidas. Os exploradores percorriam essas paragens distantes e condensavam suas aventuras e conquistas em livros que desfrutavam de grande prestígio entre a elite intelectualizada. O trabalho de Duchet é sugestivo porque analisa não apenas o conteúdo dos textos, mas as fontes que permitiram aos filósofos pensar determinados assuntos. Voltaire, por exemplo, possuía uma rica biblioteca composta por livros que versavam sobre as Terras Austrais, as Índias Orientais, a China, a África etc. A reflexão está, portanto, amparada num material empírico que lhes permite trabalhar (muitas vezes distorcer) sobre os hotentotes, os índios guaranis cristianizados pelos jesuítas, os papuas, os habitantes das ilhas do Taiti. Mesmo Buffon, cujo interesse central é a história da natureza, dedica um capítulo de suas reflexões à "diversidade da espécie humana". No entanto, como pondera Todorov, o interesse pelo diverso encontra uma limitação: ele é válido desde que se retorne ao tema da universalidade do homem[6]. A diversidade traduz sua unidade; apesar das diferentes raças, costumes, crenças religiosas, a miríade de povos comunga as virtudes de um único gênero (iluminado pelos filósofos). Os relatos dos viajantes garantiriam ainda ao pensamento uma veracidade empírica, seriam o resultado da observação (os textos são considerados fidedignos), e não da simples divagação metafísica. O objeto homem torna-se, então, passível de compreensão universal, propiciando generalizações sobre um conjunto historicamente diverso, mas filosoficamente homogêneo: a humanidade.

Contudo, a razão não é simplesmente um instrumento de conhecimento, é um valor transcendental no qual se funda a própria natureza humana. Quando Rousseau parte em busca das leis naturais que regem a conduta dos indivíduos, pondera:

---

[4] Montesquieu, *De l'Esprit des lois* (Paris, Flammarion, 1979), v. I, p. 123 [ed. bras.: *O espírito das leis*, São Paulo, Martins, 2005].

[5] Ver Michèle Duchet, *Anthropologie et histoire au siècle des lumières* (Paris, Maspero, 1971).

[6] Tzvetan Todorov, *Nous et les autres: la réflexion française sur la diversité humaine* (Paris, Seuil, 1989) [ed. bras.: *Nós e os outros: a reflexão francesa sobre a diversidade humana*, Rio de Janeiro, Zahar, 1993].

> Enquanto não conhecermos o homem natural, em vão buscaremos determinar as leis que o regem ou que melhor convêm a sua constituição. Tudo o que podemos ver mais claramente a respeito dessa lei é que não seja apenas uma lei; é preciso que a vontade daquele à qual ela obriga possa submeter-se com conhecimento, é preciso ainda que ela seja natural e o interpele imediatamente pela voz da natureza.[7]

O raciocínio é circular: a existência das leis naturais ancora-se na universalidade da razão que permite ao homem escolher o que elas determinam a sua revelia. Importa, porém, sublinhar a dimensão da escolha: ela exprime um caráter modal do pensamento iluminista. O tema da razão e da liberdade encontra-se nos escritos dos mais diversos autores. Por exemplo, em Hobbes, quando busca legitimar a autoridade do soberano. A fábula do contrato social fundamenta-se na ideia de um homem livre, capaz de avaliar racionalmente sua situação de penúria e calcular as vantagens de um pacto no qual todos encontrariam a paz e a felicidade. A razão o conduziria a eleger o bem comum, superior à vontade individual desregrada. Ou, ainda, em Kant, no texto "O que é o iluminismo?". Sua resposta à pergunta é esclarecedora: "é a saída do homem do estado de tutela do qual ele mesmo é o responsável"[8]. Postula-se a existência de um homem guiado pela razão (ele é capaz de sair do estado de tutela) e um conjunto de valores através dos quais ele age no mundo: espírito de liberdade, uso público da razão, responsabilidade. Natureza humana associa-se, assim, a valores políticos e morais cuja realização seria filosoficamente necessária.

Outro sentido do termo exprime-se no contraste que se faz entre sociedade e natureza, homem e mundo animal. Um exemplo é a distinção estabelecida pelos linguistas entre língua e linguagem. Como observa Saussure, esta última é uma faculdade universal, uma capacidade inerente à condição humana, enquanto a língua seria "o conjunto de formas concordantes que este fenômeno assume numa coletividade de indivíduos e numa época determinada"[9]. Para existir, a estrutura da linguagem deve se materializar num idioma particular; a língua pertence ao domínio da cultura e da história. Émile Benveniste tem razão ao dizer que a noção de linguagem aplica-se apenas no sentido figurado ao reino animal. Isso não significa que inexista a comunicação entre gorilas, abelhas ou chimpanzés, mas é preciso não confundir linguagem com código de sinais. "O caráter da linguagem

---

[7] Jean-Jacques Rousseau, *Discours sur l'origine et les fondements de l'inégalité parmi les hommes*, cit., p. 72.

[8] Immanuel Kant, "Réponse à la question: qu'est-ce que les Lumières?", em *Vers la paix perpétuelle* (Paris, Flammarion, 1991), p. 41 [ed. bras.: "Resposta à pergunta: que é Esclarecimento", em *Textos seletos*, edição bilíngue, Petrópolis, Vozes, 1985].

[9] Ferdinand de Saussure, "Linguagem-língua-fala", em *Escritos de linguística geral* (São Paulo, Cultrix, 2004), p. 115.

é o de propiciar um substituto da experiência que seja adequado para ser transmitido sem fim no tempo e no espaço, o que é típico do simbolismo [humano]"[10]. Discute-se entre os estudiosos se sua aquisição seria um fenômeno que teria ocorrido por etapas ou abruptamente. Tudo leva a crer que os ancestrais dos humanos conheciam uma espécie de protolinguagem (a evolução seria gradativa). Há, porém, consenso em dizer que somente um determinado tipo de hominídeo possui linguagem em sua plenitude: capacidade de análise, interpretação, estruturação da realidade e função argumentativa (a elaboração do discurso)[11]. Por isso, todos os *sapiens* – em nome da precisão, alguns dizem, os *sapiens sapiens* – partilham essa qualidade. O mesmo pode ser dito em relação à evolução do tamanho do crânio e do patrimônio genético: arqueólogos, paleontólogos e geneticistas buscam pelos traços universais dos seres humanos. O panorama que retratam, embora incompleto, devido às dificuldades inerentes a esse tipo de pesquisa, descreve uma clara sequência evolutiva. Os macacos bípedes australopitecos surgem em torno de 5 milhões de anos e mesclam algumas das características dos futuros hominídeos, como caminhar em posição ereta, com outras específicas da sua espécie, como ter os braços longos. O gênero *Homo* é mais recente, data de cerca de 2 milhões de anos, e nele se podem observar uma caixa craniana mais desenvolvida e transformações anatômicas importantes, como o surgimento da face e do queixo. Há várias espécies dentro dessa linhagem, *habilis, erectus, rudolfensis* etc., mas elas serão extintas, restando apenas o *Homo sapiens*. Este surge na África (há 180 mil anos) e, como as linhagens anteriores, espalha-se por todo o planeta; os paleontólogos descrevem esse processo migratório durante milhares de anos. A partir desse momento, a evolução biológica torna-se débil ou inexistente, ao passo que as transformações culturais começam a se acelerar. Yves Coppens observa que

> a cultura, durante um longo período, esteve atrasada em relação à natureza, em seguida, é o inverso que se produz; esse ponto de inversão, que denominarei de fronteira da inversão cultural ou *reverse point*, se situaria em torno dos 100 mil anos. Ele é particularmente importante pois localiza o momento da maioridade incontestável do livre-arbítrio em relação à reação instintiva.[12]

Os vestígios arqueológicos testemunham que diversas técnicas, como a fabricação de objetos e a utilização do fogo, são bem anteriores ao *Homo sapiens*;

---

[10] Émile Benveniste, "Comunicação animal e linguagem humana", em *Problemas de linguística geral I* (Campinas, Pontes, 1995), p. 65.

[11] Ver Guy Jucquois, "Langage et communication chez les hominidés", *Diogène*, Paris, PUF, n. 214 (especial *Naissance de la pensée symbolique et du langage*), abr.-jun. 2006, p. 71-94.

[12] Yves Coppens, *L'Histoire de l'homme* (Paris, Odile Jacob, 2008), p. 162.

o mesmo pode ser dito de práticas como o sepultamento dos mortos ou o emprego de corantes para pintar o corpo. No entanto, o paleolítico superior (40 mil a 10 mil anos) inaugura outra etapa da vida do humano "moderno" (alguns autores falam em revolução paleolítica). Um conjunto de transformações indica novas formas de organização da sociedade[13]. Na esfera tecnológica surge a padronização das ferramentas, a utilização de matéria animal na produção de artefatos e armas de caça. No domínio das estratégias de subsistência e exploração do território há incremento da alimentação aquática e vegetal, criação de equipamentos necessários para a torrefação de grãos, diversificação das estratégias de caça; surgem também as primeiras formas de estocagem de alimentos e a organização de determinadas tarefas em função do espaço territorial. Existem ainda as mudanças de natureza simbólica: o surgimento da arte figurativa (30 mil anos), a presença de sepulturas com certo mobiliário funeral, indicando a existência de rituais complexos, e o advento dos instrumentos musicais (flauta). Não há como negar a importância das descobertas arqueológicas e das pesquisas genéticas; de fato, elas permitem traçar um quadro plausível (sujeito a confirmação) da origem e da evolução dos hominídeos.

No entanto, há algo de insatisfatório nisso tudo. Dentro da perspectiva considerada, a noção de cultura faz sentido apenas quando contrastada à de natureza. A epopeia dos humanos se esclarece, todos eles fabricam utensílios, conhecem a linguagem, adornam suas vestimentas e suas sepulturas, organizam a vida social em tarefas determinadas, são capazes de representar o real através de sinais e símbolos pictóricos, por isso afastam-se de seus ancestrais e do predomínio biológico. Esquece-se, porém, que é justamente este traço idiossincrático, a cultura, que os distancia uns dos outros. Certo, a linguagem é uma faculdade universal dos seres vivendo em sociedade, mas as línguas, enquanto sua atualização, os separa e os divide. A diversidade das falas sobrepõe-se ao traço comum que lhes dá suporte. Contraposta ao reino animal, há realmente uma história do desenvolvimento dos hominídeos, que pode ser apreendida por meio de um conjunto de indícios: aumento do volume craniano, aprimoramento de algumas funções biológicas, consumo de alimentos tratados pelo fogo etc. O *Homo sapiens* diverge das outras espécies de *Homo* assim como das outras formas de vida existente no planeta. Entretanto, quando lemos sobre o paleolítico superior, temos certa relutância em imaginar que esses homens são também diferentes entre si, cultivam deuses e espíritos diversos, inserem-se em sociedades

---

[13] Consultar Francesco D'Errico, "L'Origine de l'humanité et des cultures modernes: le point de vue de l'archéologie", e Janusz Kozlowski e Dominique Sacchi, "À la recherche de l'origine de la modernité", ambos em *Diogène*, Paris, PUF, n. 214 (especial *Naissance de la pensée symbolique et du langage*), abr.-jun. 2006, p. 147-59 e 160-73.

com estruturas de parentesco específicas, falam línguas e possuem tradições particulares. Um exemplo – o preferido de Lévi-Strauss – pode ser apontado: a proibição do incesto existe em todas as sociedades humanas; ela seria universal. Não há por que negar tal afirmação, atestada pelos estudos antropológicos; porém, ela diz muito sobre o que as sociedades não são e pouco sobre como elas vivem. O universal termina onde começam a cultura e a língua. Esse é o problema.

Na tradição sociológica, a noção investe-se de outro significado, a ênfase não recai sobre o homem, mas sobre a sociedade: ele é um ser social modelado pelas circunstâncias históricas. A definição durkheimiana de fato social é esclarecedora, malgrado seus equívocos; ela contempla um conjunto de fenômenos com uma característica bastante particular: maneiras de agir, sentir e pensar que seriam "exteriores" aos indivíduos. Por exterior, deve-se entender que possuem vida própria, independente das vontades individuais daqueles que as expressam. Esses fatos, deveríamos denominá-los sociais. A perspectiva sociológica prescinde da ideia de uma essência trans-histórica, a natureza humana. As sociedades são *sui generis*, distintas entre si, envolvem os indivíduos e os inserem numa rede de relações sociais. Nesse sentido, não existiria a humanidade, unidade genérica na qual todos estariam incluídos. Isso fica claro, por exemplo, na discussão a respeito das categorias de espaço e de tempo. Kant as considera *a priori* universais da mente humana: os homens partilhariam a mesma forma (vazia) para construir a espacialidade e a temporalidade das coisas. Durkheim toma o caminho inverso. Para ele as pessoas não classificam as coisas de maneira espontânea ou movidas por algum tipo de necessidade natural. Uma classe é um grupo de coisas, porém, essas coisas não se apresentam à observação por si mesmas; é necessário agrupá-las para que o todo faça sentido. Mas com quais critérios opera o pensamento que estabelece tal hierarquia? Durkheim procura demonstrar que eles são sociais.

> O espaço não é este meio vago e indeterminado que Kant havia imaginado [...]. Para dispormos as coisas espacialmente é preciso situá-las de maneira diferente: colocar algumas à direita, outras à esquerda, essas aqui no alto, aquelas ali embaixo, ou no norte ou no sul, a leste ou a oeste etc. [...]. Isto é, o espaço não poderia existir por si mesmo se ele não se encontrasse dividido e diferenciado. Mas de onde vêm essas divisões, que lhe são essenciais? Em si mesmo, não existe nem direita nem esquerda, alto nem baixo, norte nem sul etc. Todas essas distinções provêm evidentemente dos diferentes valores afetivos atribuídos a cada uma dessas regiões. Como todos os homens de uma mesma civilização representam o espaço de uma mesma maneira, torna-se evidente que os valores afetivos e as distinções que deles dependem sejam igualmente comuns a todos; o que implica, quase necessariamente, que eles sejam de origem social.[14]

---

[14] Émile Durkheim, *Les Formes élémentaires de la vie religieuse* (Paris, PUF, 1968), p. 15-6 [ed. bras.: *As formas elementares da vida religiosa*, São Paulo, Paulus, 1989].

20 UNIVERSALISMO E DIVERSIDADE

Abre-se, assim, a possibilidade de um novo campo de estudos, uma sociologia do conhecimento que se ocupe das formas cognitivas. Elas seriam moldadas pelos quadros sociais do conhecimento, não por sua suposta universalidade: por exemplo, a noção de espaço no mundo helênico, no horóscopo chinês, na Idade Média, entre os habitantes das ilhas de Trobriand. Nessa perspectiva, o homem existe sempre em contexto; o objetivo da sociologia seria entendê-lo, compará-lo a outros contextos, construindo uma interpretação a partir de uma realidade empírica determinada, não de um princípio normativo ou filosófico. Outro exemplo: o embate com as correntes filosóficas de sua época. Ao contrário de Comte, Durkheim não acredita no progresso "retilíneo" da humanidade, o que significa que dificilmente poderia considerar sua sociedade (a europeia) como moralmente mais racional do que as outras. Na verdade, o fato moral encontra-se vinculado às condições sociais que o conformam. Compreende-se, assim, sua afirmação:

> Nada nos autoriza a pensar que a moral dos povos ditos inferiores seja inferior à nossa. Não vejo como poderíamos compará-las de maneira a estabelecer entre elas uma espécie de hierarquia. A verdade é que elas são incomparáveis. Cada tipo de sociedade possui sua própria moral, que se encontra relacionada à estrutura dessa sociedade e que lhe permite viver.[15]

Também Weber nos ajuda a entender a problemática que nos interessa. Ele denomina religiões universais um conjunto de crenças – judaísmo, confucionismo, budismo, bramanismo, cristianismo, islamismo – cuja apreensão do mundo propõe uma ética na qual o indivíduo escolheria, com maior ou menor grau de autoconsciência, o caminho de sua salvação[16]. Weber contrapõe essas religiões às crenças mágicas, nas quais o elemento de escolha, de individuação, estaria contido pelas exigências das divindades locais e pelas práticas costumeiras. Do ponto de vista sociológico, algumas dimensões dessa universalidade, além da questão da ética, merecem ser observadas. Há, primeiro, a oposição ao particularismo, ou seja, aos costumes, valores e poderes restritos aos limites da localidade. As religiões universais, obras de intelectuais, repousam na escrita e têm maior capacidade de universalização. A escrita é fundamental nesse processo, como observa Jack Goody: à diferença da oralidade, ela é uma ferramenta que propicia a descontextualização das normas[17]. O texto possibilita uma liberação dos limites provinciais, abrangendo

---

[15] Émile Durkheim, "Une confrontation entre bergsonisme et sociologisme: le progrès de la morale et la dynamique sociale", em *Textes I* (Paris, Minuit, 1975), p. 67.

[16] Max Weber, "Sociologia de la religión", em *Economia y sociedad* (Cidade do México, Fondo de Cultura Económica,1984) [ed. bras.: *Economia e sociedade*, Brasília, UnB, 1994].

[17] Jack Goody, *A lógica da escrita e a organização da sociedade* (Lisboa, Edições 70, 1987).

um raio de maior amplitude. Ele favorece a expansão religiosa, via conversão, dando-lhe um alcance que supera em muito o localismo das crenças particulares. Outro aspecto diz respeito à capacidade de integração dos povos dentro de uma mesma norma de sentido. As religiões universais associam-se às civilizações e, muitas vezes, constituem-se num centro irradiador de sentido. Elas conseguem integrar partes distintas dentro de um mesmo cosmo de significados. É o caso da China na Antiguidade[18]. Uma de suas tradições filosóficas nasce no século IV a.C., tendo sido codificada pelos discípulos de Confúcio ao longo dos anos. Mêncio (371-289 a.C.), um pouco como Maquiavel o faz mais tarde, organiza seus ensinamentos numa versão política coerente e orgânica cujo objetivo seria fornecer às famílias aristocráticas um código para governar. Entretanto, nessa época, o confucionismo era apenas uma entre várias escolas de pensamento. Somente com a unificação do Estado chinês (221 a.C.) seu destino se modifica.

Nesse momento, a fragmentação do poder imperial, muitas vezes qualificada pelos historiadores como o "feudalismo" vigente, é superada por uma força política que encontra sua justificativa na teoria do governo pela benevolência. Como cerne da doutrina de Estado, ele se configura como um universal capaz de integrar as partes do Império Chinês dentro de uma mesma totalidade simbólica. Weber tem ainda particular interesse nas relações de poder, o que o leva a trabalhar os conflitos entre os universos religiosos e a compreender seus vínculos com o campo da política – por exemplo, a contraposição entre ortodoxia e heterodoxia no caso da Índia. Ele mostra como o budismo, religião de mercadores, desenvolve-se na cidade, em oposição às forças agrárias que se legitimavam através do bramanismo. A cidade surge como espaço de contraponto ao poder real, alimentando um caminho religioso heterodoxo. A disputa entre budismo e bramanismo configura, portanto, um conflito entre universais que buscam maximizar suas influências em termos políticos e religiosos.

A perspectiva sociológica nos permite afirmar a importância do contexto histórico. Ela nos ensina que existem vários universais que se contradizem e competem entre si (confucionismo *versus* budismo, budismo *versus* bramanismo, cristianismo *versus* islamismo, catolicismo *versus* protestantismo etc.). Eles não existem em abstrato, devem ser qualificados e situados historicamente.

O termo diversidade é também polissêmico. Wieviorka observa que ele não pertence ao léxico conceitual das ciências sociais. No entanto, é uma temática que marca diversas tradições intelectuais[19]. A antropologia nos ensina que a noção de

---

[18] Max Weber, *The Religion of China* (Nova York, The Free Press, 1964).
[19] Michel Wieviorka, *La Diversité: rapport à la ministre de l'Enseignement supérieure et de la Recherche* (Paris, Robert Laffont, 2008).

diversidade encontra-se intimamente associada à ideia do Outro. Debruçando-se sobre as sociedades ditas primitivas, os antropólogos do final do século XIX queriam compreender um tipo de organização social radicalmente distinta daquela que conheciam. Relações de parentesco, crenças mágicas, mitos encontravam-se a tal ponto distantes das concepções existentes que alguns autores indagavam sobre a existência de uma "mente primitiva", "mentalidade pré-lógica" cujo funcionamento escapava aos padrões do pensamento ocidental[20]. A própria noção de observação participante derivava dessa condição de estranhamento. Para realizar o trabalho de campo, era necessário acercar-se de uma realidade inteiramente desconhecida e torná-la presente por meio da experiência subjetiva; somente depois ela poderia ser traduzida numa linguagem inteligível ao universo acadêmico. Mas pesquisas antropológicas logo descobriram que os grupos indígenas não são apenas contrastantes à sociedade industrial: cada um deles constitui uma cultura específica, uma identidade própria. Guarani, nuer, hauçá, algonquin são elementos descontínuos, particulares, diversos uns dos outros. Por isso o debate sobre o relativismo cultural atravessa as discussões dos antropólogos desde a fundação de sua disciplina. Apesar da existência de correntes teóricas de cunho universalista, como o estruturalismo, a antropologia é marcada por uma perspectiva que valoriza a unicidade de cada cultura. Os povos dispersos no planeta constituem, assim, uma série diversificada na qual cada traço possui características intrínsecas e irredutíveis. A diversidade cultural se exprime pela presença de sociedades justapostas no espaço.

A história também tematiza a multiplicidade dos povos que se interpenetram e se sucedem ao longo do tempo: egípcios, sumérios, gregos, romanos, chineses, árabes, persas. Esse quadro se transforma da Antiguidade à Idade Média, do Estado iluminista às conquistas coloniais. Muitas civilizações desaparecem, alimentando a crença de alguns historiadores de que as sociedades humanas seriam análogas aos organismos vivos (a problemática do colapso das civilizações é uma constante nos escritos de Toynbee[21]). Mas o que define a noção de civilização? Braudel a considera um espaço físico e uma totalidade econômica e social[22]. É sempre possível localizar uma civilização num mapa, já que ela possui um centro e um território geográfico no qual se manifestam costumes, língua, deuses, formas de governo (cidade-estado, império, monarquia). Ela encerra, ainda, uma mentalidade coletiva específica, maneira de pensar e de sentir o mundo. Os historiadores

---

[20] Ver Edward B. Tylor, *Primitive Culture* (Nova York, Harper, 1958); Lucien Lévy-Bruhl, *La Mentalité primitive* (Paris, Retz, 1976) [ed. bras.: *A mentalidade primitiva*, São Paulo, Paulus, 2008].

[21] Arnold J. Toynbee, *A Study of History* (Londres, Oxford University Press, 1946).

[22] Fernand Braudel, *Le Monde actuel: histoire et civilisations* (Paris, Librairie Classique Eugène Belin, 1963).

ressaltam a importância da ideia de continuidade, pois toda civilização deve se perpetuar no tempo da longa duração histórica. O mapa-múndi que eles desenham é preenchido por pontos assimétricos nos quais cada civilização (chinesa, europeia, indiana, muçulmana...) interage entre si. O mundo contemporâneo seria herdeiro da disposição espacial e temporal dessas unidades distintas.

Por fim, a sociologia nos mostra que as sociedades modernas são marcadas pela diferenciação. Por isso os autores do século XIX se interessam pela divisão do trabalho: essa é chave para explicar o contraste entre a cidade e o campo, o comércio e a indústria, assim como a cooperação entre os indivíduos vivendo em sociedade. Existe, portanto, um processo de separação e de especialização que se acentua ao longo do tempo. Recordo uma passagem de um texto de Marx:

> Quanto mais se recua na história, mais o indivíduo se apresenta num estado de dependência, membro de um conjunto mais vasto; esse estado começa por se manifestar de forma totalmente natural na família e na família ampliada até às dimensões da tribo: depois, nas diferentes formas de comunidades provenientes da oposição e da fusão das tribos. Só no século XVIII, na "sociedade burguesa", as diferentes formas do conjunto social passaram a apresentar-se ao indivíduo como um simples meio de realizar os seus objetivos particulares como uma necessidade exterior.[23]

Sublinho a ideia de individuação, que se associa a formas específicas de vínculos sociais. As sociedades modernas se opõem aos outros tipos de organização: família, tribo etc. A temática da divisão do trabalho é uma preocupação partilhada por diversos pensadores e não denota uma característica propriamente marxista. Basta lembrarmos a oposição entre solidariedade mecânica e orgânica, estabelecida por Durkheim. Desenvolvimento análogo encontramos na contraposição feita por Tönnies entre os conceitos de comunidade e sociedade.

> [A sociedade] é um grupo de homens que vivem e permanecem juntos de uma maneira pacífica uns ao lado dos outros, não são ligados organicamente mas são organicamente separados; enquanto na comunidade eles permanecem ligados apesar de toda separação, na sociedade eles estão separados malgrado qualquer ligação.[24]

Os vínculos "naturais" são mais fortes nas organizações como a família, a vizinhança, a comunidade rural, onde existe uma homogeneidade dos costumes e das normas de conduta. O comportamento individual é regido pelo consenso coletivo. A modernidade rompe esse equilíbrio, separando os indivíduos uns dos outros, desenraizando-os da tradição. Nesse sentido, a metrópole constitui-se na expressão

---

[23] Karl Marx, *Contribuição à crítica da economia política* (São Paulo, Martins Fontes, 1977), p. 202.
[24] Ferdinand Tönnies, *Communauté et société* (Paris, Retz, 1977), p. 81.

metafórica de sua realização. Não se deve confundir metrópole e cidade. Os agrupamentos urbanos são antigos, mas eles possuíam no passado um traço comunitário (Tönnies inclui a cidade grega no capítulo sobre a comunidade). A metrópole é o lugar privilegiado das relações anônimas e impessoais, em contraposição à coesão das pequenas cidades. Simmel a considera como o espaço onde "explodem as diferenças"[25]. A grande cidade, com a diversidade de seu ritmo de vida social, profissional e econômica, oferece ao indivíduo uma multiplicidade de estímulos; ela propicia uma vida espiritual mais rica, distinta da regularidade dos hábitos que marcam a temporalidade rural. A modernidade carrega em seu bojo um forte elemento diferenciador.

Essa digressão nos leva a uma conclusão análoga à anterior. A diversidade como diferença não possui um valor em si, uma essência, mas existe em situações históricas determinadas e deve, também, ser qualificada. Sendo assim, não é tanto a oposição em relação ao universal que interessa, mas como a mudança de contexto incide sobre nossa compreensão desses termos.

Isso nos remete à problemática da globalização. Não tenho a intenção de trabalhá-la em suas diferentes dimensões (o fiz em outros escritos)[26]; quero, no entanto, sublinhar um aspecto relevante para a discussão que nos concerne. Não creio na existência de uma "sociedade global", unidade sociológica homóloga às sociedades nacionais na qual o processo de integração das partes se faria de maneira coerente e ordenada. Ou seja, uma metassociedade englobando todas as outras. O espaço transnacional não é da mesma natureza dos espaços nacionais. A metáfora da sociedade global nos ilude nesse sentido (por exemplo, muitos afirmam a existência de um espaço público transnacional como se ele fosse homólogo ao espaço público nacional). Tampouco acredito que as sociedades sejam sistêmicas, e afirmar a presença de um *world system* parece-me problemático. Prefiro dizer que o processo de globalização define uma nova situação. Uma situação é uma totalidade no interior da qual as partes que a constituem são permeadas por um elemento comum. No caso da globalização, essa dimensão penetra e articula as diversas partes dessa totalidade. Colocar a problemática nesses termos nos permite evitar um falso problema – a oposição entre homogêneo e heterogêneo –, levando-nos a pensar simultaneamente o comum e o diverso[27].

---

[25] Ver Georg Simmel, "Les grandes villes et la vie de l'esprit", em *Philosophie de la modernité* (Paris, Payot, 1989) [ed. bras.: "A metrópole e a vida mental", em Otávio G. Velho, *O fenômeno urbano*, Rio de Janeiro, Zahar, 1976].

[26] Ver Renato Ortiz, *Mundialização e cultura* (São Paulo, Brasiliense, 1994).

[27] Por isso procurei diferenciar entre globalização econômica e tecnológica e o processo de mundialização da cultura. O domínio do simbólico contém um conjunto de diferenças que se inserem no âmbito da modernidade-mundo. Ver Renato Ortiz, "Mundialization/Globalization", *Theory, Culture and Society*, Londres, Sage, v. 23, n. 2-3 (especial *Problematizing Global Knowledge*), 2006.

Outro aspecto deve ser ainda ressaltado. Do ponto de vista conceitual, ao operar com a ideia de situação, consigo evitar um tipo de dicotomia comum no debate atual: refiro-me aos pares de oposição moderno/pós-moderno, tradição/modernidade, velho/novo, passado/presente. Normalmente, cada um desses termos é visto como uma unidade antitética, como se entre eles existisse uma incongruência insuperável. Creio ser uma perspectiva equivocada, cuja lógica excludente percebe a história de forma linear. A situação de globalização caracteriza-se pela emergência do novo e pela redefinição do "velho", ambos encontram-se inseridos no mesmo contexto, no qual diversas temporalidades se entrecruzam. Não é, pois, necessário opor tradição a modernidade, local a global. Importa qualificar de que tipo de tradição estamos falando (a tradição da modernidade ou a dos inúmeros grupos indígenas?) e pensá-la em suas formas de articulação à modernidade-mundo. Da mesma maneira, o local e o nacional não devem ser considerados como dimensões em vias de desaparecimento; trata-se de entender como esses níveis são redefinidos. Na situação de globalização coexiste um conjunto diferenciado de unidades sociais: nações, regiões, tradições, civilizações. Nesse sentido, embora integrado num mercado global, interconectado por tecnologias de comunicação, o mundo nada tem de homogêneo.

Esse é o contexto no qual se deve problematizar o universal e a diversidade. Um primeiro aspecto merece ser sublinhado: uma mudança do humor dos tempos. Gostaria de marcar tal inflexão com um exemplo: a busca pela língua universal[28]. Durante séculos, no mundo ocidental, essa aventura dominou a imaginação teórica de diversos autores, da Idade Média ao Iluminismo, da Revolução Francesa à construção dos idiomas artificiais[29]. No início, a questão se resumia a conhecer qual era a língua falada no Paraíso. Seria o hebraico antigo? Como Deus havia conferido, entre tantos animais, apenas ao homem a capacidade da fala, não havia dúvida de que todas as línguas teriam se originado desse idioma primevo. Haveria uma transparência na comunicação entre os homens, inexistindo, entre eles, a incompreensão. Babel, palavra hebraica que significa "confusão", rompe esse equilíbrio, e o estado paradisíaco de paz cede lugar à separação dos povos. A imagem da torre incompleta, em ruínas, quase tocando as nuvens, simboliza a discórdia daqueles que antes partilhavam a mesma língua e os mesmos objetivos. A confusão das línguas decorre da intervenção divina – alguns intérpretes a consideram uma punição (outros não), mas ela é um ato da vontade divina. O episódio significa uma queda, e a passagem

---

[28] Retomo parte de minha argumentação desenvolvida em "Do flagelo da diversidade ao pesadelo monolinguista", em *A diversidade dos sotaques: o inglês e as ciências sociais* (São Paulo, Brasiliense, 2008).

[29] Ver Umberto Eco, *À procura da língua perfeita* (Bauru, Edusc, 2002).

26 UNIVERSALISMO E DIVERSIDADE

do uno para o diverso é um retrocesso, uma decadência. Nos séculos XVI e XVII, a ideia do mito adâmico se enfraquece, desconfia-se da existência desse idioma fonte de todos os outros; mas os filósofos estão convencidos da possibilidade de se inventar uma língua universal capaz de retratar a realidade tal como ela é, sem a distorção que as línguas vulgares infligiam ao pensamento. São assim construídos diferentes sistemas de linguagem cuja vocação seria a universalidade (Dalgarno, Wilkins, Lodwick, Leibniz). No século XVIII, o debate acerca da ideia de língua filosófica inspira-se nos mesmos ideais, expressando-se na obra máxima da época, *L'Encyclopédie* [A enciclopédia]. Essa corrente de pensamento irá se desdobrar no século XIX com a invenção das línguas artificiais: volapuque (1879), esperanto (1887) e muitas outras: spokil, spelin, mundolíngua, neutral. Todas almejam eliminar o "flagelo da diversidade"; o ocaso do plurilinguismo coincidiria com o reencontro e a concórdia entre os homens. Pode-se dizer que até meados do século XX o interesse pela existência de uma interlíngua artificialmente criada para comunicação internacional manteve-se aceso por certa militância linguística[30]. Cito um exemplo que, de alguma maneira, resume os ideais dessa língua universal. Em 1795, ano III da República francesa, o cidadão Jean Delormel apresenta um projeto à Convenção Nacional. Ao justificar suas intenções, ele escreve:

> Neste momento de revolução, no qual o espírito se projeta com tanta energia e se regenera entre os franceses, não deveríamos tornar pública uma língua nova, que facilitaria as descobertas aproximando os sábios das diferentes nações, um termo comum entre todas as línguas, fácil de ser aprendida pelos homens menos suscetíveis de instrução, e que faça de todos os povos uma mesma família? [...] as luzes aproximam e conciliam os homens de todas as maneiras; essa língua, facilitando a comunicação, propagaria as luzes.[31]

A metáfora é exemplar. A luz da razão não pode sofrer refração, caso contrário se subdividiria numa multiplicidade de feixes luminosos. O idioma universal exprime os valores do Iluminismo e transforma-se num patrimônio da humanidade.

O quadro linguístico muda radicalmente no século XXI, quando o otimismo em torno do monolinguismo passa a ser visto com desconfiança. A situação de globalização acrescenta ainda um novo elemento: a hegemonia do inglês. Surge uma nova hierarquia no mercado de bens linguísticos, na qual uma língua subjuga todas as outras. Como pondera De Swaan, o sistema mundial das línguas é

---

[30] Mario Pei publica em 1969 sua proposta de uma língua comum para toda a humanidade, *One Language for the World* (Nova York, Keep-Worthy, 1969).

[31] Jean Delormel, *Projet d'une langue universelle, présenté à la Convention Nationale* (Paris, Edição do autor, 1795), p. 48-50.

um todo no qual elas estão articuladas a um núcleo central, e o inglês é o centro desse espaço de poder[32]. Nesse contexto, a busca da língua universal se desfaz e a suposta concórdia entre os homens cede lugar a um sentimento profundo de dominação. Por outro lado, inúmeros estudos se interessam pelas línguas minoritárias. Contrariamente aos ideais da unicidade, sublinha-se a existência dos idiomas "em risco", "em perigo", "em sério perigo", "moribundos", "ameaçados"[33]. Por exemplo, o *Atlas of the World's Languages in Danger of Disappearing* [Atlas das línguas do mundo em perigo de desaparecer], elaborado pela Organização das Nações Unidas para a Educação, a Ciência e a Cultura (Unesco), revela a agonia lenta das falas dos pequenos grupos dispersos na face da Terra. A perda de prestígio, a necessidade de adaptação à convivência com os idiomas mais fortes, a diminuição do número de falantes, as exigências da modernização, os deslocamentos migratórios, tudo conspira contra sua existência. A história bíblica condenava a profusão das línguas, que seria o testemunho da decadência original. Ao hipertrofiar o uno, a diversidade inevitavelmente conduziria à imperfeição. A mudança do contexto modifica os termos do debate, tem-se a impressão de que ele toma uma direção diametralmente oposta. Consideremos os argumentos apresentados por Stephen Wurm em sua defesa das línguas minoritárias:

> Toda língua reflete uma cosmovisão e uma cultura única e mostra como uma comunidade linguística resolveu seus problemas de relacionamento com o mundo, formulou seu pensamento, sua filosofia e sistema de conhecimento do universo que a rodeia. Cada idioma é o meio pelo qual se expressa o patrimônio imaterial de um povo, e que ainda segue exprimindo durante certo tempo, depois que o impacto de uma cultura diferente, intrusa e poderosa, geralmente metropolitana, tenha provocado a decadência e o declínio da cultura implícita em si mesma. Por isso, com a morte e a extinção de uma língua se perde para sempre a unidade insubstituível de nosso conhecimento, da cosmovisão e do pensamento humano.[34]

Há uma inversão das expectativas. O diverso é inteiramente ressignificado, de maldição transmuta-se em riqueza, patrimônio. Cada idioma, em sua modalidade, é um universo irredutível aos outros, e sua morte seria uma perda inestimável para o conjunto das visões de mundo dos diferentes povos. Alguns autores chegam a fazer um paralelo, equivocado, entre a preservação das línguas e a diversidade biológica. Nos dois casos teríamos uma ameaça de extinção. As noções de confusão e incompreensão, intrínsecas à polêmica

---

[32] Abram de Swaan, *Words of the World* (Cambridge, Polity, 2001).

[33] Ver Lenore Grenoble e Lindsay Whaley (orgs.), *Endangered Languages* (Cambridge, Cambridge University Press, 1998).

[34] Stephen Wurm, *Atlas de las lenguas del mundo en peligro de desaparición* (Paris, Unesco, 1996), p. 1.

28 Universalismo e diversidade

anterior, são então substituídas por outras, que agora prezam o diverso e o plural. O monolinguismo deixa de ser uma virtude para se tornar um pesadelo, e o mito de Babel é reinterpretado de modo positivo. Suas deficiências anteriores caracterizam sua força e sua exemplaridade. Diversidade significa riqueza, abertura para mundos distintos.

Uma maneira de reagir a essa mudança de humor é considerar suspeita toda discussão sobre os "particularismos". Nessa perspectiva eles são percebidos como uma ameaça ao universal, um desvio identitário[35]. Outra possibilidade, sua antípoda, seria abraçar a ideia de "fim" do universal, tema explorado pela literatura pós-moderna. Lyotard, em seu clássico livro *O pós-moderno*, dizia que os grandes relatos tinham perdido toda credibilidade, sendo incapazes de legitimar as formas de interpretação do mundo[36]. Particularmente, as propostas que tinham "a humanidade como herói da liberdade" ou a ciência como "formação moral e intelectual da nação" teriam entrado em colapso. Na sociedade pós-industrial restaria aos pequenos relatos o papel de ressignificar as formas de compreensão do mundo. As diferenças neles contidas tenderiam a se sobrepor às narrativas totalizadoras. Em parte, Lyotard tem razão. Alguns relatos certamente perdem força. É o caso das ideologias políticas, que cultivaram ao longo dos séculos XIX e XX a ilusão de constituírem uma força intelectual e social capaz de organizar coletivamente as vontades individuais. Sua integridade simbólica estaria calcada em valores e conseguiria, inclusive, orientar a conduta das pessoas. Tal crença na política como "intelectual orgânico", para falarmos como Gramsci, se rompeu.

Entretanto, alguns não significam todos. Pelo contrário, é possível reconhecer na situação de globalização, na qual as certezas pós-modernas são debilitadas, a emergência de relatos totalizadores e a atualização de antigas narrativas que pareciam ultrapassadas. Por exemplo, as religiões universais. A formação da sociedade industrial implica necessariamente um processo acentuado de secularização. A religião, elemento fundamental na organização dos vínculos sociais nas sociedades anteriores, perde em centralidade. O Estado moderno é impessoal e prescinde da vitalidade dos universos religiosos. Weber condensou de maneira aforística esses traços na ideia de desencantamento do mundo. Ele se mantém no contexto de globalização, a modernidade-mundo, tanto em seus aspectos econômicos quanto nos culturais, não se assenta em princípios religiosos. Porém, o sentido das religiões toma outra configuração. Tradicionalmente, a oposição entre religião e Estado restringia as crenças religiosas ao espaço privado,

---

[35] No plano filosófico e político, o livro de Alain Badiou tem a intenção de cumprir este papel: *Saint Paul: la fondation de l'universalisme* (Paris, PUF, 2007) [ed. bras.: *São Paulo: a fundação do universalismo*, São Paulo, Boitempo, 2009].

[36] Jean-François Lyotard, *O pós-moderno* (Rio de Janeiro, José Olympio, 1986).

e a dimensão pública faria parte do domínio da laicidade. Nesse sentido, o Estado-nação é pensado como o lugar ideal para a realização do universal da modernidade (cidadania, democracia, liberdade). Entretanto, na situação atual, a conjunção entre nação e modernidade se cinde, a modernidade-mundo transborda as fronteiras do nacional. Se até então a nação era considerada espaço privilegiado dos valores universais, ela torna-se, agora, apenas uma "diferença", um "local" no âmbito planetário. No fundo, o falso dilema sobre o "fim do Estado-nação" encobria esta evidência: sua desclassificação de uma posição hierárquica antes inquestionável. Dito de outra forma, o Estado-nação perde em centralidade, como havia acontecido anteriormente com as crenças religiosas. Não obstante, as religiões, por sua natureza, transcendem os povos e as nações. Este traço, julgado restritivo com o advento da modernidade, torna-se uma vantagem dentro da nova situação. Devido à sua vocação transnacional, elas podem atuar de maneira mais abrangente, desvencilhando-se do constrangimento das forças locais e nacionais. Ao se definirem como algo para "além das fronteiras", elas exploram sua dimensão universalista, projetando-se para fora dos limites reconhecidos. Se o Estado-nação encontra dificuldades em se afirmar num espaço mundializado, elas tiram proveito de suas potencialidades. Agregam pessoas em escala ampliada e criam laços sociais. Enquanto linguagem, ideologia e concepção de mundo dispersos, mas extensivos a grandes áreas territoriais, os universos religiosos exprimem uma memória coletiva e coordenam as ações dos fiéis. Dispondo agora de meios de comunicação mais eficazes, canais de televisão, DVDs, correio eletrônico, Internet, eles tecem os fios de uma "solidariedade orgânica" de alcance mundial.

Mas surgem ainda novas propostas de vocação universal. O exemplo mais eloquente é a ecologia. Consideremos o texto de Edgar Morin e Anne Brigitte Kern, *Terra-pátria*, espécie de manifesto político para o século XXI. Eles partem da existência bioantropológica do gênero *Homo* e estão interessados em revelar "a unidade da espécie, a identidade humana, os universais antropológicos". A noção de humanidade desvincula-se da tradição iluminista para se transformar numa "entidade planetária e biosférica". O planeta Terra surge como uma unidade à qual todos pertenceríamos. Resta resolver um dilema: vincular a diversidade de culturas, povos, ideologias existentes em seu interior. A resposta apresentada pelo Estado-nação é insuficiente, ele não mais possui uma força integradora "universal", suas fronteiras delimitam a um domínio restrito. O mesmo pode ser dito da diversidade cultural, que confinaria as pessoas a seus costumes e hábitos provincianos. É necessária uma universalidade que se afaste das questões ideológicas, nacionais ou culturais, pois elas tendem a separar o que se quer juntar. O substrato ecológico transforma-se, assim, em vínculo associativo entre as pessoas. É preciso que todos "reconheçam essa qualidade à Terra, ela mesma *mater* e pátria de todos os humanos [...] a associação planetária é a exigência racional mínima para um mundo encolhido e interdependente. É preciso urgentemente, no interior dessa associação, deslumbrarmos a cidadania planetária"[37]. A noção de pátria utilizada pelos autores é sugestiva, encerra uma dimensão peculiar: a presença de uma comunidade de valores e de sentimentos. Uma proposta de alcance planetário deve despertar em todos o que se encontrava adormecido. Qualquer identidade é uma construção simbólica que se faz em relação a um referente, e há certamente uma multiplicidade deles: étnicos, nacionais, de gênero etc. Para construir suas centralidades, os relatos universais necessitam de um referente mundial. O discurso ecológico possui tal atributo: ele é elaborado a partir de uma referência totalizadora. Sua totalidade compreende, de maneira coerente e orgânica, os problemas e os impasses da atualidade, como as religiões, e ainda propicia aos indivíduos uma ética: a defesa do planeta. Na situação de globalização os relatos de vocação universalista, longe de desaparecerem, são reativados, inclusive como elementos de "resistência", como o movimento alterglobalista, cujo intuito é encontrar os caminhos de "outra globalização".

A historicidade das diferenças exige também que elas sejam qualificadas. Um primeiro aspecto diz respeito à sua não equivalência; dito de outra maneira, as diferenças são diferentes entre si. Existem agrupamentos indígenas, civilizações, países, nações, classes sociais etc. Os grupos indígenas nada têm de semelhantes, eles vivem situações díspares em função de suas histórias particulares. Por exemplo, no Brasil, tradicionalmente os antropólogos os classificam segundo as formas de contato com a sociedade nacional[38]. Ao lado dos grupos isolados, refratários e distantes do modo de vida moderno, existem aqueles cuja relação é intermitente, que interagem ocasionalmente com os brancos. Outra categoria refere-se aos que possuem um contato permanente com a sociedade envolvente, embora não tenham uma participação maior na vida nacional. Por fim, os integrados fazem parte do sistema econômico, utilizam tecnologia moderna, mas mantêm vivas muitas de suas tradições e identificam-se com uma etnia particular. Por isso, como a população indígena é reduzida, a luta pela defesa da terra é crucial. A autonomia cultural e social somente poderia ser preservada em enclaves geográficos específicos. O quadro é bastante distinto em outros países da América Latina, principalmente naqueles nos quais os segmentos populacionais indígenas são majoritários.

---

[37] Edgar Morin e Anne Brigitte Kern, *Terre-Patrie* (Paris, Seuil, 1993), p. 138 [ed. bras.: *Terra-pátria*, Porto Alegre, Sulina, 2011].

[38] Roque Laraia, "Nossos contemporâneos indígenas", em Aracy Lopes da Silva e Luís Donisete Benzi Grupioni (orgs.), *A temática indígena na escola* (Brasília, MEC/Unesco, 1995).

A noção de contato, cara à etnografia brasileira, nesses casos não faz nenhum sentido. Ela se aplica a uma situação específica na qual os grupos minoritários (regidos por um estatuto constitucional específico, diferente do dos outros cidadãos brasileiros) encontram-se tolhidos da sociedade nacional. Na Bolívia, no Paraguai e no Peru, os setores indígenas encontram-se subalternamente integrados à nação, os conflitos étnicos e de classe são internos à própria sociedade. É o caso do idioma guarani: falado por grande parte da população paraguaia, ele vive uma situação de diglossia em relação ao espanhol. Ou do quéchua e do aimará na Bolívia, idiomas de parte considerável dos habitantes. Por isso, as reivindicações políticas são de outra natureza: importa ter maior participação na vida pública.

A diversidade das nações é também patente, dos países que conheceram a Revolução Industrial no século XIX aos que se emanciparam do jugo colonial em meados do século XX. Cada nação possui uma história própria, seus conflitos, seus mitos. A diversidade manifesta-se, também, na esfera do mercado. Os produtos são orientados para camadas de consumidores, penetram determinados nichos, promovem estilos de vida idiossincráticos. Longe de ser homogêneo como pensavam os teóricos da comunicação de massa, o mercado é atravessado pela segmentação dos gostos. Como dizia Baudrillard, a sociedade de consumo cultiva o individualismo a seu extremo, as mercadorias devem satisfazer ao mínimo denominador comum do Eu[39]. Daí o interesse dos executivos das grandes corporações em incentivar as pesquisas de marketing transcultural, que têm por intuito conhecer as diferenças e explorá-las dentro de uma perspectiva mercadológica. Indígena, nação, mercado, cada um desses termos pode ser decomposto em diferenças internas; porém, ao encaixá-los indistintamente através da noção de diversidade, estamos realizando uma espécie de *tour de force* epistemológico. Os problemas que cada um deles encerra são distintos e desconexos, suas especificidades transbordam uma unidade de sentido que artificialmente contém suas contradições.

Entretanto, apesar de as próprias diferenças serem diferentes entre si, não devemos pensá-las como uma essência: toda diferença é produzida socialmente, sendo portadora de sentido histórico. O relativismo é uma visão que pressupõe a abstração das culturas de suas condições reais, tem-se a ilusão de que cada uma delas seria inteiramente autocentrada. Esse estatuto, postulado pelo raciocínio metodológico, é negado pela história. As sociedades são relacionais, mas não relativas. Suas fronteiras se entrelaçam e muitas vezes ameaçam o território vizinho. O debate sobre a diversidade não se restringe, pois, ao argumento lógico-filosófico, ele necessita ser

---

[39] Jean Baudrillard, *La Société de consummation* (Paris, Denoël, 1970) [ed. port.: *A sociedade de consumo*, Lisboa, Edições 70, 2009].

contextualizado. Dizer que a diferença é produzida socialmente nos permite distingui-la da ideia de pluralismo. Traduzir o panorama sociológico em termos políticos é enganoso. Retiro um exemplo esquecido da bibliografia antropológica: o conceito de "sociedade plural", que desfrutou de certo prestígio na tradição anglo-saxônica. Seu autor, Furnivall, trabalhou nas colônias holandesas das Índias orientais (atual Indonésia) e inglesas da Birmânia. O interesse pelas sociedades coloniais o levou a entendê-las como um agregado de segmentos sociais ordenados sob a égide de um poder central. Portanto, um poder exterior à "vontade dos indivíduos", capaz de instaurar a ordem num território determinado. Como descrever a vida dessas sociedades cujas partes constitutivas ignoram-se entre si?

> Na Birmânia, assim como em Java, a primeira coisa que impacta o visitante é a mistura de povos – europeus, chineses, indianos, nativos. É, no sentido estrito, uma mistura, porque eles se misturam, mas não se combinam. Cada grupo atém-se à sua própria religião, sua língua e cultura, suas ideias e maneiras de ser. Enquanto indivíduos, eles se encontram, mas somente no mercado, comprando e vendendo. Há uma sociedade plural com diferentes seções da comunidade que vivem lado a lado, separadamente, dentro de uma mesma unidade política.[40]

O sugestivo da citação é que ela nos retira do terreno de nossas expectativas atuais. Uma sociedade desse tipo somente poderia articular suas partes através de uma força externa: o colonialismo. Sem essa dimensão política e militar, a relação entre os segmentos se esfacelaria (estamos distantes dos ideais da democracia). A noção de sociedade plural se aplica aos casos nos quais as diferenças não estão integradas à totalidade do Estado-nação. Por isso ela foi utilizada para entender os conflitos na África do Sul durante o *apartheid* ou a condição dos judeus e dos cristãos como minorias no Império Otomano. O que aproxima esses casos distintos é a ideia de que a pluralidade separa (os negros dos brancos na África do Sul; os judeus dos cristãos, ambos dos islâmicos, nos territórios controlados pelo império turco), isola cada um dos segmentos dentro de sua lógica identitária (argumento utilizado pelos críticos do multiculturalismo). A impossibilidade da integração repousa na afirmação autônoma das partes, o que exigiria uma centralização do poder. O termo plural possui, portanto, uma conotação restritiva.

No discurso contemporâneo o panorama é outro. O pluralismo (visto sob o ângulo da democracia) pressupõe que toda diferença pode e deve ser harmonizada dentro de um *continuum*. Nesse sentido, seus múltiplos aspectos possuiriam a mesma validade social. Nessa perspectiva, a questão do poder se esvai.

---

[40] John Sydenham Furnivall, *Colonial Policy and Practice* (Cambridge, Cambridge University Press, 1948), p. 304.

Desenvolveu-se recentemente um tipo de literatura que gira em torno da passagem do homogêneo para o heterogêneo. Ela está presente sobretudo nos escritos dos executivos das transnacionais e de certos economistas. A história é apreendida em termos dicotômicos como se estivéssemos no umbral de uma nova era, uma "terceira onda"[41]. Nesse sentido, o passado teria sido unívoco, enquanto o presente se caracterizaria pela multiplicidade das diferenças e das identidades. Aplicada ao mercado, essa teoria assimila o homogêneo ao fordismo, à produção em massa, e o heterogêneo ao diverso, à flexibilidade. O mundo atual seria múltiplo e plural. Diferença e pluralismo tornam-se, então, termos intercambiáveis e, o mais grave, ambos se fundem no conceito de democracia. Há nessa operação lógica muito de ideológico. Ela se esquece de dizer que o pluralismo hierarquizado organiza as diferenças segundo relações de força. O retrato de um mundo multicultural, formado por um conjunto de "vozes" distintas, é idealizado e falso. Dificilmente poderíamos percebê-lo como um caleidoscópio, imagem frequentemente utilizada na sua descrição; instrumento que combinaria os fragmentos coloridos de maneira fortuita, em função do deslocamento do olhar do observador. As interações entre as diversidades nada têm de arbitrárias. Elas exprimem os conflitos manifestos nas situações históricas concretas (países fortes *versus* fracos; transnacionais *versus* governos nacionais; civilização "ocidental" *versus* mundo islâmico; Estado nacional *versus* grupos indígenas). Como corolário desse argumento, pode-se dizer que as diferenças também escondem relações de poder. Assim, o racismo afirma a particularidade das raças, para em seguida ordená-las segundo uma escala de valor. Por isso, é importante compreender os momentos em que o discurso sobre a diversidade oculta questões como a desigualdade – sobretudo diante da insofismável assimetria entre países, classes sociais e etnias.

Universal e particular são um par antitético. O primeiro termo nos remete à ideia de expansão; o segundo, à de contenção, limites. A diferença associa-se ao particular, ao específico, e, em princípio, contrasta com a totalidade e a abrangência do universal. Não se trata de considerar tal polarização uma incompatibilidade entre substâncias distintas, mas de notar que elas configuram qualidades que se encontram tensionadas por uma relação hierárquica. Por isso os pensadores das Luzes falavam em diversidade do gênero humano. As especificidades eram consideradas desde que compreendidas no marco de uma perspectiva unitária: o gênero. Entretanto, na situação de globalização, muitas vezes esse par antagônico se entrelaça, mesclando alguns valores antes fixados apenas a um de

---

[41] Penso no *best-seller* de Alvin Toffler, *The Third Wave* (Nova York, Bantam, 1980) [ed. bras.: *A terceira onda*, Rio de Janeiro, Record, 2001].

seus polos. Subverte-se, dessa forma, a relação existente entre eles. A afirmação de que "a diversidade dos povos deve ser preservada", utilizada em diversos documentos que orientam as políticas culturais, nada tem de natural[42]. Pelo contrário, deveríamos nos surpreender diante de seu enunciado, que carrega consigo uma carga de sentido inteiramente nova. Dizer que as culturas são um "patrimônio da humanidade" significa considerar a diversidade um traço partilhado por todos, que deveríamos cultivar e respeitar. A crítica ao etnocentrismo, assimilada na maioria das vezes à dominação ocidental, somente pode ser validada quando se manifesta como algo transcendente à província de cada cultura, de cada identidade. É isso que nos permite dizer: "as culturas minoritárias correm o risco de desaparecer, necessitamos preservá-las"; "precisamos valorizar todas as facetas da memória coletiva da humanidade"; "o respeito a todas as culturas é um direito de reconhecimento à diferença". Há nessa operação semântica uma redefinição que seria incompatível com marcos anteriores: o diverso torna-se um bem comum.

Não deixa de ser irônico perceber que a valorização do Outro encontra na releitura de Hegel, um ferrenho universalista, os elementos para sua legitimação. Tanto Axel Honneth quanto Charles Taylor enfatizam a dimensão do reconhecimento como elemento fundamental da realização do ser humano[43]. O indivíduo deixa de ser uma unidade em si, uma essência, para se construir, se fazer, através do olhar do outro; ele deve ser reconhecido numa teia de inter-relações na qual exprime a sua liberdade. Essa afirmação possui um desdobramento social, pois nem todos os grupos sociais são igualmente reconhecidos em suas diferenças. Recordo que Frantz Fanon escreveu um belo capítulo de seu livro *Pele negra, máscaras brancas*[*] sobre "Hegel e o negro"; nele, o olhar distorcido do branco impedia ao negro reconhecer-se como um ser verdadeiro. Nesse sentido, a exigência do reconhecimento torna-se um princípio universal. Como diz Taylor: "a política da diferença denuncia todas as discriminações e recusa qualquer cidadania de segunda classe. Isso faz do princípio de igualdade universal a porta de entrada à política da dignidade"[44]. Na verdade, na discussão sobre políticas afirmativas o paradoxo entre o universalismo e a diversidade se manifesta com toda força. Pode-se considerá-las como antagônicas às ações

---

[42] Ver *Declaração universal sobre a diversidade cultural* (Paris, Unesco, 2002).

[43] Axel Honneth, *La Lutte pour la reconnaissance* (Paris, Les Éditions du Cerf, 2010) [ed. bras.: *Luta por reconhecimento: a gramática moral dos conflitos sociais*, São Paulo, Editora 34, 2003]; Charles Taylor, *Hegel and the Modern Society* (Cambridge, Cambridge University Press, 1979) [ed. bras.: *Hegel e a sociedade moderna*, São Paulo, Loyola, 2005].

[*] Salvador, Edufba, 2008. (N. E.)

[44] Charles Taylor, *Multiculturalisme: différence et démocratie* (Paris, Aubier, 1994), p. 57-8.

universalistas, republicanas, em princípio, dirigidas a todos; a crítica retém a dimensão restritiva que impede sua generalização. Nesse sentido, o particularismo levaria à fragmentação social, à incompreensão entre as pessoas, diriam adeptos da língua universal. Não obstante, é visível que a valorização das diferenças se faz em nome de um ideal também universalista: democracia, igualdade, cidadania. Os negros se revoltam contra as barreiras sociais porque elas os discriminam em relação aos brancos; a reivindicação identitária repousa na denúncia da desigualdade e da condição de subalternidade. Ela se fundamenta numa herança da modernidade que, longe de se extinguir, legitima o discurso e a ação.

Humanidade, democracia, cidadania, igualdade tornam-se valores partilhados e são utilizados para ressignificar as diferenças. A ideia da diversidade como valor universal é um oximoro. Ela combina termos de sentidos contraditórios, mas que, em determinada situação, reforçam sua expressão. Poderíamos considerá-la de maneira analítica, esclarecendo os significados, separando os antagonismos subjacentes. No entanto, como figura de linguagem, ela exprime a coerência de algo que parece ser mutuamente excludente. Isso é possível porque o contexto se transformou. O oximoro da diversidade é um emblema da contemporaneidade. Cabe ao esforço intelectual desvendar sua expressão e suas ambiguidades.

AS CIÊNCIAS SOCIAIS E SEUS SOTAQUES

Há nas ciências sociais um debate antigo sobre o relativismo que se deve à natureza do próprio saber sociológico. A existência de diversas correntes teóricas revela as dificuldades para a constituição de um paradigma único capaz de se impor para a disciplina como um todo. Há ainda outros elementos importantes: as ciências sociais são históricas e a subjetividade de seus praticantes é uma dimensão decisiva no entendimento dos fenômenos sociais. Entretanto, apesar das controvérsias, os embates teóricos tendem a se concentrar em um problema comum: em que medida as explicações sociológicas ou antropológicas teriam ou não uma abrangência "universal"[1]. A dúvida, como em qualquer outra atividade científica, seria como delimitar a validade do pensamento, retirando-o dos traços restritivos de cada experiência. A discussão focaliza, portanto, temas de caráter teórico e metodológico.

Porém, a questão da diversidade das interpretações pode ser abordada de outra forma, considerando-se não tanto os impasses do método, mas como as ciências sociais constituem-se historicamente. Nesse caso, somos obrigados a nos perguntar sobre o contexto no qual elas se realizam. Penso que as mudanças ocorridas no âmbito da modernidade-mundo não se restringem às esferas econômica ou social, mas também incidem no plano intelectual. A prática sociológica ajusta-se mal à imagem cultivada por seu legado clássico, ideal materializado nos livros-textos e nos programas de formação profissional. Tampouco é possível pensá-la, qual se fez no passado recente, como algo exclusivamente restrito ao universo da epistemologia. As transformações ocorridas incidem tanto no nível dos conceitos quanto nas formas de sua organização. A diversidade das interpretações acelera-se e acentua o mal-estar do universalismo contemporâneo.

---

[1] Ver, entre outros, Ernest Gellner, *Relativism and The Social Sciences* (Cambridge, Cambridge University Press, 1985).

38 Universalismo e diversidade

Um primeiro aspecto desse conturbado panorama diz respeito à crítica ao eurocentrismo. Ela possui, como no passado, forte inclinação política e ideológica. Quando Hobson escreve *Imperialism: A Study*, publicado em 1902, no qual o conceito de imperialismo surge pela primeira vez, sublinhou não apenas a dimensão econômica, mas também a da dominação cultural[2]. As nações industrializadas, compostas de "raças superiores", teriam o dever moral de ensinar às "inferiores" a trilha da civilização. O imperialismo, fenômeno fundamentalmente econômico, se justificaria e se legitimaria por meio de uma concepção de mundo parcial e distorcida. Fanon também considerava o dualismo da situação colonial um momento de alienação cultural. O predomínio do homem branco, traduzido em termos hegelianos na oposição entre o senhor e o escravo, encontraria no reino da consciência sua forma mais elaborada de ocultamento. O Ser nacional, submetido às forças opressoras do colonialismo, era incapaz de afirmar sua autenticidade alienada. Daí a luta pela independência dos países periféricos: somente ela propiciaria uma superação da dicotomia colonizador/colonizado[3]. Essa dimensão política encontra-se presente em diversos escritos atuais, nos quais o universalismo é visto como retórica de poder, técnica de dominação. Samir Amin o considera um culturalismo, isto é, uma falsa consciência específica à cultura do capitalismo (ele acredita na existência de um universalismo "verdadeiro", "não truncado", decorrente da superação do modo de produção capitalista)[4]. A problemática da dominação política e econômica é recorrente nos estudos sobre o imperialismo, na literatura pós-colonialista, assim como nos debates sobre o "direito de intervenção" dos Estados Unidos e da União Europeia em relação a outros países (exemplo: o combate ao terrorismo).

Existe, entretanto, outro aspecto que gostaria de sublinhar, cuja natureza é mais reflexiva, teórica (não quero dizer com isso que o político seja negligenciável). Antes, porém, chamo atenção para a atualidade de muitos dos argumentos apresentados ao longo deste debate. Eles são recentes e distinguem-se da visão anterior na qual o etnocentrismo era objeto de considerações críticas. Refiro-me particularmente à literatura antropológica. A recusa à arrogância ocidental, quando se depara com os grupos indígenas, é recorrente entre os culturalistas norte-americanos; eles questionam os preconceitos de "bárbaros",

---

[2] John Atkinson Hobson, *Imperialism: A Study* (1902) (Londres, George Allen & Unwin, 1968).

[3] Frantz Fanon, *Les Damnés de la terre* (Paris, Maspero, 1961) [ed. bras.: *Os condenados da terra*, Juiz de Fora, UFJF, 2006].

[4] Samir Amin, *L'Eurocentrisme: critique d'une idéologie* (Paris, Anthropos, 1988). Ver também a crítica de Immanuel Wallerstein ao "direito de intervenção" dos países ocidentais em *L'Universalisme européen: de la colonisation au droit d'ingérence* (Paris, Demopolis, 2006) [ed. bras.: *O universalismo europeu: a retórica do poder*, São Paulo, Boitempo, 2007].

"selvagens", e são avessos ao darwinismo social. O mesmo pode ser dito de um livro como *Raça e história*[*], de Lévi-Strauss, em que o elogio que se faz da diversidade das culturas contrasta com o etnocentrismo e sua fé inquebrantável no progresso da humanidade. Porém, nessa fase em que a antropologia se consolida como disciplina acadêmica, o solo epistemológico no qual ela se sustenta em momento algum é colocado em dúvida (isso fica claro na relação tensa e ambígua que entretém com a temática do colonialismo)[5]. Dito de outra forma: não se desconfia das premissas que a antecedem e a fundamentam.

Esse é justamente o traço essencial de toda uma literatura que emerge nos anos 1980 e desenvolve-se ao longo da década de 1990. Ela não se satisfaz em desnudar os aspectos arbitrários de uma determinada visão acadêmica; sua ambição é maior: revisar a herança intelectual do Iluminismo, cuja realização se faz em áreas distintas – história, sociologia, ciência política, antropologia. Tomo o exemplo de Edward Said, cuja tese sobre o orientalismo é sugestiva[6]. Para ele, tal conceito é uma representação, um discurso (nos termos em que Foucault o define) que funda um campo de saber. Não se trata tanto de uma ideologia, mas de um conjunto de *a priori* construídos a partir de uma relação de força, o colonialismo europeu, que funda uma área de conhecimento. O que está em causa é a forma de "fazer ciência", a maneira como determinado discurso, erudito e sofisticado, constitui-se como legítimo, malgrado sua fragilidade de ordem conceitual. A noção de Oriente determina, de modo arbitrário, uma área cultural cujas fronteiras geográficas coincidem com as fronteiras epistemológicas de uma disciplina, a rigor, inexistente. A crítica de Said esvazia o sentido de uma categoria cuja solidez se sustentava pela distorção das lentes de um olhar desfocado. Outro exemplo é o livro de Martin Bernal, *Black Athena*[7]. Erudito, sinólogo de formação, conhecedor do grego antigo, ele questiona um tipo de genealogia das ideias recorrente na história da filosofia: a razão emerge na Grécia Antiga e se realiza na Europa. Por essa perspectiva, haveria uma linha de continuidade ao longo da história. Seus estudos demonstram, no entanto, que a Antiguidade greco-romana é na verdade uma ilusão falaciosa. A tradição helênica encontra sua fonte de inspiração no mundo egípcio que a antecedia e a

---

[*] Em *Antropologia estrutural II*, São Paulo, Cosac Naify, 2013. (N. E.)

[5] A literatura sobre o tema é imensa. Recordo ao leitor um livro dos anos 1970: Talad Asad (org.), *Anthropology & The Colonial Encounter* (Londres, Ithaca, 1973).

[6] Edward Said, *Orientalismo: o Oriente como invenção do Ocidente* (1978) (São Paulo, Companhia das Letras, 2001). Consultar ainda Maxime Rodinson, "Les études árabes et islamiques en Europe", em *La Fascination de l'Islam* (Paris, La Découverte, 1989).

[7] Martin Bernal, *Black Athena: The Afroasiatic Roots of Classical Civilization*, v. 1. *The Fabrication of Ancient Greece: 1785-1985* (New Brunswick, NJ, Rutgers University Press, 1987).

40 Universalismo e diversidade

envolvia, fascínio que se exerce e se prolonga no seio do pensamento europeu. Somente no século XVIII tal fascinação (o autor a denomina "modelo da Antiguidade") é substituída pela hegemonia helênica. Por isso Bernal fala da "fabricação" de uma Grécia Antiga, de origem recente, que estabeleceria um relato linear entre as virtudes da razão filosófica e seus únicos fundadores, os gregos.

Essa retomada conceitual, que os leitores de Derrida denominam "des-construção", problematiza sobretudo a forma como se elaborou certa concepção do passado. É o que Jack Goody chama de "o roubo da história": civilização, capitalismo, democracia, racionalidade transformam-se, num passe de mágica, em valores europeus e constituem a maneira ideal de se pensar e ordenar as sociedades e os povos[8]. Assim, as causas do progresso podem ser creditadas à "mente", ao "espírito" ocidental, no qual prevaleceria a criatividade, a imaginação, a invenção, a inovação, um sentido ético; e a ausência desses valores teria condenado ao atraso o restante da humanidade. Há nesse tipo de argumentação muito de opacidade e pouco de esclarecimento. A Revolução Industrial, em sua origem inglesa, expandindo-se posteriormente para toda a Europa, torna-se subitamente a manifestação inequívoca da exceção ocidental (Hobsbawm nos relembra o óbvio: ela é inglesa); a racionalidade, fator determinante do dinamismo europeu, se sobrepõe ao imobilismo, à irracionalidade ou ao despotismo asiático (Marx pensava existir um modo de produção específico dessas sociedades). Um exemplo interessante é a China. Hegel costumava dizer que ela repousava imóvel no "reino da duração", incapaz de transformar-se a si mesma; o mundo chinês, avesso às mudanças, conteria uma história sem história, a repetição incessante de uma "ruína majestosa". Essa concepção, de um continente isolado e economicamente estagnado, impregna as interpretações de diversos autores, nas quais o peso da tradição é um contraste recorrente ao espírito inovador ocidental[9]. São inúmeros os estudos que sublinham a ineficiência de sua indústria naval, assim como o débil florescimento das trocas comerciais internacionais. Se no continente europeu um instrumento como a bússola impulsiona as grandes descobertas marítimas e a conquista da América, decisivas para o capitalismo, na China ela teria permanecido um objeto de mera curiosidade. No entanto, os estudos de Pomeranz demonstram que até 1800 não existia entre o mundo europeu e o chinês uma divergência radical em termos de desenvolvimento econômico; isso irá ocorrer

---

[8] Jack Goody, *The Theft of the History* (Cambridge, Cambridge University Press, 2006) [ed. bras.: *O roubo da história*, São Paulo, Contexto, 2008].

[9] Por exemplo, o livro de David Landes, *The Wealth and Poverty of Nations* (Nova York, W. W. Norton, 1998) [ed. bras.: *A riqueza e a pobreza das nações*, São Paulo, Campus Elsevier, 1998]. O autor dedica todo um capítulo ao "European exceptionalism".

somente após a Revolução Industrial[10]. Na literatura recente surge, aliás, uma hipótese ousada: as origens chinesas da industrialização inglesa (como toda hipótese, passível de discussão)[11].

Uma maneira alegórica de caracterizar essa releitura da história encontra-se num dos capítulos de um belo livro de Fernández-Armesto, *Milênio*[12]. Com um título curioso, "O jardim zoológico dos Ming", ele conta como em 1415 o imperador da China, acompanhado de um longo séquito de cortesãos, foi receber em Pequim um ilustre recém-chegado. Vindo do oeste do oceano Índico, o visitante desconhecido foi descrito como um animal com "um corpo de veado, cauda de boi, um chifre carnudo, sem osso, e manchas luminosas, como uma névoa vermelha ou arroxeada; um andar imponente e observa em todos os seus movimentos um ritmo compassado". Difícil discernir, pela descrição fornecida, que se tratava de uma girafa, que vinha enriquecer uma longa coleção de bichos do jardim zoológico imperial composta por inúmeras outras espécies (leões, leopardos, avestruzes, dromedários, zebras, rinocerontes, antílopes). Procedentes das mais diversas origens – Bengala, Arábia, África Oriental –, eles testemunham a curiosidade e o interesse dos chineses pelo mundo afora, o que demonstra as sofisticadas técnicas de navegação que estes desenvolveram. Na verdade, a dinastia Ming impulsionou as incursões marítimas iniciadas com a conquista dos mongóis no século XI; foi assim que os juncos chineses, carregados com artigos exóticos, chegaram ao Oriente Médio, desembarcando na corte egípcia. O argumento do imobilismo e do isolacionismo encaixa-se mal nesse quadro. A pergunta correta a fazer seria: por que não houve continuidade desse movimento expansionista? A resposta de Fernández-Armesto é interessante. Ele nos explica que durante o período Ming havia, no império celestial, um equilíbrio entre interesses diversos e antagônicos; junto ao poder central atuavam os burocratas confucionistas, as chefias militares, a casta dos eunucos, os conselheiros estrangeiros, os cleros budista e taoista, o *lobby* dos mercadores. A situação altera-se radicalmente quando o imperador Hung-Hsi assume o trono em 1424. O grupo confucionista ganha prestígio e poder junto a ele e, contrário aos valores materialistas dos comerciantes, abole o impulso anterior. Não foi a ausência da racionalidade tipo ocidental que inibiu o desenvolvimento chinês, mas uma orientação política exercida pelo Estado numa conjuntura histórica específica.

Também na esfera sociológica a crítica ao eurocentrismo se manifesta. É difícil ler, nos dias de hoje, a não ser com uma razoável dose de distanciamento,

---

[10] Kenneth Pomeranz, *The Great Divergence: China, Europe and the Making of the Modern World Economy* (Princeton, Princeton University Press, 2000).

[11] Ver John M. Hobson, *The Eastern Origins of Western Civilization* (Cambridge, Cambridge University Press, 2004).

[12] Felipe Fernández-Armesto, *Milénio: história dos últimos 1000 anos* (Lisboa, Presença, 1996).

a famosa introdução a *A ética protestante e o espírito do capitalismo*[*]; nela, Weber sintetiza as qualidades intrínsecas do mundo europeu, condição espiritual presente nos mais diferentes domínios: música, arquitetura, direito, economia. Assim, apenas no Ocidente existiria a ciência: faltava à astronomia babilônica a fundamentação matemática; à geometria indiana, a prova racional; à historiografia chinesa, o método de Tucídides; às teorias políticas asiáticas, a sistematicidade de um Maquiavel. A ogiva tinha sido utilizada na Ásia como artifício de decoração, contudo, o uso racional da abóbada gótica é fruto da Idade Média; da mesma maneira, a música racional, contraponto, harmonia, tríades, as orquestras, quartetos de cordas, sonatas, sinfonias, óperas só teriam sentido na Europa ocidental. O projeto weberiano pretendia compreender como emergiu uma racionalidade cujos fundamentos seriam excepcionais, expressão de uma singularidade civilizatória. O enorme esforço comparativo que ele realiza (Weber é um comparativista extraordinário e não possui uma perspectiva teleológica da história) tem um objetivo explícito: explicar por que em outras civilizações, China e Índia, o caminho da racionalização não se completou. O problema é que esse tipo de interpretação é frágil. Os traços percebidos como únicos e excepcionais – racionalidade, contabilidade econômica, propensão ao comércio, ética religiosa – são partilhados por diversos outros povos[13].

A mesma sensação de incongruência temos diante de um livro clássico como o de Jacob Burckhardt, *A cultura do Renascimento na Itália*[**]. Publicado em 1860, ele reflete uma consciência europeia em busca de suas raízes. Burckhardt acredita que a noção de indivíduo surge e desenvolve-se nesse período de afluência, daí seu intuito em apreender a gênese do Eu, legado ímpar de uma civilização. O Renascimento seria o momento da descoberta do homem, de seu interior, de sua individualidade. Por isso floresceriam na Itália renascentista as biografias e os retratos; o relato narrado em primeira pessoa, assim como as personalidades estampadas nas pinturas e os autorretratos de pintores como Vasari e Ticiano, revelariam o surgimento de uma dimensão interna à vida humana, até então sufocada pelas malhas da tradição. No entanto, basta lermos sobre o nascimento do indivíduo para percebermos que a literatura a esse respeito é vasta e controversa. Marcel Mauss situa sua origem no direito romano; Louis Dumont, seu discípulo, prefere os primórdios do cristianismo; outros autores consideram que as estruturas do individualismo teriam sido estabelecidas na

---

[*] São Paulo, Companhia das Letras, 2004. (N. E.)

[13] Jack Goody faz uma boa discussão das premissas weberianas em seu livro *The East in the West* (Cambridge, Cambridge University Press, 1996).

[**] São Paulo, Companhia das Letras, 2009. (N. E.)

AS CIÊNCIAS SOCIAIS E SEUS SOTAQUES   43

Europa, por volta do século XI[14]. Mas faria sentido datá-lo, como se houvesse um ponto inicial a partir do qual sua semente germinaria? A rigor, deveríamos dizer que no Renascimento emerge certa concepção do indivíduo, apenas isso[15]. Sua história nada teria de contínua e linear, afinal, as biografias e os autorrelatos não são o apanágio da mentalidade ocidental. Existem em outras sociedades inúmeros exemplos de um tipo de escrita intimista, psicológica, no qual a presença do eu é imprescindível como artifício narrativo[16]. No Japão, por exemplo, a literatura cortesã do século XI exprimia os sentimentos sufocados do mundo privado. Diferentemente das narrativas épicas do *Kojiki* (712 d.C.), nas quais se encontram as histórias fundamentais do xintoísmo (elas relatam, como nos mitos gregos, a saga dos deuses, não dos indivíduos), um romance como *Genji Monogatari* [O conto de Genji] revela uma sutil psicologia feminina ao descrever a vida cotidiana na corte Heian.

No entanto, as marcas do eurocentrismo não se restringem ao passado. Elas mascaram o entendimento do presente. No caso de uma disciplina como a sociologia as premissas anteriores marcam o conceito e o ideal de modernidade, e nela o indivíduo é uma figura central. Ele, na intimidade de seu ser, é capaz de escolher sua orientação política, religiosa, seus amores e até mesmo suas vestimentas. Por isso os sociólogos norte-americanos afirmam que um dos traços operacionais da modernidade é sua capacidade de transformar a personalidade dos indivíduos, adequando-os a uma ordem social na qual os valores em relação a fins, as metas a serem atingidas, tornam-se uma exigência coletiva e uma qualidade pessoal. Relembro, entre os inúmeros estudos realizados dentro dessa perspectiva, as propostas de Cooley. O que distinguiria o mundo moderno de seu passado obsoleto? Sua resposta privilegia as formas de comunicação.

> Antes do advento da comunicação moderna os estímulos que afetavam as pessoas vinham das fontes locais. Isso resultava no que chamamos de provincianismo. A individualidade produzida era, de certa maneira, involuntária, como fica evidente nos dialetos locais, costumes locais e maneiras locais [...]. Nas sociedades modernas os estímulos sobre nós provêm de grandes distâncias, somos então membros vitais de uma vida muito mais abrangente.[17]

---

[14]   Marcel Mauss, "Une Catégorie de l'esprit humain: la notion de personne, celle de moi", em *Sociologie et anthropologie* (Paris, PUF, 1968) [ed. bras.: *Sociologia e antropologia*, São Paulo, Cosac Naify, 2005]; Louis Dumont, *Essais sur l'individualisme* (Paris, Seuil, 1983); Colin Morris, *The Discovery of the Individual: 1050-1200* (Londres, Harper and Row, 1972).

[15]   Ver Peter Burke, *The European Renaissance: Centres and Peripheries* (Oxford, Blackwell, 1998).

[16]   Masakazu Yamazaki, *Individualism and the Japanese* (Tóquio, Japan Echo, 1994).

[17]   Robert Cooley e Charles Cooley, *Introductory Sociology* (Nova York, Charles Scribner's Sons, 1933), p. 180.

Por isso o debate sobre a cultura de massa é tão importante para os teóricos da modernização. Jornais, rádio, televisão, filmes teriam a propriedade de oferecer aos indivíduos uma gama de oportunidades, retirando-os da imanência dos costumes e integrando-os, de maneira igualitária (essa era a ideologia), ao todo social. O advento das novas formas de comunicação seria parte de um processo no qual a transformação contemplaria as estruturas econômicas, sociais e mentais das pessoas. O dilema é que, conceitualmente definida dessa maneira, enraizada numa geografia particular, a modernidade somente poderia atualizar-se via difusão, quando outras sociedades a reproduzissem em seus solos. Tornava-se imprescindível copiar o que havia se passado num mundo que lhes era inteiramente estranho. Afinal, o dualismo tradicional/moderno implicava um desnível civilizatório, e o surgimento da sociedade urbano-industrial exigia uma ruptura com o passado. A modernidade transforma-se, assim, em padrão para interpretar o passado e, nos países periféricos, em uma maneira de ordenar o futuro. O conceito vinha imerso no fluxo de uma temporalidade progressiva e inexorável, marcada por etapas a serem percorridas. Assim, a visão simplista e reducionista de um autor como Rostow postulava que toda sociedade humana deveria necessariamente passar pelas seguintes fases de desenvolvimento: tradicional, *take off* (arranco para a industrialização), maturidade e, por fim, a era do consumo de massas[18]. Certamente, sua compreensão nutria-se de um americanismo exagerado – nos anos 1960 os Estados Unidos eram vistos como a única sociedade de massa digna de ser considerada como modelo. A definição que a *International Encyclopaedia of the Social Sciences* nos dá do conceito de modernização é, também, exemplar: "Modernização é um termo atual para um processo antigo – o processo de mudança social no qual as sociedades menos desenvolvidas adquirem as características comuns às sociedades desenvolvidas"[19]. Que características seriam essas?

> 1) um certo grau de crescimento econômico autossustentado; 2) uma medida de participação pública – ou pelo menos uma representação democrática na definição e escolha de políticas alternativas; 3) a difusão de normas secular-racionais na cultura – compreendidas aproximadamente em termos weberiano-parsoniano; 4) um incremento da mobilidade na sociedade – entendida como liberdade de deslocamento físico e social, assim como de liberdade psíquica de movimentação; 5) uma correspondente mudança da personalidade modal que venha equipar, de maneira funcional e eficiente, os indivíduos, para que possam operar de acordo com a ordem social com tais características.[20]

---

[18] Walt Whitman Rostow, *Etapas do desenvolvimento econômico* (Rio de Janeiro, Zahar, 1964).

[19] Daniel Lerner e James Coleman, "Modernization", em *International Encyclopaedia of the Social Sciences* (Nova York, Macmillan, 1968), p. 386.

[20] Ibidem, p. 387.

As ciências sociais e seus sotaques   45

O progresso gradativo emanciparia os países mais atrasados em relação ao tempo forte da modernidade. Haveria até mesmo uma unidade de medida capaz de determinar se eles fariam ou não parte do grupo seleto das sociedades "avançadas". Bastaria aplicar o critério das características enunciadas em sua definição (segundo eles, tornava-se impossível compreender a Revolução Russa e a Chinesa como elementos de modernização, afinal, lhes faltaria a tal participação democrática). Essa obsessão pela mensuração espelha-se num conjunto de estudos de caráter comparativo. Talvez o mais representativo seja o de Alex Inkeles e David Smith, *Becoming Modern*, no qual os autores têm a intenção de quantificar o curso da modernização em países como Argentina, Chile, Índia, Israel, Nigéria e Paquistão[21]. Nesse sentido, a modernização seria um processo direcional de um estágio tradicional para o moderno, passando, na periferia, por um período de transição (tema debatido à exaustão pela literatura latino-americana).

A discussão sobre a modernidade apresentava-se, portanto, cada vez mais ambígua e imprecisa; uma vez aceitas suas premissas, tornava-se difícil escapar de suas armadilhas. Uma forma arguta para driblar os inconvenientes teóricos existentes foi proposta por Robert Bellah em sua análise da sociedade japonesa[22]. Na verdade, o Japão sempre foi uma espécie de calcanhar de Aquiles dos teóricos da modernização. Como compreender o desenvolvimento de um país oriental cuja revolução, Meiji, tinha sido feita em 1868? A rigor, seu processo de industrialização e de urbanização é contemporâneo ao da Alemanha e, em muitos aspectos, anterior ao de vários países europeus. Na virada do século o Japão tinha se transformado numa potência militar e naval, havia vencido a guerra sino-japonesa (1894-1895), bem como a guerra com a Rússia (1904-1905), e ensaiava seus primeiros passos imperialistas. Bellah considera que o período Tokugawa, momento no qual o confucionismo transforma-se numa ideologia coletiva, é decisivo para a história japonesa. Os ensinamentos de Confúcio eram conhecidos no Japão desde o século VII, porém, desfrutavam de pouca relevância diante da predominância do budismo. Somente com o fim das guerras "feudais" (1336-1573) e a ascensão da dinastia Tokugawa o país unifica-se em torno da mesma concepção de mundo. A sociedade estamental (samurais, camponeses, mercadores, artesãos) passa a se estruturar em torno de uma ética da lealdade ao "chefe" – da família, da comunidade, da província, do governo militar. Cada estamento tinha sua especificidade: os samurais ocupavam-se da guerra e da administração; os camponeses, do cultivo da terra; os

---

[21]   Alex Inkeles e David H. Smith, *Becoming Modern* (Londres, Heinemann, 1974) [ed. bras.: *Tornando-se moderno*, Brasília, UnB, 1981].

[22]   Robert Bellah, *Tokugawa Religion: The Cultural Roots of Modern Japan* (Londres, Free Press, 1985).

46 UNIVERSALISMO E DIVERSIDADE

mercadores, das coisas do comércio; os artesãos, da construção e fabricação de objetos. Os princípios confucionistas ajustavam os indivíduos à lógica particular dos grupos, mas pregavam a todos os valores de frugalidade e submissão. A revolução Meiji rompe com os laços estamentais de um mundo em ruínas, porém, recupera do confucionismo o princípio de lealdade, agora transferido para o plano do imperador, o "pai" da nação. Diligência no trabalho e abnegação às orientações industrialistas seriam elementos endógenos que explicariam o êxito do capitalismo nipônico. Apesar de instigante e perspicaz, a interpretação de Bellah tropeça numa questão espinhosa. Discípulo de Weber, ele se apropria de suas ferramentas teóricas para afirmar que o Japão modernizou-se graças a uma ética religiosa que cumpriu o mesmo papel do protestantismo no advento do capitalismo. Isso quer dizer que a modernidade poderia se reproduzir em lugares inóspitos a seu florescimento, desde que encontrasse algum sucedâneo válido para sua implantação.

Evidentemente, esse tipo de raciocínio é problemático para se compreender a expansão ou os distintos processos ocorridos na Ásia, Oriente Médio, América Latina, mundo soviético (na China o confucionismo tem um papel inverso, vinculando-se às forças tradicionais). É preciso, portanto, romper o círculo vicioso no qual o argumento nos encerra e dizer sem hesitação: o modelo europeu, no qual os clássicos do pensamento sociológico se amparavam, tornou-se obsoleto. Por isso alguns autores começam a falar em modernidades múltiplas. O plural é sugestivo. Ele supõe que a matriz modernidade, em suas variações, realiza-se historicamente de forma diferenciada; a realidade de cada lugar irá modelá-la de maneira distinta[23]. Entretanto, se isso é verdadeiro, temos de dissociar a matriz de seu lugar de origem: o Ocidente. Se é possível dizer que ela surge em alguns países europeus com a Revolução Industrial, devemos acrescentar que, em sua natureza, ela não é ocidental. A matriz não se confunde com uma de suas versões históricas, a europeia – esta é apenas a primeira cronologicamente, mas não a única, nem sua forma mais bem-acabada. O tema do "atraso" pode ser reposto, pois a questão deixa de ser pensada em termos temporais. As comparações passam a ser feitas tomando como ponto de partida a diferencialidade dessas modernidades e não um ponto incerto no futuro no qual elas se espelhariam.

O debate sobre o eurocentrismo pode nos levar a uma série de mal-entendidos. Talvez o principal deles seja o relativismo. Diante da pertinência das críticas, a tentação seria de considerar a herança iluminista como um discurso cultural do Ocidente. Levando-se a sério as lições da antropologia culturalista,

---

[23] Shmuel Noah Eisenstadt, "Multiple Modernities", *Daedalus*, v. 129, n. 1, 2000.

deveríamos dizer: toda cultura é uma entidade singular, portadora de uma identidade. Nesse sentido, tendo em vista a singularidade da sociedade ocidental, as manifestações culturais que ela encerra exprimiriam seu caráter (no sentido de sua personalidade). A argumentação apresentada é, no mínimo, contraditória. Primeiro, postula-se a existência de um espaço denominado Ocidente (quando se nega a existência de um Oriente). Sua concretude seria irrefutável, material, e não o resultado de uma representação cuja história é perfeitamente possível de se reconstituir. A Europa, ou seja, o relato que dela se faz, deixa de se constituir numa entidade simbólica, imaginada, para transformar-se numa realidade conjugada no singular, jamais no plural. Ela encerraria, em sua personalidade imanente, em sua essência, valores, disposições espirituais, inclinações jurídicas e econômicas radicalmente distintas de todas as outras sociedades. Segundo, cultiva-se certo jdanovismo científico, no qual se opõe uma ciência conspícua (burguesa: ocidental) a outra verdadeira (proletária: não ocidental). Retomo um velho termo do vocabulário da Guerra Fria, quando no campo soviético propunha-se um tipo de abordagem dualista do mundo científico. Ele é expressivo, pois o relativismo contemporâneo, sem o saber (ninguém se recorda de um personagem inexpressivo como Andrei Jdanov), inscreve-se nessa perspectiva, e irá até multiplicar os diferentes pontos de vista (paradigma feminino, paradigma latino-americano, paradigma negro, paradigma nacional, paradigma ecológico, paradigma indígena etc.).

Não se trata tampouco de buscar os equívocos dos filósofos das Luzes, como fazem alguns trabalhos quando denunciam, entre outras coisas, a indiferença em relação à barbárie da escravidão negra (ela existe e está muito bem documentada, inclusive em Condorcet, cuja ambiguidade a respeito da abolição é patente)[24]. A rigor, sabemos que existe uma contradição entre os princípios abstratos de liberdade e o advento do capitalismo em escala planetária. O colonialismo e o imperialismo são práticas europeias, independentemente dos debates filosóficos em torno da perfeição do homem universal. Mas a questão é outra. A tradição iluminista é uma herança, no sentido pleno da palavra, e dela fazemos parte. Uma herança não se recusa; ela possibilita, conforma e limita nossa reflexão. Possibilita na medida em que a emergência das ciências sociais no século XIX, sua emancipação das injunções religiosas e políticas, se faz em alguns países europeus (Alemanha, França, Inglaterra, mas não na Suécia ou na Espanha); conforma, pois o pensamento acadêmico encontra suas raízes e seus conceitos

---

[24] Refiro-me a um texto como o de Louis Sala-Molins, *Les Misères des Lumières* (Paris, Homnisphère, 2008); consultar, ainda, Christian Delacampagne, "Une Ombre sur les Lumières", em *Histoire de l'esclavage* (Paris, Le Livre de Poche, 2002).

na continuidade desse legado; limita, pelo fato de exprimir um contexto particular e não universal, como nos queriam fazer crer seus artífices. Nesse sentido, a proposta de Chakrabarty de se "provincializar" essa Europa é extremamente significativa[25]. Ele observa que tal herança é atualmente partilhada em escala mundial, porém, tendemos a considerá-la de maneira acrítica. Sua expansão deixa à sombra os aspectos parciais e o fato de ela ter sido elaborada a partir de uma província do mundo. Territorializá-la, situá-la geograficamente na história das ideias, não significa abrir mão de uma vocação cosmopolita do pensamento; pelo contrário, a intenção é submetê-la às provas de uma reflexividade que ela mesma nos ensinou. Pierre Bourdieu, particularmente em seus debates com os filósofos, dizia ser necessário historicizar a razão[26]. As ciências sociais, ao ignorar seus fundamentos históricos, sofrem de uma espécie de amnésia das origens, se esquecem de que a universalidade das estratégias de universalização está condicionada por circunstâncias específicas. O "monopólio do universal" não é algo fortuito ou espontâneo, ele se ancora em grupos específicos, os cientistas sociais que atuam nas instituições universitárias e institutos de pesquisa; escondem-se, assim, os interesses daqueles que o enunciam. Nos termos de Bourdieu, para ilustrar meu argumento, eu acrescentaria que tal monopólio, entendido como ocidental, rompe-se na situação de globalização. Sua legitimidade como "registro de verdade" se fragmenta. Neste sentido, o mal-estar contemporâneo traduz menos os impasses do relativismo teórico do que as fissuras de um cânone que atribuía a si mesmo uma solidez ilusória.

Podem-se considerar essas mesmas questões de outro ângulo, o da internacionalização das ciências sociais. Do ponto de vista metodológico, como elas são ensinadas nos cursos universitários, as coisas seriam relativamente simples. Elas conquistam sua autonomia no final do século XIX, integram um campo ordenado de problemas e de técnicas de investigação e constituem um legado que pode ser transmitido de geração em geração. Entretanto, sua história encerra inúmeros percalços. Um incidente exemplar é o mútuo desconhecimento de Durkheim e Weber. Há tempos, Tiryakian escreveu um pequeno texto buscando entender tal disparate[27]. Sua interpretação é interessante. Os dois mestres tinham tudo para se conhecer. O interesse pela objetividade da pesquisa científica, a rejeição ao evolucionismo da época, a fundação de revistas especializadas para o desenvolvimento das pesquisas, o distanciamento em relação às explicações de cunho racial,

---

[25] Dipesh Chakrabarty, *Provincializing Europe* (Princeton, Princeton University Press, 2000).

[26] Pierre Bourdieu, *Méditations pascaliennes* (Paris, Seuil, 1997) [ed. bras.: *Meditações pascalianas*, Rio de Janeiro, Bertrand Brasil, 2001].

[27] Edward A. Tiryakian, "A Problem for the Sociology of Knowledge: The Mutual Unawareness of Émile Durkheim and Max Weber", *Archives Européennes de Sociologie*, v. 7, n. 2, 1966.

AS CIÊNCIAS SOCIAIS E SEUS SOTAQUES 49

todas essas eram preocupações suficientemente próximas para colocá-los em contato; no entanto, eles se ignoram. Tiryakian sugere algumas hipóteses para compreender esse fato. Talvez o nacionalismo da época os tenha afastado; quem sabe o fato de Weber não ser considerado um sociólogo em seu tempo tenha induzido Durkheim ao equívoco; ou, ainda, ambos não consideravam importantes as contribuições do outro para o desenvolvimento de suas próprias trajetórias. Sua resposta, sempre no condicional, parte de um pressuposto; como destaca Michael Pollak, ela postula a existência de uma comunidade científica universal nos moldes em que Merton a definia[28]. A ciência seria uma instituição com regras e valores próprios, e seus atores agiriam de acordo com os princípios de seu funcionamento. Nessa perspectiva, o incidente representaria um desvio em relação à moral científica, cuja apreciação, em relação ao trabalho de outros membros da mesma comunidade, deveria ser menos egoísta (para Merton o comunismo era um dos princípios da ética científica). Apesar das observações de Pollak, que me parecem corretas, minha impressão é a de que a resposta de Tiryakian, embora insuficiente, é emblemática. A crença na existência de uma instituição universal, acima do contexto histórico, é partilhada por vários autores; e por um bom tempo as ciências sociais foram transmitidas dentro desse padrão. Retomo um texto em que Edward Shils traça um retrospecto da sociologia. Ele afirma que até meados da década de 1930 o panorama sociológico era desanimador; na França, Alemanha, Inglaterra e Estados Unidos existiam estudos esparsos, desconexos, fragmentados, sem nenhuma unidade entre si. O impulso dos princípios de uma teoria sociológica, herdeira dos ensinamentos de Weber e Durkheim, tinha praticamente declinado. Mas ele acrescenta: "*The Structure of Social Action* [A estrutura da ação social] foi um divisor de águas. Foi esse trabalho que conseguiu integrar a tradição parcial numa mesma unidade de medida"[29]. Por isso, o subtítulo de seu texto é "Da heterogeneidade à unidade". A visão de Shils é americanocêntrica: Parsons seria o epígono da unidade teórica à deriva. Entretanto, ela se tornou um lugar-comum universitário. Certamente devido à expansão e ao predomínio da sociologia norte-americana, hegemônica em diversas partes do mundo.

Isso possui algumas implicações. O desenvolvimento da sociologia nos países periféricos, sendo tardio (posterior à Segunda Guerra Mundial), coincide com o momento em que a certeza de sua unidade teórica se impõe. É o caso da América Latina. No Brasil e na Argentina, Florestan Fernandes e Gino Germani representam essa fase de implantação da disciplina. Dois livros são expressivos

---

[28] Michael Pollak, "Max Weber en France: l'itinéraire d'une oeuvre", *Cahiers de l'Institut d'Histoire du Temps Present*, Paris, IHTP, n. 3, 1986.

[29] Edward Shils, "The Calling of Sociology", em Talcott Parsons (org.), *Theories of Society* (Nova York, The Free Press, 1965).

desse período: *Fundamentos empíricos da explicação sociológica* (1959) e *La sociología científica: apuntes para su fundamentación* (1956). Ambos se ocupam de questões de método e têm por ambição desenvolver um pensamento sociológico rigoroso, "científico", distinto de certo ecletismo ainda predominante[30]. As datas são significativas quando comparadas aos caminhos da sociologia em outros lugares. Durkheim funda a *L'Année Sociologique* em 1897, Weber era editor do *Archiv für Sozialwissenschaft und Sozialpolitik* em 1904, e o Departamento de Sociologia da Universidade de Chicago foi criado em 1892. As ciências sociais latino-americanas estavam defasadas e deveriam ajustar-se ao tempo de suas matrizes principais, norte-americana ou europeia. Não é casual que o debate sobre o padrão do trabalho científico se faça concomitantemente em diversos países sem que seus participantes estejam necessariamente em contato mútuo. Isso fica claro nas discussões que Florestan Fernandes e Gino Germani travam com seus adversários "nacionalistas"[31]. Eles defendem a consolidação de um saber estritamente "científico" em contraposição à proposta de uma sociologia como conhecimento para a "salvação nacional". O que lhes interessa é um tipo de formação intelectual condizente com as normas, os valores e os ideais do saber científico (como pensavam Merton e Mannheim: a ciência seria uma subcultura orientada por um *ethos* específico).

A polêmica pode ser interpretada de várias maneiras. Na época, ela polarizou as posições em torno do contraponto entre ciência e ideologia (são inúmeras as críticas aos autores por seu cientificismo)[32]. Mas ela é emblemática, pois cada um deles, à sua maneira, reage à mesma situação estrutural: garantir um estatuto acadêmico a uma prática ainda incipiente. Assim, a identidade da nova disciplina via-se impreterivelmente diante do dilema da transplantação das ideias, pois sua afirmação se fazia no terreno predeterminado do próprio conhecimento sociológico. Poderiam os "esquemas abstratos de análises", elaborados num determinado contexto, ser aplicados a outra realidade? Qual é sua validade conceitual? Essas eram as perguntas que animavam o debate intelectual. Mas é preciso entender que o contraste com o *alter ego* europeu ou norte-americano não era somente uma miragem ideológica (como diziam os críticos do colonialismo intelectual), mas uma condição estrutural que envolvia o campo das ciências sociais como um todo.

---

[30] Ver Octavio Ianni, "Florestan Fernandes e a formação da sociologia brasileira", em *Florestan Fernandes* (São Paulo, Ática, 1986); Alejandro Blanco, *Razón y modernidad: Gino Germani y la sociología en la Argentina* (Buenos Aires, Siglo XXI, 2006).

[31] Florestan Fernandes, "O padrão do trabalho científico dos sociólogos brasileiros", em *A sociologia no Brasil* (Petrópolis, Vozes, 1977); Gino Germani, *La sociología en América Latina* (Buenos Aires, Eudeba, 1964).

[32] Por exemplo, Eliseo Verón, "Idéologie et production des connaissances sociologiques en Amérique latine", em Luciano Martins (org.), *Amérique latine: crise et dépendance* (Paris, Anthropos, 1972).

Dois aspectos merecem ser sublinhados nesse processo. Primeiro, uma tensão constante em relação à modernidade, pois os modelos disponíveis mostravam-se inadequados para entender uma situação distinta. Florestan Fernandes depara-se com o desafio de construir uma interpretação do Brasil moderno levando em consideração a absorção da mão de obra escrava numa sociedade de classes. Mesmo Gino Germani, que pode ser considerado um expoente da teoria da modernização (é suficiente consultar seu livro *Sociologia de la modernización*), não se sente à vontade dentro da exiguidade de seu quadro teórico; ao interpretar o peronismo, vê-se obrigado a estabelecer uma nítida distinção entre o que se passa na Argentina e as experiências europeias de totalitarismo. Isso é uma constante no seio da intelectualidade latino-americana. Mariátegui, em seus escritos sobre o Peru, debate-se com um problema semelhante. Ele quer, a partir do marxismo, entender uma realidade determinada – a questão indígena – utilizando-se de um arcabouço teórico no qual ela encontrava-se ausente[33]. Era, pois, necessário apropriar-se de um método estrangeiro, orientando-o noutro sentido. A compreensão da modernidade periférica tornava-se, portanto, cada vez mais problemática.

O hiato entre um modelo ideal e a presença dos fenômenos sociais acentuava a distância entre um pensamento "local" e outro "universal". Um exemplo eloquente é a crítica que os teóricos da dependência fazem aos padrões sociológicos norte-americanos. O debate sobre o desenvolvimento, caracterizando as sociedades como desenvolvidas ou subdesenvolvidas, suas fases de transição para a modernidade, adquire, assim, uma dimensão teórica; não se limita às questões de natureza política e econômica (evidentemente, também relevantes). É essa a ambição do ensaio "Originalidade da cópia", de Fernando Henrique Cardoso, no qual ele analisa o pensamento da Comissão Econômica para a América Latina e o Caribe (Cepal)[34]. Contrário à importação de determinados modelos de explicação, ele queria entender as ideias em "seu lugar", isto é, como elas são reelaboradas em contextos específicos, sendo originais e distintas das propostas da metrópole. Para isso, era importante reconhecer que o processo de realização da modernidade envolveria algumas especificidades ausentes do contexto europeu. E que, no plano do pensamento, seria possível pensá-las não como um desvio, uma defasagem, mas, como as considera Martín-Barbero, "uma diferença que não se esgota no atraso"[35].

A consolidação das ciências sociais se faz através da questão nacional, que norteia o horizonte das perguntas metodologicamente pertinentes. Na verdade,

---

[33] Aníbal Quijano (org.), *José Carlos Mariátegui: textos básicos* (Cidade do México, Fondo de Cultura Económica, 1991).

[34] Fernando Henrique Cardoso, "Originalidade da cópia: a Cepal e a ideia de desenvolvimento", em *As ideias e seu lugar* (Petrópolis, Vozes, 1980).

[35] Jesús Martín-Barbero, *De los medios a las mediaciones* (Bogotá, Convenio Andrés Bello, 1998).

é impossível entendê-las fora desse quadro mais amplo. Como na Europa, o século XIX na América Latina foi o século das nações. Entretanto, se em países como França, Inglaterra e Alemanha sua emergência encontra-se intimamente associada à consolidação da modernidade, tem-se, no caso latino-americano, uma dissociação temporal desses dois movimentos. Sonha-se com uma revolução industrial, mas ela só irá se concretizar posteriormente, no momento em que as sociedades latino-americanas efetivamente se modernizam. Há, pois, um hiato entre o ideal perseguido e a realidade inconteste. Cada país, ao imaginar sua identidade, tem como referência o que se passa em parte da Europa ou nos Estados Unidos. A imagem refletida no espelho será sempre distorcida. No fundo, almeja-se aquilo que ainda não se é. Mesmo com as transformações ocorridas no início do século XX – reforma agrária (revolução mexicana), urbanização, racionalização do aparelho de Estado, redefinição da noção de trabalho numa sociedade oligárquica e servil –, a sensação de atraso persiste. A modernidade é um projeto, uma utopia, algo pertencente ao porvir. Este é o dilema: os Estados nacionais devem construir o que ainda não possuem. Por isso o modernismo latino-americano é distinto do europeu. Nos países industrializados a questão da forma artística era formulada como uma adequação às mudanças sociais em curso. O mundo da Revolução Industrial exigia do artista a reformulação de suas ideias. O impressionismo e o *art nouveau* correspondiam à realidade que os envolvia; eles buscavam traduzir a materialidade dos mecanismos da vida moderna (luz elétrica, bondes, sistema ferroviário, automóveis, a efervescência cultural das metrópoles). No continente latino-americano faltavam justamente esses elementos. O modernismo existe, mas sem modernização. Como observa Néstor García Canclini, era necessário importar e traduzir o moderno, ajustando-o às necessidades do próprio, ou seja, o nacional[36]. Os artistas tinham a intenção de ser modernos, mas suas propostas eram ainda uma projeção (como no caso dos muralistas mexicanos ou do manifesto antropofágico de Oswald de Andrade). Eles se distanciavam, assim, do ideal flaubertiano da arte pela arte, pois o componente político da nação "inacabada" atravessa o universo artístico. Arte e política são termos complementares; o artista é sempre um intelectual engajado na busca da modernidade.

Pode-se dizer o mesmo dos debates em torno da modernização e do desenvolvimento, em voga nos anos 1950 e 1960. Quando seus porta-vozes afirmavam que "sem uma ideologia do desenvolvimento não há desenvolvimento", reiterava-se a anterioridade do projeto em relação ao subdesenvolvimento existente. Cito Álvaro Vieira Pinto, representante paradigmático desse tipo de pensamento:

---

[36] Néstor García Canclini, *Culturas híbridas* (São Paulo, Edusp, 2003).

As ciências sociais e seus sotaques 53

A falta da tomada de consciência objetiva da nossa realidade, por parte de nossos melhores homens, priva-os de percepção histórica segura e global, desnorteando-os, o que contribuiu para o atraso do nosso processo de desenvolvimento, pois não há interpretação sem categorias prévias de interpretação.[37]

E ele acrescenta:

Devemos conhecer o desenvolvimento como um processo que encontra sua definição na finalidade a que se dirige. Não se trata do conceito vago e impreciso de finalidade em geral, mas de finalidade rigorosamente fixada e lucidamente compreendida, pois, sem a clareza e a exatidão dos fins visados, o processo não poderia se constituir.[38]

Caberia aos intelectuais tomar consciência dessa situação de precariedade e traçar uma linha de ação para superá-la. As ciências sociais não escapam a esse destino. Os temas que elas trabalham – miscigenação, urbanização, industrialização, questão indígena, reforma agrária – vêm marcados pela presença do que se convencionou nomear questão nacional.

Eu havia dito que a difusão internacional das ciências sociais, do ponto de vista disciplinar, se fazia através da afirmação de sua unidade metodológica. No entanto, nos países periféricos elas adquirem uma feição regional: enfrentam problemas vistos como temporalmente deslocados em relação aos países centrais e se consolidam em estreito diálogo com a problemática nacional. Isso traz uma ambiguidade ao campo sociológico. Existiria um padrão único (universal) praticado pelos europeus e norte-americanos que traduziria de maneira inequívoca as exigências de uma ciência da sociedade. Em contrapartida, fora de suas fronteiras, esse padrão se desdobraria em duas vertentes: uma metodológica (comum à disciplina como um todo), outra específica, configurando-se como saber enraizado em conjunturas regionais. Isso fica claro na distinção proposta por Tiryakian entre "grande" e "pequena" tradição sociológica. A primeira constituiria o eixo da disciplina, em torno do qual se estruturariam os problemas e os argumentos centrais do conhecimento e da pesquisa. Por uma coincidência fortuita, o solo da "grande tradição" corresponderia ao pensamento clássico europeu e norte-americano. Restaria à "pequena tradição" um papel mais modesto. Como a considera o autor:

Existem vários eixos nos quais as tradições de menor magnitude do que aquelas exigidas em nossa profissão podem ser consideradas. Um desses eixos, frequentemente utilizados, explícita

---

[37] Álvaro Vieira Pinto, *Ideologia e desenvolvimento nacional* (Rio de Janeiro, Instituto Superior de Estudos Brasileiros, 1959), p. 15.

[38] Ibidem, p. 25.

ou implicitamente, diz respeito ao contexto do desenvolvimento nacional da sociologia. A sociologia como ciência da sociedade é um pressuposto que favorece uma perspectiva universal de seu quadro teórico e conceitual; mesmo assim, na maioria dos lugares ela se desenvolve segundo o contexto nacional, no qual um treinamento gradual é oferecido.[39]

A internacionalização das ciências sociais se faria, portanto, através do modelo de difusão; à medida que se acentuava sua expansão, novos participantes a ela se integrariam (daí a necessidade de serem "treinados"). Surge, assim, o problema da "indigenização", da aclimatação das ideias e das técnicas de pesquisa em lugares distantes do padrão de origem[40]. As versões nacionais atestariam o desenvolvimento de um determinado saber em escala mundial, mas a bifurcação de tradições – uma legítima, outra menos – confirmaria o fosso existente entre elas. A partir dessa diferenciação tácita se instaura certa divisão internacional do trabalho intelectual. As verdadeiras reflexões de caráter teórico seriam uma primazia do "Ocidente", não tanto por motivos ideológicos, mas simplesmente porque nele se encontraria o núcleo da modernidade, suas estruturas profundas. A defasagem temporal impossibilitaria aos pensadores latino-americanos, africanos ou asiáticos atingir seu âmago. No fundo, qualquer estudo sobre a modernidade periférica seria incompleto, lhe faltaria a densidade negada pela história. Malgrado sua pertinência, as críticas à teoria da modernização não serão ouvidas, cairão no terreno do esquecimento (elas foram escritas nos idiomas nativos e não na língua da modernidade-mundo, o inglês). Além disso, o fato de as ciências sociais estarem mescladas à temática da nação acentuava sua coloração local diante das exigências de universalização. Para se libertar da opressão intelectual era preciso valorizar as próprias raízes; esse é o dilema que atravessa o "pensamento latino-americano". Basta lermos os escritos de Leopoldo Zea para nos darmos conta de que a emancipação intelectual se faz mediante a afirmação nacional[41]. Esse é o passo inicial, a ruptura que permite a construção de um referencial teórico isento das contradições conceituais elaboradas na metrópole.

Entretanto, o traço de união – América Latina – tinha pouca consistência e se desfazia quando considerado à luz das especificidades de cada lugar. O surgimento das ciências sociais não se fez a partir do marco latino-americano, mas das particularidades de cada nação. Por exemplo, no Brasil, no final do

---

[39] E. A. Tiryakian, "Traditions in Sociology", em Neil J. Smelser e Paul B. Baltes (orgs.), *International Encyclopaedia of the Social and Behavioral Sciences* (Amsterdã, Elsevier, 2001), p. 15.827.

[40] O livro de Nikolai Genov, elaborado sob os auspícios da International Sociological Association (ISA), estrutura-se a partir dessa ideia falaciosa da indigenização das ciências sociais. Ver: Nikolai Genov (org.), *National Traditions in Sociology* (Londres, Sage, 1989).

[41] Leopoldo Zea, *El pensamiento latinoamericano* (Cidade do México, Pomarca, 1965).

século XIX e início do XX, a introdução das ideias sociológicas se dá através da influência europeia, particularmente Comte, Spencer e, tardiamente, Durkheim; há pouco contato com o universo alemão. Não se trata, no entanto, de uma especialização disciplinar; as elites brasileiras evoluem em torno das instituições tradicionais criadas durante o Império: faculdades de direito, escolas de medicina, institutos históricos e geográficos. O debate principal centra-se na identidade nacional, procura entender que futuro teria um país resultante da mistura de raças tão díspares: negra, indígena, branca. É esse o desafio intelectual para escritores como Silvio Romero, Nina Rodrigues e Euclides da Cunha[42].

Como mostra Carlos Altamirano, algo similar acontece na Argentina[43]. A preocupação com a construção nacional e a questão racial é também uma constante. Os diagnósticos elaborados em livros como *Nuestra América* (1903), de Carlos Bunge, ou *La evolución sociológica argentina* (1910), de José Ingenieros, discutiam como seria possível a melhoria das raças através da imigração europeia. Como no Brasil e no resto da América Latina, o pensamento raciológico e racista exercia seu fascínio. Entretanto, a situação argentina era diversa. Sua industrialização antecedeu em décadas a brasileira e, devido à importância da imigração, que abarcava setores intelectualizados, o contato com as ideias europeias era mais amplo e diversificado (um autor como Simmel, por exemplo, foi lido muito precocemente por lá). Isso faz com que no interior de algumas faculdades de direito sejam criadas cátedras de sociologia: La Plata (1904), Córdoba (1907), Buenos Aires (1908). Diferentemente do Brasil, onde o debate racial perdura até a Revolução de 1930, o panorama na Argentina é outro. Desde o início do século XX o pensamento sociológico (mesmo eclético e distante das pesquisas empíricas), juntamente com o problema racial e a assimilação dos imigrantes, incorpora um tema novo: a modernização capitalista. A questão nacional na qual se inscrevia o destino do país tomava uma configuração distinta.

O pensamento latino-americano se subdividia, portanto, em unidades menores: "brasileiro", "mexicano", "argentino", "chileno". A história das ciências sociais é narrada no plural, não no singular: sociologia brasileira, sociologia peruana, sociologia mexicana etc. Tal aspecto acirra a contradição entre o autóctone e o estrangeiro, pois toda identidade contém uma dupla-face, ela delimita um espaço interior (moradia da autenticidade) e o separa do que lhe seria estranho.

O problema é que o estranho correspondia ao que se esperava conquistar: a autonomia do padrão sociológico. A busca da identidade acadêmica terminava

---

[42] Ver Renato Ortiz, "Memória coletiva e sincretismo científico: as teorias raciais do século XIX", em *Cultura brasileira e identidade nacional* (São Paulo, Brasiliense, 1985).

[43] Carlos Altamirano, "Entre el naturalismo y la psicología: el comienzo de la 'ciencia social' en la Argentina", Conferência (mimeo), Caxambu, Anpocs, 2007.

num impasse. Ela se enredava na teia de uma sutil hierarquia na qual o nacional, sendo específico a cada localidade, lhe cerceava o caminho da generalização. A rigor, não faria sentido falar na existência de um pensamento francês ou alemão, Durkheim e Weber seriam "universais"; Parsons tampouco poderia ser identificado como norte-americano, ele era o autor de *A estrutura da ação social*. Apenas na periferia a arte da reflexão podia ser qualificada, ambígua e positivamente, dessa maneira. Construiu-se certo consenso ou, se preferirem, uma regra cortês de convivência internacional, na qual a universalidade do método era uma prerrogativa de alguns e sua aplicação, disponível a todos.

O movimento de expansão das ciências sociais vinha marcado pela duplicidade. Por um lado, revelava uma real consolidação dos métodos e das análises de uma disciplina acadêmica. Criação de cursos universitários, fundação de institutos de pesquisa, interação cada vez maior entre os pesquisadores. Essa vocação internacional se manifesta desde o século XIX. Vários autores mostram ser este o momento em que surge um tipo de organização e de atividade inexistente na antiga República das Letras: as conferências científicas e as associações internacionais – o Institut International de Sociologie, criado em 1893, e o Congrès Historique International, de 1898, por exemplo –, num movimento que atravessa o campo científico e se intensifica com a especialização das disciplinas. A criação dessas entidades acelerará o fluxo transnacional das redes de pesquisadores e incentivará a busca por uma língua universal de comunicação entre os cientistas[44]. Elas proliferam sobretudo ao longo do século XX: International Union of Anthropological and Ethnological Sciences (1934), International Sociological Association (1949), International Political Science Association (1949), Facultad Latinoamericana de Ciencias Sociales (1957)[45]. Após a Segunda Guerra, a Unesco financia diversas dessas associações internacionais, incentivando as pesquisas e os intercâmbios científicos (por exemplo, a pesquisa sobre o racismo e o negro realizada no Brasil por Roger Bastide, Florestan Fernandes, Costa Pinto e Thales de Azevedo). Não obstante, subjaz a esse desdobramento a incerteza do particular. Na periferia, a prática sociológica se conjugaria no plural devido às tradições nacionais. A tensão entre o universal e o diverso resolve-se, dessa forma, em favor de uma desclassificação dos outros; ela reforça a ilusão de um modelo único cuja realidade repousa menos em sua consistência teórica e mais na assimetria existente entre países e instituições acadêmicas.

---

[44] Anne Rasmussen, "À la recherche d'une langue internationale de la science", em Roger Chartier e Pietro Corsi (orgs.), *Sciences et langues en Europe* (Paris, Ehess, 1996).

[45] Consultar Johan Heilbron, Nicolas Guilhot e Laurent Jeanpierre, "Vers une histoire transnationale des sciences sociales", *Sociétés Contemporaines*, Paris, Presses de Sciences Po, v. 1, n. 73, 2009, p. 121-45.

Esse quadro transforma-se radicalmente na situação de globalização. A emergência de noções como modernidades múltiplas, o advento da literatura pós-colonial, a criação de subáreas de conhecimento como os estudos culturais, a valorização da interdisciplinaridade como forma de avançar o conhecimento, assim como a crítica ao eurocentrismo, deixam-nos diante de um mapa heterogêneo das ciências sociais. Basta lermos o relatório organizado pela Comissão Gulbenkian sobre sua reestruturação para nos darmos conta de que a prática sociológica se distanciou de seu passado clássico[46]. Seu desenvolvimento nos países ditos periféricos, orientais, atrasados, rompe o vínculo orgânico entre os pais fundadores e os lugares nos quais o pensamento sociológico emergiu: França, Alemanha, Inglaterra e Estados Unidos. Ao provincializá-lo, isto é, circunscrevê-lo a um determinado espaço, percebemos sua evolução de outra maneira. O surgimento de universidades, institutos de pesquisa, políticas de incentivo à ciência, em diferentes países do planeta, tende, senão a nivelar a concorrência entre esses centros, pelo menos a debilitar as certezas anteriores. Fica difícil sustentar a crença em um padrão único da prática sociológica. O debate sobre a existência de "uma" ou "várias" sociologias, a despeito de qualquer intenção teórico-metodológica, torna-se inelutável[47]. Afinal, cada localização espacial conferiu uma coloração diversificada à sua internacionalização. A defasagem da qual os autores latino-americanos se ressentiam é substituída por um conjunto de tradições intelectuais que se complementam e diferem entre si.

Por outro lado, a ideia de nação adquire uma nova feição, o processo de globalização coloca em xeque sua centralidade no âmbito das relações sociais, políticas e econômicas. Entretanto, a "crise" do Estado-nação não se limita a temas como soberania ou meio ambiente: é também categorial. Como unidade de análise, ele se torna um conceito insuficiente para compreender a abrangência da modernidade-mundo. Como observa Octavio Ianni:

> Se as ciências sociais nascem e desenvolvem-se como formas de autoconsciência científica da realidade social, pode-se imaginar que elas podem ser seriamente desafiadas quando essa realidade já não é mais a mesma. O contraponto de pensamento e pensado, ou de lógico e histórico, pode alterar-se um pouco, ou muito, quando um dos termos modifica-se; e mais ainda quando ele se transfigura.[48]

---

[46] Immanuel Wallerstein (presidente da comissão), *Para abrir as ciências sociais* (São Paulo, Cortez, 1996).

[47] Ver Piotr Sztompka, "One Sociology or Many?", em Sujata Patel (org.), *The ISA Handbook of Diverse Sociological Traditions* (Londres, Sage, 2010).

[48] Octavio Ianni, *A sociedade global* (Rio de Janeiro, Civilização Brasileira, 1993), p. 171.

A situação de globalização requer das ciências sociais uma reavaliação de sua herança intelectual. Diante das transformações ocorridas, muitos de seus conceitos, cunhados no final do século XIX, tornam-se inapropriados: não se deve esquecer que as controvérsias entre indivíduo e sociedade, o padrão de soberania para a ciência política, e mesmo de mercado para a economia, fundamentavam-se em processos e estruturas nacionais. Mas quais seriam as consequências dessas mudanças para o pensamento sociológico? Gostaria de sublinhar pelo menos duas: primeiro, a necessidade de se imaginar novas categorias para a compreensão da modernidade-mundo (tema fartamente discutido na literatura sobre a globalização); segundo – aspecto que interessa diretamente à minha argumentação –, os intelectuais europeus e norte-americanos, diante da radicalidade das transformações, devem repensar a trajetória do conceito de nação (particularmente com a consolidação da União Europeia). Diversos estudos, revisitando a emergência das ciências sociais como um saber autônomo, passam, agora, a insistir na ideia de tradição intelectual nacional. Donald Levine, por exemplo, identifica diferentes tipos de tradições[49]: britânica, francesa, alemã, italiana e americana (o marxismo, com sua vocação internacionalista, é a única exceção). Os sociólogos britânicos cultivariam uma visão individualista e evolucionista, combinada a uma preocupação constante com a mensurabilidade. Assim, para um autor como Smith, as inclinações individuais são: os princípios explicativos dos fenômenos sociais (mercado) e o fundamento da moralidade humana, critério para a definição do bem social. A tradição francesa toma outra configuração, enfatizando a dimensão holística do social, o todo prevalecendo sobre as tendências individuais. É nesse sentido que podem ser compreendidas as críticas de Durkheim a Mill e Spencer, quando esses autores apreendem os fatos sociais como algo decorrente das motivações atomizadas dos indivíduos. Por isso é possível falar numa tradição francesa de crítica da economia política[50]. O mesmo pode ser dito da especificidade norte-americana e seu caráter decididamente empírico, ou da alemã, centrada no sujeito que interpreta o social, capaz de ser autodeterminado e de discriminar e escolher segundo critérios morais bem definidos. Cada uma dessas tradições constitui um ponto de partida para se construir uma pluralidade de problemáticas teóricas que virão, posteriormente, constituir o legado clássico da sociologia. Estamos distantes de uma proposta como a de Nisbet, na qual as ciências sociais seriam estruturadas a partir de um núcleo central de ideias: comunidade, sagrado, autoridade, status,

---

[49] Donald N. Levine, *Visões da tradição sociológica* (Rio de Janeiro, Zahar, 1997).

[50] Ver Philippe Steiner, "La tradition française de critique de l'économie politique", *Revue d'Histoire des Sciences Humaines*, Paris, v. 1, n. 18, 2008, p. 63-84.

alienação. Esse seria o eixo principal do interesse sociológico, conhecimento que se estrutura e se cristaliza no período formativo da disciplina (1830-1900)[51]. Teríamos, assim, a consolidação de um padrão único; a questão seria apenas difundi-lo em escala internacional.

Mas a marca do nacional não se restringe ao plano das ideias. O processo de institucionalização das ciências sociais é fortemente influenciado pela relação com os estados nacionais. Como pondera Peter Wagner: "Quanto mais as questões levantadas nas ciências sociais são definidas num país determinado em reação à ordem sociopolítica estabelecida, mais seu caráter nacional é pronunciado"[52]. Isso ocorre na Itália com o processo de unificação do país, na França com a ideologia republicana e também na Alemanha. Torna-se claro, nessa perspectiva, o papel do Estado na conformação das disciplinas acadêmicas (análises estatísticas, formação de quadros profissionais, criação de universidades). Porém, como as demandas são diferentes, em cada país a institucionalização adquire um aspecto diversificado. A imagem que Shils nos apresentava do conhecimento sociológico perde força e poder de convencimento, sua nitidez atenua-se, deixando margem a dúvidas e incertezas.

O período clássico da sociologia conhece uma série de tentativas frustradas de institucionalização; em função das questões políticas, sociais e econômicas, o projeto sociológico se fragmenta segundo sua inclinação local. Cabe lembrar que Weber tinha inúmeras restrições em denominar-se sociólogo: somente após a criação da Sociedade Alemã de Sociologia, em 1909, ele passa a aceitar, com relutância, esse rótulo. Na verdade, como sugere Bourdieu, as ciências sociais evoluem nos espaços nacionais porque a constituição de um campo de práticas acadêmicas encontra-se vinculada às condições objetivas que possibilitam sua existência. Elas pressupõem a existência de um espaço intelectual no qual os agentes (com trajetórias individuais distintas) atuam em instâncias específicas (revistas, universidades, institutos de pesquisa) proporcionadas por políticas educacionais e científicas bem determinadas (distribuição de recursos, incentivo à educação superior, criação de laboratórios etc.). A autonomia desse território – isto é, as condições políticas, sociais e econômicas no qual ele funciona – é sempre relativa e variável. Sua heterogeneidade traduz as possibilidades reais existentes em cada país. Na verdade, quando se leem os clássicos, percebe-se que eles possuíam nítida consciência da dimensão nacional de seus empreendimentos[53].

---

[51] Robert Nisbet, *The Sociological Tradition* (Londres, Heinemann, 1967).

[52] Peter Wagner, "Formes d'État et formes de savoir social: traditions nationales et pluralité d'interprétations de la modernité", em Bénédicte Zimmermann (org.), *Les Sciences sociales à l'épreuve de l'action* (Paris, Maison des Sciences de l'Homme, 2004), p. 61.

[53] Consultar Johan Heilbron, "Qu'est-ce qu'une tradition nationale en sciences sociales?", *Revue d'Histoire des Sciences Humaines*, cit., p. 3-16.

Durkheim, mesmo após ter retornado de sua viagem à Alemanha, onde toma contato com uma literatura rica e exuberante sobre a vida social, não hesita em definir a sociologia como uma ciência francesa. O balanço que ele faz de seu desenvolvimento é inequívoco: "Determinar a parte que diz respeito à França nos progressos feitos pela sociologia durante o século XIX é fazer em grande parte a história dessa ciência, pois foi entre nós, no decorrer deste século, que ela nasceu, permanecendo assim uma ciência essencialmente francesa"[54]. Os sociólogos norte-americanos também estavam convencidos de que seus escritos representavam as virtudes de um país excepcionalmente superior aos outros[55]. A revolução americana e o governo republicano, sendo autóctones, alimentavam um contraponto idealizado em relação à Europa, onde a modernidade estaria minada pela pobreza e o conflito de classes. A ideologia liberal e a ênfase no individualismo, esta última uma marca de suas ciências sociais, ancoravam-se numa concepção de mundo que diferenciaria os pensadores norte-americanos dos europeus. Essa percepção da relação orgânica entre as ciências sociais e o nacional, tão viva em sua época, terminou por ser sublimada, sendo substituída por uma visão mais neutra e homogênea do mundo científico. A reconstrução atual de sua história realça um aspecto antes considerado um atributo das modernidades incompletas. Nesse sentido, a especificidade do nacional, vista como um entrave ao conhecimento, não seria uma dimensão exclusiva às realidades periféricas – o que torna a pretensa distinção entre universal (Estados Unidos e Europa) e particular (o resto do mundo) cada vez mais questionável. A história das ciências sociais deixa de ser pensada segundo a matriz difusionista, exportação da metrópole para a periferia, dando lugar a um quadro bem mais complexo de sua constituição transnacional.

Na obra *O raciocínio sociológico**, Jean-Claude Passeron observa que a língua sociológica, diferentemente das ciências lógico-matemáticas ou da natureza, nunca conseguiu atingir um equilíbrio, mesmo precário, para se definir como uma ciência normal (nos termos de Thomas Kuhn em seu livro *A estrutura das revoluções científicas***). Seu estado "caótico", ou seja, impreciso, demonstra a dificuldade constitutiva de um saber que se realiza sempre em contexto. Isso não significa que ele tenha de renunciar a todo e qualquer tipo de generalização. Pelo contrário, as pesquisas empíricas acumulam um rico conhecimento que nos permite, através do esforço comparativo, escapar das malhas de cada província.

---

[54] Émile Durkheim, "La Sociologie en France au XIX siècle", em *La Science sociale et l'action* (Paris, PUF, 1987), p. 111 [ed. bras.: *A ciência social e a ação*, São Paulo, Difel, 1976].

[55] Dorothy Ross, *The Origin of American Social Science* (Cambridge, Cambridge University Press, 1991).

* Petrópolis, Vozes, 1995. (N. E.)

** 12 ed., trad. Beatriz Vianna Boeira e Nelson Boeira, São Paulo, Perspectiva, 2013. (N. E.)

Entretanto, tais generalizações encontram-se distantes do ideal popperiano de cientificidade. Quero reter de Passeron não tanto seus argumentos de ordem metodológica, mas a metáfora que ele utiliza para caracterizar o discurso sociológico: a língua. Ela é sugestiva e nos auxilia a apreender algumas dimensões relativas à diversidade das interpretações. Recordo ao leitor a distinção que os linguistas fazem entre linguagem, que nos remete à ideia de universal, e língua, sua atualização na história. Eu havia mencionado a ambiguidade que imperava a respeito de um único padrão da prática sociológica. Creio ser possível caracterizá-la como a tentação de pensar o idioma das ciências sociais como linguagem. O estatuto de sua universalidade estaria, dessa forma, garantido. Haveria uma conjunção feliz entre as exigências de natureza epistemológica e o padrão inaugurado pelos clássicos. O panorama atual torna essa visão das coisas um tanto irônica. Na verdade, a noção de linguagem é imprópria para descrever o discurso das ciências sociais: seria melhor recorrermos à de língua, que incorpora as dimensões de história e o contexto.

Surge, então, uma questão perturbadora. Os linguistas nos ensinam que toda língua, em função de sua disseminação no espaço e no tempo, conhece uma série de variações – por exemplo, os dialetos. Seria o destino das ciências sociais fragmentar-se em províncias dialetais, cada uma delas com fronteiras claras e excludentes? Essa interrogação traduz de forma inquietante o mal-estar do universalismo ao qual eu me referia antes. Uma maneira ilusória de resolver tal problema seria retomar um antigo debate sobre a existência de um padrão (*standard*) linguístico. Ou seja, a língua padrão, normatizada pelos gramáticos, unificaria a diversidade das falas. Trata-se, porém, de uma solução artificial, pois o padrão postulado não possui nenhuma realidade empírica, ele é simplesmente um construto imaginado por aqueles que o elaboraram. Mas não esqueçamos: toda língua possui também diferentes sotaques, sem que isso venha se constituir em falas incomunicáveis entre si. Penso ser possível dizer que o idioma das ciências sociais é compartilhado por uma mesma comunidade de falantes, cujos sotaques são, no entanto, distintos. Ao se atualizar em lugares afastados, ele guarda sua vocação cosmopolita, sem perder a diversidade que o constitui. A conversa entre os cientistas sociais pressupõe duas dimensões complementares: um universo comum e o esforço da tradução dos sotaques.

Tradição e modernidade: a linha do tempo

Moderno é uma palavra antiga. Se a utilizamos de maneira quase corriqueira é porque antes foi decantada de seus significados anteriores. Quando surge, no século VI, derivada de *modo* ("recentemente") para formar o neologismo *modernus*, encerra a ideia de atualidade, os dias em que vivemos, hoje (como *hodiernus*; de *hodie*)[1]. Durante a Idade Média, o termo é utilizado com diferentes conotações: laudativa, pejorativa e neutra. A noção de *modo*, da qual deriva *moda*, sublinha justamente a dimensão de ser algo recente; no entanto, os protagonistas do Renascimento italiano irão conferir ao moderno um atributo depreciativo. Como querem fundar um novo campo de estudo, as humanidades, eles designam dessa forma o saber das faculdades teológicas e o estilo gótico das artes que os antecediam, ou seja, uma sensibilidade artística e reflexiva peculiar à "idade das trevas", agora, suplantada por outra era. Entre uma "história antiga" e os tempos "novos" intercala-se a Idade Média, da qual os renascentistas procuram se libertar. Por isso eles se espelham no passado longínquo, fonte de inspiração e de autoridade. O antigo (e não o tradicional) é oposto ao moderno e possui uma acepção bastante específica: a Antiguidade greco-romana. O Renascimento, como o nome indica, é o momento no qual os que vivem esses tempos retomam a herança da Grécia e da Roma antigas como referência privilegiada. *Antigo* distancia-se de *velho*: ele contém agora as virtudes de uma época que se erige em modelo a ser imitado pelos artistas e pelos pensadores *umanistas* (novo grupo de profissionais que se ocupa de gramática, retórica, história, poesia e filosofia moral; responsáveis, sobretudo, pelo estudo

---

[1] Consultar Jacques Le Goff, "Antique (ancien)/Moderne", em *Histoire et mémoire* (Paris, Gallimard, 1988) [ed. bras.: *História e memória*, Campinas, Editora da Unicamp, 1992].

64 UNIVERSALISMO E DIVERSIDADE

e a tradução do grego antigo[2]). Entretanto, essa valorização da Antiguidade é permeada por uma série de contradições: seriam aqueles que "nos" (aos europeus) antecederam a fonte exclusiva do saber ideal? Essa é a questão que desde o final do século XVII e ao longo de todo o XVIII alimentará o que se tornou conhecido como a querela entre os antigos e os modernos. Como resume um autor da época:

> Toda a questão da preeminência entre os antigos e os modernos se reduz a saber se nos outros tempos as árvores de nosso campo eram mais altas do que as de hoje. No caso em que fossem, Homero, Platão, Demóstenes não poderiam ser, neste século, igualados; mas se nossas árvores forem tão altas como as dos outros tempos, podemos igualar Homero, Platão, Demóstenes.[3]

A controvérsia não se coloca, pois, em termos de superação (se seriam os modernos superiores aos antigos); a dúvida é de outra natureza: teriam os modernos a mesma envergadura artística e filosófica de seus antepassados? Como observa Marc Fumaroli, os partidários de cada um dos campos da querela não constituem grupos excludentes: todos são herdeiros do Renascimento e cidadãos da mesma República das Letras[4]. Moderno e antigo são armas simbólicas com as quais eles esgrimam entre si.

A antinomia antigo/moderno transforma-se radicalmente com a consolidação da ideia de progresso. Dois textos canônicos fundam os argumentos centrais a seu respeito: *Tableau philosophique des progrès de l'esprit humain* [Imagem filosófica do progresso do espírito humano], de Turgot (1750), e *Esboço de um quadro histórico dos progressos do espírito humano*[*], de Condorcet (1795). A distância entre a publicação desses opúsculos não é fortuita. Tem-se às vezes uma percepção equívoca de que o período das Luzes teria sido marcado exclusivamente pelo otimismo da razão. Mas é preciso lembrar que foi necessário um conjunto de transformações políticas (Revolução Francesa) e econômicas (Revolução Industrial) para que as dúvidas em relação às suas promessas fossem dirimidas. O tema da ruína dos povos permeia os escritos de diversos autores, por exemplo, as reflexões de Gibbon sobre o declínio do Império Romano. Um certo pessimismo rondava o mundo das ideias ainda no final do século XVIII. A civilização ocidental, em sua pujança material e científica, via-se ameaçada pelos excessos do luxo e dos desmandos políticos. Na verdade, a noção de decadência, aplicada

---

[2] Ver Leighton Durham Reynolds e Nigel Guy Wilson, *Scribes and Scholars* (Oxford, Clarendon Press, 1991).

[3] Fontenelle, "Digression sur les Anciens et les Modernes" (1688), em Marc Fumaroli (org.), *La Querelle des anciens et des modernes* (Paris, Gallimard, 2001), p. 295.

[4] Marc Fumaroli, "Les abeilles et les araignées", em *La Querelle des anciens et des modernes*, cit. (ensaio introdutório).

[*] Campinas, Editora da Unicamp, 2005. (N. E.)

a um Estado ou a um povo, é contemporânea e indissociável da ideia de progresso[5]. Ambas são os frutos e a imagem invertida de uma época. Mesmo o evolucionismo biológico, que em Darwin recebe sua concepção mais elaborada, não se encontrava associado a um evolucionismo de tipo social no período das Luzes. Se no século XIX um autor como Spencer pode reivindicar a existência de um darwinismo social para compreender a sociedade, perspectiva fundada na progressão gradual das espécies, dificilmente isso ocorreria antes. A noção de espécie em Buffon é uma unidade primordial dos seres vivos; no entanto, uma vez criada, ela se perpetuaria de maneira imutável[6]. Na melhor das hipóteses, sob o efeito de causas externas (alimentação e clima), ela poderia degenerar. Nessa perspectiva, não existiria uma evolução das espécies, a biologia seria marcada fundamentalmente pela continuidade, não pela ruptura. Mas é certamente Rousseau, no plano filosófico, quem melhor exprime as inquietações em relação ao progresso como categoria de entendimento do espírito humano. No *Discours sur les sciences et les arts* [Discurso sobre as ciências e as artes] ele inicia sua reflexão a partir da seguinte pergunta: teriam a ciência e a arte contribuído para depurar ou para corromper a moral? Sua resposta é clara: apesar de serem importantes, elas prejudicariam muito mais do que fariam um bem à sociedade. No ensaio sobre a desigualdade entre os homens, escrito posteriormente, ele elabora melhor seu argumento. O que distingue o ser humano dos animais é a faculdade de se aperfeiçoar; ele possui a liberdade de escolher ou resignar-se às forças que o cercam. No entanto, seu destino não é promissor.

> Por que somente o homem é sujeito a se transformar num imbecil? Não é tanto que ele retorne a seu estado primitivo, enquanto o animal, que nada adquiriu e nada tem a perder, permaneça sempre com seu instinto; o homem, ao perder pela velhice ou por outros acidentes tudo o que sua *perfectibilité* lhe havia dado, recai, dessa maneira, num nível mais baixo do que o próprio animal.[7]

O homem, após deixar o estado selvagem e ingressar na vida em sociedade, vive uma espécie de degradação que o faz regredir à condição de barbárie. Seu potencial de humanidade se esvai, afasta-se da virtude, deixando-se dominar pelo vício e pela imbecilidade.

O triunfo da ideia de progresso teve de esperar as conquistas do industrialismo e as transformações políticas que rompem definitivamente com a ordem

---

[5]   Pierre Chaunu, *Histoire et décadence* (Paris, Librairie Académique Perrin, 1981).

[6]   Georges Buffon, *Histoire naturelle* (Paris, Gallimard, 1984).

[7]   Jean-Jacques Rousseau, *Discours sur l'origine et les fondements de l'inégalité parmi les hommes* (Paris, Librairie Générale de France, 1996), p. 87-8.

aristocrática e monárquica. Contrariamente a uma leitura filosófica da história, a modernidade não significa a realização do pensamento das Luzes. Essa perspectiva, partilhada por diversos autores, tem muito de idealismo (penso na concepção hegeliana na qual o conceito antecede e engendra o devir histórico; as ideias seriam anteriores aos fatos históricos e teriam engendrado a formação de outra ordem social: a modernidade). Tudo se passa como se o advento da sociedade industrial constituísse a materialização de um projeto político e filosófico. Não custa lembrar que o processo de secularização e de racionalização do pensamento convivia harmonicamente com a ordem desigual do Antigo Regime. Voltaire considerava as Luzes uma virtude dos "espíritos privilegiados", Hume e Montesquieu louvavam a monarquia como o melhor regime político existente. Nesse sentido, a tese de que a Revolução Francesa teria sua origem no Iluminismo nada tem de verdadeira. Como insistem os historiadores, a noção de revolução, sua ênfase na dimensão popular e de igualdade, dificilmente poderia ser considerada uma herança do passado filosófico[8]. A valorização dos princípios igualitários não deriva de uma eventual leitura dos textos de Rousseau, mas da existência de questionamentos concretos dos privilégios de uma sociedade hierárquica e estamental.

Portanto, é dentro de um novo contexto que a noção de progresso, existente nos textos de alguns pensadores, torna-se uma ideia dominante de toda uma época. Como pondera Robert Nisbet, ela se constitui no eixo em torno do qual evoluem outras concepções e valores: liberdade, igualdade, povo, soberania[9]. Já não se trata apenas da liberdade do pensamento. A emancipação das injunções de caráter religioso, o reconhecimento do cidadão, com seus deveres e direitos, inauguram a era de uma liberdade política que contrasta com os privilégios aristocráticos e ampara-se no "movimento progressivo da história". É nesse sentido que se desenvolvem as obras de Hegel, Saint-Simon, Comte e Marx. O século XIX assiste ainda a uma evolução fantástica da técnica. O advento do vapor e dos novos meios de comunicação – telégrafo, máquinas de impressão de jornais, trem, automóvel, avião – confere à concepção de progresso um caráter material que ele não possuía anteriormente. No período das Luzes, as descobertas da razão privilegiavam o mundo da ciência, mas não propriamente o da técnica. Interessava compreender de maneira livre, ou seja, "científica", as leis da natureza e da sociedade. Porém, a sociedade industrial reorganiza o trabalho e a vida social dentro de parâmetros que tornam imprescindível o desenvolvimento tecnológico. Tema recorrente nos escritos de Marx, ao tratar a máquina como elemento de transformação das forças

---

[8] Ver Jacques Solé, "Um triunfo das Luzes?", em *A Revolução Francesa em questões* (Rio de Janeiro, Zahar, 1989).

[9] Robert Nisbet, *History of the Idea of Progress* (Nova York, Basic Books, 1980) [ed. bras.: *História da ideia de progresso*, Brasília, UnB, 1980].

produtivas, ou em Saint-Simon, ao considerar os industrialistas, a classe dos empreendedores, a mais capaz para instituir e explorar racionalmente a ordem emergente (na França o saint-simonismo foi uma potente ideologia de estímulo tecnológico). Mas o avanço da técnica não se confina à esfera produtiva, ele penetra o mundo dos objetos. O maquinário da Revolução Industrial multiplica seu número definindo um novo quadro material da vida cotidiana. Um conjunto de utensílios passa a habitar as casas: pia, banheira, privada, navalha para barbear, escova de dente; nos escritórios: mata-borrão, borracha, grampeador, clipe, apontador de lápis. O *Dicionário de artes e manufaturas* registra, em 1881, a importância de um procedimento técnico como a galvanoplastia: "Devemos à prateação eletroquímica esses utensílios diversos, apetrechos para mesa, cafeteiras, chaleiras e, sobretudo, esses talheres ao mesmo tempo higiênicos e elegantes, hoje tão difundidos em nossos lares"[10]. Com o caminhar do século, algumas invenções já se tornam obsoletas; a iluminação a gás é suplantada pela elétrica, e a tração animal cede lugar ao transporte elétrico e a gasolina. O fascínio pela técnica se espelha de maneira ideal nas exposições universais. Elas atraíam uma multidão de visitantes e funcionavam como vitrines inquestionáveis do progresso material (aí podiam ser apreciadas as novas invenções que iriam transformar o dia a dia das pessoas: geladeira, máquina de escrever, telégrafo, fonógrafo, cinema)[11]. Georges D'Avenel denominava a articulação entre essa multiplicidade de coisas e a maneira de utilizá-las de "os mecanismos da vida moderna"[12]. Isso significa que a noção de progresso desloca-se do plano filosófico e passa a abranger diferentes esferas da sociedade. Ela constitui-se numa narrativa que abarca os valores, a economia, as instituições políticas, a vida material, enfim, torna-se um ideal de civilização.

Mas em que medida o progresso difere de outras concepções correntes em sua época? O que ele traz de novo ao debate das ideias? Os filósofos privilegiavam a noção de ruptura e, nesse sentido, a tradição era vista sob o signo da suspeita. Ela encerrava o pensamento num mundo de erros, preconceitos e ilusões. O combate da ciência às crenças e às superstições era necessário para a realização da humanidade; a razão, em sua plenitude, iluminaria as sombras obscuras da tradição. Entre o passado e o presente haveria uma descontinuidade intransponível. A concepção de progresso redefine os parâmetros da discussão. O tempo deixa de ser descontínuo e torna-se uma sucessão de unidades discretas concatenadas entre si. Como pondera Turgot: "todas as idades estão encadeadas umas às

---

[10] Citação em Patrice Carré, "Les ruses de la 'fée électricité'", em Jean-Pierre Goubert (org.), *Du Luxe au confort* (Paris, Belin, 1988), p. 67.

[11] Ver Pascal Ory, *Les Expositions universelles de Paris* (Paris, Ramsay, 1982).

[12] Georges D'Avenel, *Le Mécanisme de la vie moderne* (Paris, Colin, 1896).

68 UNIVERSALISMO E DIVERSIDADE

outras por uma série de causas e de efeitos que ligam o estado presente do mundo a tudo que o precedeu"[13]. Por isso é possível considerar, como o faz Condorcet, a existência de etapas históricas a serem percorridas: os homens vivendo em agrupamentos primitivos; os povos pastores e a passagem ao estado de agricultores; o progresso até a invenção da escrita alfabética; o caminhar do espírito humano com as ciências na Grécia; o período do advento da impressão à emancipação das ciências da autoridade tradicional, enfim, à formação da República na França. O passado deixa de ser pensado como simples contraponto ao presente: ele prepara o futuro, uma contínua evolução de eventos que, passando por estágios anteriores, enriqueceria a vida em sociedade. Pode-se, então, organizar a história através de um elo racional que encadeia os fatos numa determinada direção. Como diz Turgot:

> A história universal abarca as manifestações dos progressos sucessivos do gênero humano e os detalhes das causas que para isso contribuíram. Os primeiros passos dos homens; a formação e a mistura das nações; a origem e as revoluções dos governos [...]. Desvendar a influência das causas gerais e necessárias, as causas particulares e a livre ação dos grandes homens, assim como a relação entre tudo isso e a constituição mesma dos homens [...] eis o que é a história aos olhos de um filósofo.[14]

Dito de outra maneira, os fenômenos sociais e a ação humana, vistos geralmente como pontos desconexos, desvinculados entre si, deveriam ser tratados a partir de um *a priori*. O relato ordenado e coerente elaborado pelo pensamento é capaz de dar conta da saga de uma criatura excepcional: o homem. Kant possui uma perspectiva semelhante. Sua concepção de história universal parte do princípio de que "as disposições naturais que visam ao uso da razão" revelam uma "intenção oculta da natureza". Se os homens atuam individualmente segundo suas ambições egoístas, caberia ao filósofo discernir o que existiria de comum nessa trajetória forjada por um plano traçado de antemão. O cosmopolitismo da razão desvendaria os meandros de uma história mundial cujo artífice encontraria fundamento num dissimulado "plano da natureza"[15]. A noção de "sentido da história" pressupõe uma temporalidade unilinear, uma linha contínua, sem interrupções, ligando o passado ao presente. A razão torna-se o instrumento privilegiado para apreendê-la, pois os momentos particulares de cada sociedade somente revelariam seu significado maior quando associados a uma

---

[13] Anne Robert Jacques Turgot, "Tableau progressif des progrès successifs de l'esprit humain", em *Formation & distribution des richesses* (Paris, Flammarion, 1997), p. 70.

[14] Idem, "Discours sur l'histoire universelle", em *Formation & distribution des richesses*, cit., p. 97.

[15] Immanuel Kant, *Ideia de uma história universal de um ponto de vista cosmopolita* (São Paulo, Brasiliense, 1986).

mirada universalizadora. Mas, se a história possui um sentido único, uma direção, isso significa que o futuro pode ser projetado a partir do presente (o último capítulo do livro de Condorcet é a isso dedicado). Consegue-se, assim, ordenar o passado e agir racionalmente em relação ao devir, transformá-lo segundo as intenções do instante atual. O plano da razão se completa, ela ilumina as etapas anteriores da vida social e projeta as esperanças de um mundo melhor para um horizonte além dos constrangimentos momentâneos da história.

Uma concepção linear do tempo implica alguns desdobramentos; o industrialismo do século XIX irá agregar elementos novos à herança progressiva anterior (evito a palavra progressista, com uma conotação política). Uma coisa é possuir uma concepção teleológica da história, na qual as partes da vida em sociedade são articuladas em torno de um eixo que as unifica. Por exemplo, a sequência estabelecida por Hegel quando analisa o "curso do Espírito universal": Império Oriental, Grécia antiga, Roma e o cristianismo, mundo germânico[16]. Haveria uma gradação entre o ponto inicial, no qual a liberdade é simplesmente uma afirmação conceitual, e o final, no qual o "reino da liberdade" torna-se efetivamente concreto. Outra coisa, entretanto, é não se contentar com um tipo de apreciação meramente qualitativa e estabelecer uma unidade de medida entre as etapas a serem percorridas. Nesse caso, a ideia de mensuração prevalece, e a questão da defasagem temporal torna-se determinante. Pode-se perceber tal inflexão na relação entre o tempo e a hora. Os historiadores nos ensinam que o relógio mecânico surge no século XIII; a partir de então, ele conhece uma sucessiva evolução em seu modo de funcionamento (descoberta do escapamento e introdução da mola)[17]. Aos poucos, como sinal de prestígio, esses novos instrumentos começam a ser disseminados nas cortes e nos burgos. Não é tanto sua utilidade que conta: o relógio instalado nos espaços públicos, geralmente nas torres das igrejas e nas sedes dos municípios, conferia aos senhores das pequenas cidades notoriedade e prestígio. Os artefatos mecânicos, cuja construção demandava uma disponibilidade importante de recursos, eram mais um sinal de distinção local do que a exigência da racionalização das tarefas. O tempo da Idade Média era religioso e agrícola, e a divisão de trabalho, mesmo entre os comerciantes, não era ainda pautada pelo ritmo da contabilidade burguesa[18]. Para a maioria das pessoas, o tempo do trabalho não era medido, ele seguia os limites traçados pela tradição. Esse quadro não se altera radicalmente durante o Antigo Regime, quando as sociedades europeias

---

[16] G. W. F. Hegel, *La Raison dans l'histoire* (Paris, Union Générale d'Éditions, 1965).

[17] David Landes, *Revolution in Time, Clocks and the Making of the Modern World* (Cambridge, Belknap, 1983).

[18] Jacques Le Goff, *Civilização do Ocidente medieval*, v. 1 (Lisboa, Estampa, 1983) [ed. bras.: *A civilização do ocidente medieval*, Bauru, Edusc, 2005].

eram predominantemente agrárias e a ética da corte incentivava o ócio e o consumo conspícuo, contrariamente à ascese burguesa. O panorama é outro com a Revolução Industrial. Lewis Munford, em seu livro clássico *Technics and Civilization*, dizia que o relógio transforma-se na principal máquina da era industrial. A cadência das máquinas exigia uma adequação entre seu ritmo mecânico e o desempenho dos trabalhadores; era preciso coordenar as tarefas, articulá-las a um sistema que demandava uma precisão cada vez maior. Com a chamada "revolução dos transportes" (correios, transporte urbano e ferroviário), torna-se imprescindível gerir o deslocamento das mercadorias e das pessoas. A modernidade constitui uma totalidade cujas partes estão interligadas; para que o fluxo no seu interior se faça de maneira ordenada e previsível, a regência do tempo é essencial. Entretanto, isso exige uma medida comum a ser compartilhada por todos. Sem ela, o intervalo temporal entre as partes não poderia ser apreendido. A hora constitui justamente esse equivalente universal, ela é capaz de apreender a circulação dos indivíduos e das coisas no seio de um único sistema.

Existe, no entanto, uma história de seu ajustamento à modernidade industrial. A noção de pontualidade era praticamente inexistente no Antigo Regime. Numa sociedade marcada pelas relações hierárquicas, existia até mesmo um código indumentário segundo a origem social das pessoas; não havia necessidade, portanto, de coordenar o movimento de todos. Os indivíduos encontravam-se compartimentados em seus grupos sociais específicos: nobreza, burguesia, artesãos, camponeses. O descaso em relação à racionalização do tempo era um hábito imposto pela tradição. Um exemplo pode ser retirado de um manual de relojoaria do século XVIII. Nele, o autor explica por que os relógios urbanos, para marcar as horas, deveriam badalar uns após os outros e não simultaneamente. Sua justificativa, aparentemente bizarra, é eloquente: "se eles soassem todos ao mesmo tempo, o grande número de batidas mergulharia aqueles que as escutam numa grande confusão"[19]. Diante do ruído ensurdecedor dos sinos, o melhor seria sacrificar uma correta avaliação do tempo. Na verdade, até o início do século XIX os relógios eram corrigidos diariamente de acordo com o tempo "verdadeiro", o nascer e o cair do sol. Por outro lado, cada localidade tinha o controle de ditar o próprio quadro de horário. O território de um mesmo país era composto por uma série descontínua de temporalidades, cada uma delas com sua idiossincrasia regional e local. Para integrar esse espaço heterogêneo numa mesma totalidade eram necessárias duas coisas. Primeiro, o advento de um parâmetro único na forma de determinar a hora. Isso irá ocorrer somente após a

---

[19] Citado em Gerhard Dohrn-van Rossum, *L'Histoire de l'heure* (Paris, Maison des Sciences de l'Homme, 1997), p. 223.

Revolução Industrial, quando cria-se, nas capitais, um "tempo médio" (Londres, Paris, Berlim). A hora passa a ser determinada por uma convenção, sendo calculada pelos astrônomos de acordo com o movimento regular aparente do Sol em torno da Terra. Segundo, a distribuição dessa medida convencional a fim de unificar horários. Para que todos estejam "à hora" nas fábricas, ferrovias, lojas de departamento e espetáculos de teatro é preciso reconhecer a legitimidade de uma convenção e ajustar os passos segundo seu ritmo. Esse consentimento coletivo, banal, é, no entanto, um movimento lento e gradativo. Durante todo o século XIX haverá uma disputa acirrada entre a hora da capital (representada nos relógios das estações de trem) e a hora local (regida pelos costumes e estampada nas torres das igrejas). O conflito termina quando a hora nacional, ao se constituir numa obrigação legal, abarca todas as regiões no seio de uma mesma consciência coletiva. Pontualidade e exatidão tornam-se, então, exigência social e valor.

Nesse processo, o papel do Estado é decisivo, pois ele determina política e culturalmente os marcos da temporalidade moderna. Algo análogo ocorre na esfera internacional. A multiplicação das frotas marítimas, a transmissão de notícias via telégrafo, o crescimento do comércio entre os países tornam a questão dos fusos horários um tema crucial. Afinal, um mundo unificado deve ser também integrado temporalmente – sem isso, a racionalidade da circulação estaria comprometida. Homologamente ao espaço nacional, as relações internacionais começam a ajustar-se às exigências dessa modernidade-mundo embrionária. A invenção da "hora universal" – o termo em si é significativo –, ao fixar o meridiano de Greenwich (1885) como referência geográfica, estabelece pela primeira vez o ritmo do sistema internacional. As diferentes nações, cada uma com sua temporalidade própria, ajustam-se paulatinamente à racionalidade do todo: Japão (1888), França (1891), Bélgica e Holanda (1892), Áustria e Itália (1893). Por fim, realiza-se em Paris a Conferência Internacional da Hora (1912), na qual os diversos países se colocam de acordo em relação a um sinal padrão a ser transmitido por ondas sonoras.

A hora universal mede a pulsação de um espaço que se mundializa, no qual as partes estão concatenadas ao movimento do todo. Pode-se, assim, estabelecer uma diferença entre países "atrasados" e "adiantados", pois a linha do tempo reveste-se de uma precisão insuspeitável. A defasagem entre eles revelaria a distância existente entre as etapas do progresso a ser alcançado. Se a modernidade é uma realidade em Paris, Londres ou Viena, ela é um porvir, uma meta, na periferia. Para atingi-la seria necessária a modernização da economia, da sociedade e da cultura desses lugares defasados no tempo. Essa é a diferença entre dois termos usados, às vezes, como sinônimos: modernidade e modernização. Émile Benveniste dizia que os sufixos que formam as palavras civili-*dade* e civili-*zação* denotam a passagem do estático para o dinâmico[20]. Civilidade, polidez e suavidade dos costumes, utilizadas na sociedade de corte, já não eram suficientes no século XVIII para expressar a ideia de continuidade e movimento contida no conceito de civilização. A diferença revelaria o contraste entre uma visão estática da ordem social e uma perspectiva histórica e evolutiva do mundo. Ou, como observa Starobinski: "a palavra *civilização*, que designa um processo, sobrevém na história das ideias ao mesmo tempo que a acepção moderna de *progresso*"[21]. Por isso *civilização* é um termo tardio, foi preciso esperar um conjunto de transformações para que ele pudesse emergir como expressão dos novos sentimentos.

Há algo de similar a respeito de moderni-*dade* e moderni-*zação*. O segundo termo encerra uma dimensão temporal que certamente inexiste no primeiro; ele implica a realização de alguma coisa ainda incompleta. No entanto, uma diferença substantiva se impõe ao considerarmos o exemplo proposto por Benveniste. Civilização não significa necessariamente a expansão dos valores e dos ideais contidos na ideia de civilidade. O significado de civilizar, tornar-se civil e polido, tratável e cortês, fazia sentido apenas numa situação na qual a etiqueta era parte do comportamento cortesão. Dificilmente poderíamos dizer que a civilização encarnada pelas nações industriais, como valor político e moral, fundava-se na continuidade da ordem aristocrática. Pelo contrário, as transformações políticas tinham rompido de maneira abrupta as estruturas que as antecediam. No caso do binômio modernidade/modernização temos uma inversão dos dados. Como dizia Baudelaire, ao cunhar o termo *modernidade*[22], ela é, na França do século XIX, uma condição, o artista encontra-se envolvido por sua materialidade, não pode escapar à sua realidade imanente – as exposições universais, a reforma do barão Haussmann, as novas técnicas de reprodução da imagem, como a fotografia, o advento das viagens de trem etc. Caberia ao mundo da arte alimentar-se dessa situação específica, inquestionável, transformando-a em objeto de sua intenção estética (Baudelaire dizia: "tornar eterno o efêmero do moderno"). Porém, se nesse caso prevalece a dimensão estática, é porque a natureza dessa "modernização" já se concretizou. Nesse sentido, a modernidade encerra algo do "fim da história", ou seja, condensa a realização de um processo que se completou em alguns lugares. França, Alemanha, Inglaterra e Estados Unidos seriam modernos em si e serviriam de referência especular às modernidades incompletas dos territórios menos

---

[20] Émile Benveniste, "Civilização: contribuição à história da palavra", em *Problemas de linguística geral I* (Campinas, Pontes, 1995).

[21] Jean Starobinski, "A palavra 'civilização'", em *As máscaras da civilização* (São Paulo, Companhia das Letras, 2001), p. 47.

[22] Charles Baudelaire, "Le peintre de la vie moderne", em *Écrits esthétiques* (Paris, Union Générale d'Éditions, 1986).

favorecidos. Modernização aplica-se àqueles que se encontrariam fora da linha do tempo, "atrasados" em relação à hora universal da História.

A associação do moderno à categoria progresso tem inúmeras consequências. A relação conflituosa em relação ao antigo, manifesta na querela da República das Letras europeias, mantinha certo equilíbrio entre os termos do debate. Os amantes dos tempos passados podiam dizer, utilizando uma metáfora corrente, que eles eram "anões sobre os ombros de gigantes". Mas o ritmo da modernidade é outro: ela encerra virtudes próprias, distantes das vicissitudes da Antiguidade. Mais importante ainda, se antes não havia uma clara supremacia de um desses elementos sobre o outro, com o século XIX o moderno suplanta o antigo. O esplendor greco-romano continuará a habitar o imaginário europeu, no entanto, ele deixa de ser um ideal a ser perseguido e constitui-se numa das fases da marcha evolutiva da humanidade. Instaura-se, dessa forma, uma nova polaridade: moderno/tradicional. Nela o tempo é um fator decisivo: o moderno é posterior e superior ao momento que o antecede. Dentro desse marco conceitual seria impróprio formular a paráfrase: "a modernidade se ergue sobre os ombros da tradição", pois os termos que a compõem são excludentes, um implica a anulação do outro. Na esfera da arte, toda a discussão sobre as vanguardas repousa neste fundamento. É preciso superar o presente, seu imobilismo, sua mesmice, e anunciar o futuro no qual o inesperado possa se libertar do jugo da repetição e do conhecido. *L'avant-garde* está à frente de seu próprio tempo, contradiz e ultrapassa a tradição que insiste em embotar seus passos.

Isso fica claro numa disciplina que é filha do século XIX: a sociologia. Sua perspectiva assenta-se na ideia de que a Revolução Industrial é uma ruptura radical, um divisor de águas em relação ao passado. Isso torna-se explícito quando se analisam os tipos sociais que os diversos autores utilizaram para dar conta das mudanças em curso: militar e industrial (Spencer e Comte), comunidade e sociedade (Tönnies), solidariedade mecânica e orgânica (Durkheim). Tome-se como exemplo a lei dos três estados formulada por Auguste Comte: teológico (fetichismo, politeísmo, monoteísmo), metafísico e positivo. Se nas primeiras etapas da humanidade prevalece o tipo ideal do militar é porque nelas predominam a força, a sanção física, a guerra de conquista e o comando irracional. Em contrapartida, a figura do industrial (louvada também por Saint-Simon) representa a livre cooperação entre os homens, a paz, a sanção moral pela aceitação racional. Os sociólogos querem entender como se estruturam as relações econômicas do capitalismo, a secularização das crenças mágico-religiosas, o fenômeno da urbanização, a constituição da sociedade civil, a racionalização da gestão (fábricas, empresas, lojas de departamento), a importância da ciência e da técnica na conformação dos valores e das expectativas individuais. No entanto,

74 Universalismo e diversidade

a especificidade dessa nova ordem social somente revelava sua idiossincrasia quando contrastada com as formas sociais que a antecediam – como faz Weber ao estudar a burocracia. Ela seria um fenômeno moderno porque repousa sobre um projeto racional – atingir metas estabelecidas – radicalmente distinto dos procedimentos semelhantes que teriam por ventura existido no antigo Egito, na Igreja católica romana, no governo bizantino ou na China patrimonial. A dicotomia moderno/tradicional preenche o papel de esclarecimento de uma ruptura incontornável. As sociedades anteriores à Revolução Industrial aparecem, assim, como contraponto às conquistas do industrialismo: são regidas pelo status (não pelas qualidades individuais), nelas predominaria uma cosmovisão religiosa (e não secular), seriam agrárias (o oposto ao urbano), as comunicações pessoais se fariam no interior dos limites de cada aglomeração (não possuiriam um alcance mais amplo), nelas prevaleceriam os costumes (não a livre escolha).

Essa não é uma perspectiva cultivada unicamente pelos clássicos, ou seja, os fundadores da disciplina; ela será aprimorada durante o século XX, sobretudo pelos teóricos da modernização. Cito um exemplo representativo: o livro de Daniel Lerner, *The Passing of Tradicional Society: Modernizing the Middle East* [O falecimento da sociedade tradicional: modernizando o Oriente Médio], escrito na década de 1950. Como compreender as sociedades do Oriente Médio no processo de superação de suas próprias tradições? Há, primeiro, a questão da linha do tempo. Diz o autor: vejam os turcos, que vivem em cidades, trabalham em lojas, usam calças compridas, suas vidas transformaram-se inteiramente; eles se inscrevem num conjunto de normas e de expectativas totalmente desconhecidas da geração anterior, iletrada, vivendo isolada em aldeias, marcada pelo ritmo agrário. Mas como captar esta defasagem entre tempos distintos, na qual o desenvolvimento ora avança, ora tropeça? Para isso seria necessário "lembrarmos o que se passou no Ocidente. Porque a sequência dos eventos correntes no Oriente Médio pode ser entendida como um desvio, em certa medida, uma deformação deliberada do modelo ocidental". Ou seja: "O que o Ocidente é, o Oriente Médio procura se tornar"[23]. Um conjunto de pares antagônicos pode, então, ser estabelecido para dar conta desse processo. Assim, o "sistema da modernidade", no que diz respeito ao universo das comunicações, se caracterizaria por uma série de tensões: comunicação de longo alcance (rádio) *versus* comunicação face a face; heterogeneidade da audiência *versus* grupos primários; notícias com conteúdos descritivos *versus* regras prescritivas ditadas pelo costume; habilidade profissional *versus* hierarquia determinada pelo status. A existência de jornais e rádios, enfim, o início de uma era de massas, seria a

---

[23]   Daniel Lerner, *The Passing of Traditional Society* (Nova York, The Free Press, 1958), p. 50-1.

prova inconteste da modernização em curso. Ela debilitaria a coesão dos grupos primários como a família, promoveria a heterogeneidade das opiniões diante da homogeneidade dos costumes e se fundamentaria num tipo de legitimidade profissional no qual as habilidades pessoais superariam as posições atribuídas pelo status social. O indivíduo moderno seria, nesse sentido, móvel, capaz de escolhas conscientes em relação ao mundo e às coisas, o contrário de seus congêneres, que viveriam ainda de acordo com a tradição e a perenidade das regras rurais. O contraste envolveria, também, diferentes níveis organizacionais da sociedade – socioeconômico: urbano *versus* rural; cultural: letrado *versus* iletrado; político: eleições *versus* designação patrimonialista. O tradicional deve, portanto, afastar-se do industrial, do urbano, do letrado e da vida política participativa. Se os países do Oriente Médio ainda não partilhavam plenamente do moderno, isso não significa que se encontravam estagnados – apenas que a transição idealizada era ainda incompleta. No entanto, a teoria da modernização tinha a ambição de ser universal. Sua verdade não se restringia a determinada região geográfica, ela se estenderia ao restante do mundo, aos países asiáticos, latino-americanos, do leste europeu, cuja transição discrepava do horizonte fugidio do moderno.

Mas qual o sentido da polaridade moderno/tradicional no contexto das sociedades contemporâneas? Em que medida as transformações que conhecemos incidem sobre seu entendimento? Acredito que uma das dimensões relevantes para se compreender esse quadro diz respeito ao declínio da ideologia do progresso. Na conclusão de seu livro *The History of the Idea of Progress*, publicado em 1980, Robert Nisbet dizia que, embora o século XX tenha sido marcado por sua hegemonia, ao final dele tal ideologia parecia encontrar-se cada vez mais debilitada. Ele considera, entre tantas, algumas razões para essas dúvidas e desilusões: a convicção na superioridade da civilização ocidental; a aceitação incondicional do crescimento econômico e tecnológico; a fé na razão. Não é minha intenção recuperar as sutilezas e os matizes de todo um debate que se prolonga até os dias de hoje e incorpora teses do niilismo nietzschiano à literatura pós-moderna. São inúmeros os textos, sobretudo os críticos da concepção eurocêntrica da história, que se distanciam da ideia do progresso como ideologia. Sublinho, porém, entre as múltiplas interpretações disponíveis, justamente o conceito de ideologia, ele é importante para minha argumentação. Diferentes autores lembram a necessidade de pensá-lo como um elemento positivo, não apenas restritivo, no sentido de falsa consciência[24]. Uma ideologia

---

[24] Por exemplo, Louis Althusser, "Idéologie et appareils ideologiques d'État (Notes pour une recherche)", *La Pensée*, Paris, n. 151, jun. 1970.

é uma concepção de mundo, uma *Weltanschauung*, representação simbólica que classifica e ordena as coisas da vida material e social. As implicações desse tipo de concepção são várias. Nos escritos de Gramsci ressalta-se a ideia de ação; a ideologia fundamenta uma visão de mundo capaz de mobilizar as pessoas. Caberia aos intelectuais orgânicos a tarefa de elaborá-la e difundi-la entre as massas, transformando radicalmente a ordem social existente. É nesse sentido que Daniel Bell refere-se ao "fim das ideologias" nas sociedades industriais avançadas, que teriam perdido a capacidade de mobilizar as pessoas[25]. Outro aspecto diz respeito ao vínculo social. As ideologias – e o exemplo da religião é reiteradamente lembrado pelos autores – têm o poder de articular os indivíduos, agrupá-los numa mesma consciência coletiva, reforçando a solidariedade entre eles (Lyotard, ao falar do "fim" dos grandes relatos, retém essa dimensão de vínculo social). Gostaria, porém, de retomar um elemento mais propriamente cognitivo que o conceito inclui. Uma ideologia é uma representação social capaz de ordenar o mundo em sua totalidade. Ela é orgânica, isto é, dá conta da diversidade e da multiplicidade da vida. Esse é o traço fundamental para um autor como Mannheim, quando a define através de seu caráter "total". Diz ele:

> Cada fato e cada acontecimento de um período histórico somente pode ser explicado em termos de significado, e, por seu turno, o significado se refere sempre a outro significado. Assim, a concepção da unidade e da interdependência de significados varia tanto em cada uma de suas partes como em sua totalidade de um período histórico para outro.[26]

É preciso, portanto, transcender os indivíduos e integrar as diversas dimensões sociais numa mesma totalidade. A ideologia, seja de uma época, seja de uma classe social, é um lugar de produção de sentido. Ela tem a capacidade de integrar significados distintos numa mesma matriz de compreensão do social.

A ideologia do progresso encerrava justamente essa ambição de compor de maneira orgânica diferentes aspectos sociais, particularmente no caso das sociedades industriais, nas quais a divisão do trabalho é acentuada. Não nos esqueçamos de que um dos traços da modernidade é sua diferenciação em esferas distintas; o tema da autonomia da economia, da ciência e da arte surge no século XIX e encontra-se intimamente associado a uma certa crise moral da sociedade. Segundo a leitura da época, esse processo de diferenciação da sociedade continha o risco de sua própria desintegração, de sua anomia, diria Durkheim.

---

[25] Daniel Bell, *O fim da ideologia* (Brasília, UnB, 1961). Ele faz uma constatação interessante no final do livro: se as "velhas ideologias e os obsoletos debates do século XIX se exauriram", nos países periféricos novas ideologias (da industrialização e da modernização) estavam sendo modeladas.

[26] Karl Mannheim, *Ideologia e utopia* (Rio de Janeiro, Zahar, 1972), p. 95.

Seria, portanto, necessário encontrar algo que assegurasse a não dispersão dos vínculos sociais no seio de uma mesma unidade. Eu diria que a "narrativa" do progresso de alguma maneira preenche tal lacuna. Cito uma passagem do texto de Spencer, *Do progresso: sua lei e sua causa*. Logo no início, ele fixa os objetivos de seu trabalho:

> Propomo-nos demonstrar, em primeiro lugar, que esta lei do progresso orgânico é a lei de todo o progresso; quer se trate das transformações da terra, do desenvolvimento da vida à sua superfície ou do desenvolvimento das instituições políticas, da indústria, do comércio, da língua, da literatura, da ciência, da arte, dá-se sempre a mesma evolução do simples para o complexo, mediante sucessivas diferenciações.[27]

Partes radicalmente distintas, esferas separadas da modernidade, poderiam ser envolvidas no interior da mesma rede de sentido. As artes ou a política, a economia ou a literatura, domínios tão díspares, se aproximariam sem qualquer contradição. Os filósofos acrescentam a tudo isso a dimensão da moral. Condorcet, esclarecendo o plano de seu livro sobre o progresso do espírito humano, considera que

> o aperfeiçoamento do homem é infinito; o progresso desta *perfectibilité*, agora independente de qualquer potência que queira pará-lo, somente tem por finalidade a duração do globo no qual a natureza nos colocou. Sem dúvida, esse progresso poderá seguir uma marcha mais ou menos rápida, mas ela nunca será retrógrada.[28]

Por isso é possível esboçar a história da liberdade humana através dos avanços econômicos, do desenvolvimento da escrita e da ciência, do advento do Estado republicano etc. O homem seria parte de uma totalidade que o ultrapassa e confere sentido à sua existência. Sua evolução, seu amadurecimento, seria um fato de civilização, o resultado do caminhar desta categoria transcendente: a humanidade. É justamente essa capacidade integradora que se rompe. O progresso como ideologia, nos termos de Althusser, deixa de ser uma força ativa na constituição dos "sujeitos". Pode-se eventualmente falar em progresso econômico, mensurado pela elevação do produto industrial bruto ou qualquer outro tipo de variável; ou em progresso tecnológico, a substituição de tecnologias antigas por outras de melhor desempenho. É perfeitamente plausível dizer que existe um desenvolvimento econômico; a afirmação ancora-se num conjunto de

---

[27] Herbert Spencer, *Do progresso: sua lei e sua causa* (Lisboa, Inquérito, 1939).
[28] Nicolas Condorcet, *Esquisse d'un tableau historique des progrès de l'esprit humain* (Paris, Flammarion, 1988), p. 81.

dados reconhecíveis: controle da inflação e da moeda, aumento do comércio exterior e do consumo interno, diminuição da dívida pública etc. Seria difícil negar os avanços da esfera tecnológica: satélites, computadores, televisão de alta definição, manipulação do DNA. No entanto, nenhuma dessas conquistas poderia ser articulada de forma causal à literatura, à moral ou às artes e abarcar a vida social e individual em sua totalidade. Alinhavar esferas tão distintas num único discurso torna-se impossível, pois a flecha do tempo se quebrou e não mais consegue ordená-las numa direção convergente.

Outro aspecto que marca as mudanças em curso refere-se à situação de globalização. Um traço chama a atenção de diferentes analistas da realidade contemporânea: a compressão do tempo. Estaríamos vivendo uma época na qual sua aceleração, impulsionada pela revolução digital e tecnológica, atinge limites antes desconhecidos. Na esfera econômica, os objetos são produzidos para durar o mínimo possível; nas indústrias transnacionais, a estabilidade fordista teria cedido lugar à flexibilidade da produção. Surge, então, um mercado de capitais funcionando em tempo real, no qual os fluxos financeiros dependem da velocidade das transações. Essa aceleração que privilegia o instante, o efême-ro, estende-se a diferentes domínios: moda, ideias, ideologias, espetáculos, distrações. De alguma maneira, o ideal do shopping center (*I want it and I want it now*) requer a existência de uma temporalidade curta, imediata, na qual as necessidades do consumo deveriam ser satisfeitas sem maiores delongas. Cito um autor pouco lembrado pela bibliografia, cujo trabalho era precursor no final dos anos 1980.

> O tempo da modernidade se contrai no imediato, ele impõe a nossa vida cotidiana figuras multiformes do instante. O *fast-food* é elaborado o mais rapidamente possível para ser consumido [...]. Os relógios e pêndulos digitais já não são mais capazes de indicar o tempo como duração, somente como instante pontual, portanto, efêmero, quando o movimento das agulhas num quadrante tradicional inscrevia o tempo no espaço e tornava possível sua progressão [...]. No mundo da modernidade a instantaneidade transformou-se num verda-deiro imperativo moral.[29]

Nesse contexto, o presente torna-se cada vez mais sedutor, envolvente, impedindo-nos de imaginar o futuro. Uma forma de entender tal compressão foi proposta por Giddens[30]. Ele sugere que na "alta modernidade", ou seja, nos tempos atuais, houve uma separação entre espaço e tempo. Nas sociedades

---

[29] Jean Chesneaux, *Modernité-monde* (Paris, La Découverte, 1989), p.15-6 [ed. bras.: *Moderni-dade-mundo*, Petrópolis, Vozes, 1995].

[30] Anthony Giddens, *As consequências da modernidade* (São Paulo, Editora Unesp, 1991).

passadas, essas duas categorias encontravam-se interligadas, sendo modeladas pela situação específica de cada lugar. Entretanto, o processo de desterritorialização, a criação de "não lugares", o advento de uma cultura internacional-popular, distante de suas raízes nacionais ou regionais, afasta o plano espacial do vetor temporal. Ele se acelera porque já não se encontra mais tolhido pelas fronteiras geográficas. É o caso das redes, figura que se transformou numa espécie de metáfora da globalização (são inúmeros os autores que falam de "sociedade em rede"). Elas são compostas por um conjunto de nódulos interligados por fluxos específicos; as partes não são lugares espaciais determinados, mas elementos conectados uns aos outros através da transmissão incessante de dados. Esses podem variar (imagem, gráficos, voz, textos); importa, quando processados pelas tecnologias de informática, que se materializem em fluxos comunicacionais. Ao se desvincular o espaço do tempo, as unidades espaciais podem ser fragmentadas, divididas e reconectadas segundo a pertinência de outros parâmetros. A aceleração, que nos ilude como "tempo real", transforma-se num atributo do espírito de nossa época.

Gostaria, contudo, dentro da linha de minha argumentação, de tomar uma direção pouco explorada na literatura especializada. Neste caso, o que me chama a atenção não é tanto a velocidade das coisas que circulam no interior da modernidade-mundo, mas o fato de nos encontrarmos diante de uma predominância da figura do espaço sobre o tempo. Foucault dizia numa de suas conferências que a grande obsessão do século XIX tinha sido a história. A época atual (ele escreve em 1984) seria marcada pelo espaço, a justaposição do simultâneo, do próximo e do distante. Também Marc Augé observa que existe atualmente "uma aderência do espaço à linguagem"; talvez por isso tenhamos o sentimento de que os grandes artistas de nossos tempos sejam os arquitetos[31]. De fato, ao falarmos de local ou de global estamos nos referindo a categorias espaciais; o próprio termo *globalização* ancora-se num traço de natureza geográfica. Não é a categoria tempo que utilizamos para representar o presente, a atualidade. Uma representação é sempre uma relação imaginada das condições de existência, ela revela de maneira taquigráfica algo do real. Mas a Terra é um todo unificado apenas do ponto de vista ecológico, em hipótese alguma ela constitui uma sociedade global. Essa é apenas uma forma cômoda de nos referirmos à nossa condição de mundialidade, a um processo que ultrapassa e atravessa as partes que o constituem.

As ideias de "mundo plano", homogêneo, "sem fronteiras", fazem parte do arsenal argumentativo do senso comum planetário, e nos induzem a uma

---

[31] Marc Augé, *Où est passé l'avenir?* (Paris, Éditions du Panama, 2008).

falsa compreensão das coisas[32]. O mapa-múndi da modernidade-mundo tem outra configuração. Os cartógrafos nos ensinam que existem basicamente dois tipos de mapas: de referência geral e temáticos[33]. Os primeiros procuram estabelecer de maneira precisa e detalhada a fixação espacial dos fenômenos; por exemplo, a localização de rios, estradas, casas num território determinado. Os mapas temáticos são de outra natureza, revelam a relação espacial de uma ou mais variáveis, assim como uma eventual associação entre elas. É o caso da distribuição espacial dos votos numa região específica durante um processo eleitoral; ou a distribuição populacional de um país cruzada com outras variáveis, econômicas, sociais ou culturais. O objetivo dos mapas é armazenar informações num formato espacial, representação do real que torna visível algo que antes escapava ao olhar. O desenho que se obtém, um conjunto de pontos e gráficos, nos ajuda a entender uma realidade determinada. Nesse sentido, a perspectiva cartográfica decompõe a imagem de singularidade do globo terrestre. Se num primeiro momento ele se deixava apreender em sua inteireza, o planeta, sua projeção cartográfica, ou seja, a transcrição de uma realidade esférica (o globo) para uma representação plana (o mapa), sublinha a multiplicidade de seus aspectos. Basta consultarmos um atlas da mundialização para nos darmos conta de sua heterogeneidade[34]. A população mundial está desigualmente distribuída, espaços vazios coabitam com espaços densos, e são as populações das nações mais pobres que irão crescer mais rapidamente do que as outras. Ele nos mostra que no mundo existe um arquipélago de cidades globais, polos urbanos interdependentes e concorrentes entre si, nos quais se concentram os fluxos de intercâmbios globais: aeroportos, anéis rodoviários, plataformas logísticas e de informação, bolsas de valores, sedes das grandes empresas, centros universitários e de pesquisa. Pode-se ainda perceber graficamente o movimento das migrações, tenham sido elas promovidas pelos desequilíbrios econômicos entre os países ou pelos deslocamentos dos refugiados das guerras. Existem ricos e pobres, e se o envelhecimento da população mundial é uma constante, há uma assimetria entre "velhos e ricos ao norte" e "jovens e pobres ao sul". É possível ainda visualizar a disputa comercial entre diversas organizações de integração regional: Asean (Associação das Nações do Sudeste Asiático), Nafta (Acordo de Livre Comércio da América do Norte), CAN (Comunidade Andina de Nações), Mercosul etc. Um atlas expõe, também, os paradoxos do sistema mundial em relação à produção de alimentos. Seu volume cresce incessantemente sem,

---

[32] Ver Renato Ortiz, "O senso comum planetário", em *Mundialização: saberes e crenças* (São Paulo, Brasiliense, 2006).

[33] Arthur Robinson et al., *Elements of Cartography* (6. ed., Nova York, John Wiley & Sons, 1995).

[34] Marie-Françoise Durand et al., *Atlas da mundialização* (São Paulo, Saraiva, 2009).

porém, suprir as necessidades de nutrição de boa parte da população do planeta. Quanto a um produto estratégico, o petróleo, sua concentração geográfica determina as nações autossuficientes ou dependentes de sua utilização.

A herança intelectual do século XIX privilegiava uma temporalidade progressiva, na qual o passado e o futuro encontravam-se interligados por uma cadeia de eventos. Os diferentes povos existiam fixados no espaço com suas culturas e civilizações; entretanto, suas diferencialidades podiam ser alinhadas segundo a mesma orientação. A metáfora do espaço diz outra coisa: ela torna a diversidade palpável. As partes desvinculam-se da flecha do tempo, possuem temporalidades próprias, constituem territorialidades específicas. Encontram-se, no entanto, imersas num contexto que lhes é comum: o mundo. A noção de progresso privilegiava a ideia de continuidade; a de espaço, ao enfatizar a descontinuidade, nos remete à de estratégia ou tática. A geopolítica substitui o ordenamento temporal, traduz a dispersão dos lugares, países e interesses e se sobrepõe a uma visão na qual as diferenças expressavam o "sentido da história".

A quebra da linha do tempo fragmenta a antinomia moderno/tradicional. Não se trata do "fim" do moderno, como poderia sugerir uma leitura apressada; simplesmente os significados desses termos se transformam. A oposição anterior pressupunha a ideia de inteireza e singularidade: cada elemento dessa polaridade existiria no singular, nunca no plural. Há "a" modernidade, europeia em sua essência, cuja história é possível escrever e cujas qualidades se podem definir (racionalização, individuação, valores democráticos etc.); a partir de um centro, ela se difunde para todo o planeta. É esse o sentido da frase: "O que o Ocidente é, o Oriente busca se tornar". Em contrapartida, o tradicional seria algo anacrônico, defasado em relação à contemporaneidade. Sua existência efêmera deveria ser superada por um movimento necessário de mudança. Nesse sentido, a tradição, como polo contrastante ao moderno, também existiria na inteireza de sua singularidade. Pouco importa se concretamente as tradições são distintas, e que, a rigor, seus conteúdos sejam indiferentes. O relevante são as oposições estabelecidas pelo postulado inicial. Dessa maneira, o confucionismo chinês, os privilégios oligárquicos latino-americanos, o *ie* da estrutura familiar japonesa, os costumes indígenas do altiplano peruano, o tribalismo das sociedades africanas nunca serão percebidos em suas idiossincrasias. Eles adquirem sentido somente quando contrastados com o processo de modernização. Certamente, em sua natureza, cada uma dessas manifestações é inconfundível, entretanto, isso seria tangencial ao horizonte das transformações em curso. Os privilégios oligárquicos latino-americanos e o confucionismo chinês atestariam a presença de formas patrimonialistas de autoridade, ambos se afastariam de uma concepção moderna da política. O *ie* da estrutura familiar japonesa e os costumes indígenas do altiplano peruano seriam vestígios de uma dominação tradicional. A ruptura da concepção linear do tempo torna o singular diversificado.

Isso fica claro no debate sobre as modernidades múltiplas. Não se trata de considerar cada uma delas como uma entidade fechada sobre si mesma, uma identidade do tipo culturalista, que pressupõe, justamente, que cada uma das partes possuiria uma especificidade absoluta, uma fronteira própria, conduzindo-nos, assim, ao relativismo cultural. A modernidade possui traços comuns marcados por processos estruturais vinculados à diferenciação social: industrialização, utilização das tecnologias, diversificação das esferas da vida social, urbanização etc. (o pensamento sociológico do século XIX voltou-se para a compreensão desses traços). Sem essa dimensão compartilhada, dificilmente poderíamos falar em modernidade, seja no singular, seja no plural. No entanto, contrariamente ao que se imaginava, não existe uma correlação necessária entre a diferenciação estrutural da sociedade e os tipos específicos de instituições. Afinal, no interior da mesma economia capitalista florescem várias formas de respostas políticas possíveis, pluralistas, autoritárias ou totalitárias (o nazismo foi uma clara tentativa de modernização). Pode-se, por exemplo, falar na existência de um padrão norte-americano de modernidade (ele não seria universal como pensavam os teóricos da modernização)[35]. Enraizado no passado colonial e influenciado pelo Iluminismo, ele emerge durante a Revolução Americana. Produto de uma confrontação política contínua em relação ao que era percebido como sendo europeu, particularmente britânico, ele será importante na constituição das instituições políticas do país. Por isso o discurso político dos "pais fundadores" enfatiza a descontinuidade dos Estados Unidos, seu destino "excepcional" em relação às suas origens europeias. As respostas institucionais à realização da modernidade dependem das situações históricas de cada lugar. Como observa Eisenstadt, a noção de modernidades múltiplas contraria os pressupostos da tradição sociológica clássica e das teorias da modernização.

> Os desenvolvimentos na era contemporânea não vieram da propalada convergência das sociedades modernas. Ao invés, indicam que várias arenas institucionais autônomas modernas (econômica, política, educativa e familiar) regulam e interagem de modos diferentes em diferentes sociedades [...]. A grande diversidade de sociedades modernas tornou-se mais notória mesmo entre sociedades bastante similares em termos de desenvolvimento econômico [...] [Europa], Estados Unidos, Japão. Até no seio do Ocidente – dentro da própria Europa, sobretudo, entre a Europa e as Américas (os Estados Unidos e as Américas Latinas) – desenvolveu-se um vasto leque de variantes.[36]

---

[35] Jürgen Heideking, "The Pattern of the American Modernity from the Revolution to the Civil War", *Daedalus*, v. 129, n. 1, 2000.

[36] Shmuel Noah Eisenstadt, *Múltiplas modernidades* (Lisboa, Livros Horizonte, 2007), p. 15-6.

TRADIÇÃO E MODERNIDADE: A LINHA DO TEMPO   83

Pode-se dizer o mesmo em relação ao polo da tradição. Há um domínio no qual ela encontrava-se intimamente vinculada à ideia de tempo: o da cultura popular. As tradições eram vistas pelos folcloristas do século XIX como sobrevivências. Como observa um dos fundadores da *Folklore Society* ao definir o que seria o estudo das manifestações populares: "Propriamente falando, o folclore concerne às lendas, costumes, crenças do povo, das classes que foram menos alteradas pela educação e que participam menos do progresso"[37]. A menção ao progresso não é fortuita. As tradições populares teriam sobrevivido às intempéries da duração histórica, atestariam os vestígios de um tesouro distante. Os folcloristas cultivavam o passado, mas sabiam que o avanço da modernidade ameaçava sua empreitada. Eles tinham consciência de que as relíquias europeias estavam morrendo, daí o afã em colecioná-las, documentá-las o mais rapidamente possível. Para utilizar uma expressão de De Certeau, ao inventar a ideia de museu das tradições populares, eles contemplavam *la beauté du mort*[38]. Cito o depoimento de Sébillot, que, escrevendo no final de sua vida e rememorando a idade de ouro de suas investigações, confessa:

> [Nesse período os pesquisadores] puderam explorar e recolher o tesouro maravilhoso da alma popular, interrogando as pessoas que contavam o que elas haviam aprendido das gerações passadas. As tradições ancestrais eram perpetuadas e transmitidas oralmente, algumas depois de milhares de anos, junto aos camponeses, que até lá tinham vivido isolados do resto do mundo [...]. Depois – constatemos sem deplorar – veio a escola obrigatória, o serviço militar, a leitura dos jornais e dos livros, os deslocamentos fáceis, a diminuição da fé religiosa e seu corolário, o ceticismo em relação às numerosas crenças populares.[39]

O tom nostálgico traduz certo conformismo no confronto com as engrenagens da modernidade: restaria apenas a missão de congelar o passado, recuperando-o como patrimônio histórico. Entretanto, liberado da progressividade do tempo, o polo tradicional fragmenta-se, sua consistência não mais se sustenta em contraposição a algo que se pluralizou, o moderno. As tradições populares deixam de ser a expressão da tradição no singular e passam a existir como diferenças. Isso é patente quando se analisa a relação entre cultura popular e indústria do entretenimento. Os exemplos são vários e, entre tantos, um me parece sugestivo: o Boi de Parintins[40]. Realizada na Amazônia, à primeira

---

[37]   Andrew Lang, *Custom and Myth* (Londres, Longmans Green & Co., 1893), p. 11.

[38]   Michel de Certeau, "La Beauté du mort", em *La Culture au pluriel* (Paris, Christian Bourgois, 1980).

[39]   Paul-Yves Sébillot, *Le Folclore de la Bretagne* (Paris, Payot, 1950), p. 13.

[40]   Remeto o leitor ao livro de Edson Farias, *Ócio e negócio: festas populares e entretenimento-turismo no Brasil* (Curitiba, Apris, 2011).

vista essa festa popular seria o vestígio de uma memória ancestral. Inseridos na tradição do boi-bumbá, a dança, os gestos, as vestimentas e a música traduziriam a verdadeira essência amazônica. Pode-se traçar a história do evento: sua origem na Península Ibérica, a implantação no Nordeste brasileiro, as influências de origem negra e indígena e, por fim, sua migração para a região amazônica no momento em que uma mão de obra de seringueiros se desloca do Nordeste para a floresta em busca de melhores condições de trabalho. Sincretizado com os elementos locais, o Boi de Parintins representaria a autenticidade da cultura cabocla. Entretanto, tudo isso não teria sentido e existência sem a indústria do turismo e do entretenimento. Para se preparar a festa é necessário um planejamento gerencial, o apoio de uma infraestrutura material, rede de hotéis, restaurantes e aeroporto, além de uma elaborada estratégia de marketing para promover o evento. A figura do boi não mais se confina às danças folclóricas: ela é comercialmente explorada nos telefones públicos, nas pinturas das casas para receber os turistas, nos livros editados pela Coca-Cola. Trata-se de um fenômeno de multidão que atrai milhares de pessoas e cuja importância encontra-se estampada nas imagens exibidas pela televisão para todo o país. Longe de ser um constrangimento, o moderno impulsiona e dá sentido à festa; sem ele, o folclore estaria relegado ao reino do esquecimento. A celebração em Parintins dramatiza os traços da história local e o lugar do território amazônico no imaginário coletivo nacional e transnacional (idealizado pelo romantismo ecológico). Ela define-se, portanto, como um evento único, a ser lucrativamente explorado pelos interesses turísticos, políticos e empresariais. Sua singularidade distingue-se e compete com outras festas e práticas culturais existentes no mercado nacional das manifestações simbólicas (o Carnaval do Rio de Janeiro, ou as praias paradisíacas do Nordeste). Para obter os resultados almejados, cada lugar deve afirmar sua própria identidade.

A rigor, mesmo os atributos políticos atribuídos ao polo tradicional se desfazem. As noções de "progressista" ou "conservador" inscrevem-se numa clara linha temporal. É nesse sentido que um autor como Edmund Burke, ao recusar as conquistas da Revolução Francesa, insiste que uma sociedade não se fundamenta na razão, como pensavam os iluministas, mas na tradição. Seu livro *Reflexões sobre a revolução na França*[*] é uma condenação do liberalismo e da democracia, uma valorização da religião, do Estado e da família, como formas de contraposição à mudança. A constituição britânica seria uma herança a se preservar a todo custo, sendo transmitida à posteridade de geração em geração. As ideias progressistas tomam a direção contrária, combatem o conservadorismo

---

[*] Rio de Janeiro, Topbooks, 2012. (N. E.)

político, por exemplo, o catolicismo social na Europa do século XIX, avesso a qualquer modificação da ordem estabelecida. Os movimentos revolucionários inspiram-se nos ideais de transformação, querem ultrapassar as contradições do presente na busca de uma sociedade justa e equitativa. Por essa perspectiva, tradição associa-se a tradicionalismo, ideologia política que evita a ruptura e preserva os valores morais e religiosos. Portanto, a construção da modernidade, particularmente nos países periféricos, adquire uma conotação positiva, e os obstáculos que ela encontra, uma negativa.

Em termos políticos, o tradicionalismo da tradição é um entrave a ser superado pelo desenvolvimento. Basta, no entanto, olharmos alguns movimentos indígenas recentes na América Latina para percebermos que a antinomia moderno/tradicional dificilmente se sustentaria. Xavier Albó escreveu nos anos 1990 um texto sugestivo: "El retorno del índio"[41]. Se até então os conflitos sociais e políticos envolvendo os grupos subalternos indígenas centravam-se na categoria de classe, eles passam a privilegiar as noções de "indígena" e "comunidade". O passado é visto como patrimônio, não uma limitação. Já não se trata mais do indianismo dos intelectuais (como José Vasconcelos e Mariátegui), no qual a ideia de mestiçagem era o elemento-chave para a construção da nação. O indianismo latino-americano celebrava a diversidade das origens étnicas e sua fusão na figura do mestiço, idealmente encarnada no camponês, mescla de todas as contribuições sociais. Reivindica-se, agora, uma etnicidade específica até mesmo para se fundar partidos políticos[42]. A tradição e os costumes são ressignificados como elementos de ruptura, e a mudança do *status quo* inscreve-se no eixo da tradição. Por exemplo, o pensamento de Fausto Reinaga, fundador do Partido Índio da Bolívia, no qual a vontade revolucionária alia-se à proposta terceiro-mundista de construção de uma "autêntica" nação indígena. Nesse processo de redefinição dos sentidos, a ideia de "povos originários", que aos poucos se forja como ideologia, é exemplar. Ela poderia ser considerada como algo neutro, uma forma de descrever a presença de certa população antes da colonização espanhola. É o que fazem os antropólogos e geógrafos ao desenhar os mapas das populações pré-colombianas; na Bolívia, os lecos encontram-se na Amazônia, os guaranis no Chaco, os aimarás nos Andes. Eles localizam no espaço seus territórios de "nascimento". Entretanto, essa ideia toma um sentido distinto quando associada aos direitos culturais, por exemplo, o reconhecimento da autoridade das leis costumeiras diante das leis nacionais sancionadas pelo Estado. Existe neste

---

[41] Xavier Albó, "El retorno del índio", *Revista Andina*, ano 9, n. 2, dez. 1991.
[42] Ver Donna Lee van Cott, *From Movements to Parties in Latin America: The Evolution of Ethnic Politics* (Nova York, Cambridge University Press, 2005).

caso uma afirmação, a tradição, e um conflito, a limitação da autoridade do Estado em determinadas áreas territoriais; contradição que se exprime no embate entre forças políticas distintas. Originário não coincide com aborígene ou nativo, significado que nos remeteria a uma mera anterioridade de cunho temporal. Trata-se de uma categoria simbólica (trabalhada conceitualmente pelos intelectuais orgânicos indígenas) que representa a trajetória de um grupo na história colonial e o diferencia de outros grupos sociais na disputa de um lugar legítimo no espaço público (a constituição boliviana lhes dedica um capítulo especial). A tradição ancestral, que inexiste tal como é idealizada no discurso étnico, é simbolicamente investida de sentido para transformar-se num argumento político. A noção de progressista ou conservador desvincula-se da antinomia anterior, pois os costumes tradicionais são o solo no qual se fundamenta a luta pela cidadania, sufocada pela dominação social.

Os exemplos que utilizei contemplam situações bastante distintas: as festas da cultura popular e os movimentos indígenas. Sublinho, porém, que nos dois casos a tradição escapa à noção de progresso e pode ser apropriada em sentidos diversos; pelos interesses políticos locais e a indústria do entretenimento ou pelas demandas de participação e de reconhecimento. Essa é uma dimensão importante no debate contemporâneo. A tradição perde em substância e ganha em representação. Isso significa que o tema da identidade emerge como elemento crucial. Identidade das festas populares, identidade dos movimentos indígenas. Sua construção fundamenta-se na existência da tradição e na representação que dela se faz. Existe uma história de cada manifestação popular, ela pode ser retraçada e atestada por escritos dos folcloristas, fotos nos museus antropológicos, cantos e músicas gravadas em aparelhos mecânicos ou transmitidas ao longo do tempo. Cada uma delas constitui uma realidade factual, envolve pessoas, ritmos, gestos, pode ser encenada em teatros e se apresenta também longe de seu lugar de origem. A presença de diferentes grupos indígenas é incontestável, exprime-se na língua, na religião, nos modos de concepção de mundo, nos costumes. Eles estão "aí", diante de nossos olhos, materializam-se em atores políticos, mediadores entre a biodiversidade e as ONGs internacionais, comerciantes nas feiras de cultura popular ou nos mercados urbanos. No entanto, tal realidade é apenas o substrato de uma representação que lhe sobrepõe uma carga de significados. Sem ela a identidade perderia em autenticidade, ou seja, o autêntico que lhe confere legitimidade necessita da raiz implantada no solo profundo da tradição. Porém, vinculada apenas a esta, a identidade se encontraria imobilizada no tempo e no espaço; sua existência estaria congelada no passado. Ela reveste-se, assim, de uma dupla-face: "é" alguma coisa que nos remete a outra. É essa ambivalência que garante sua diferencialidade, seja em relação a outras manifestações tradicionais, seja ao mundo que a envolve. Existiria, portanto, uma multiplicidade de tradições. Elas variam segundo sua materialidade, sua história, o contexto e os interesses dos agentes envolvidos em sua valorização (pode-se falar na construção da identidade de produtos no mercado global). Algumas, dizem Hobsbawm e Ranger, são inventadas, como a utilização dos kilts escoceses[43]. Eles nada têm de seculares, testemunho da conservação de hábitos longínquos; pelo contrário, são produtos da Revolução Industrial. Outras estão associadas à realização da própria modernidade, como a construção dos símbolos de identidade nacional – por exemplo, a música *enka* no Japão ou o samba no Brasil. No entanto, cada uma dessas tradições é percebida em sua singularidade, podendo ser ressemantizada de acordo com as circunstâncias. Nas modernidades e tradições, o plural se impõe, emancipando-se da cadeia temporal para configurar as antinomias complementares do mundo contemporâneo.

---

[43] Eric Hobsbawm e Terence O. Ranger (orgs.), *The Invention of Tradition* (Cambridge, Cambridge University Press, 1983) [ed. bras.: *A invenção das tradições*, São Paulo, Saraiva, 2012].

Sobre o relativismo cultural

Para não me perder nos meandros do termo *relativismo*, que possui inúmeras conotações, gostaria de delimitar minha incursão a um objeto específico: a antropologia cultural norte-americana. O motivo da escolha é simples: essa escola de pensamento trabalhou de maneira sistemática o tema da diversidade cultural, e o fez muito antes das abordagens que nos são agora familiares, como globalização, pós-modernidade, direitos culturais. Circunscrita ao meio acadêmico, mais propriamente antropológico, ela pode ser revisitada não tanto para se entender a história de uma disciplina, mas como um *corpus* de textos que revela um conjunto de argumentos cujas implicações, sob múltiplos matizes, reverberam em diferentes áreas de conhecimento. Não é difícil perceber que muito da discussão atual implicitamente refere-se a uma perspectiva que marcou, pelo menos numa esfera acadêmica, o debate intelectual. Recuperar alguns desses argumentos (não todos) e compreendê-los seria talvez uma maneira de esclarecer questões do presente. Utilizo, portanto, um artifício analítico na esperança de que tal arqueologia das ideias possa ser útil para o diagnóstico de nossos tempos.

São vários os escritos sobre a escola culturalista, contemplando os conceitos, as polêmicas entre seus participantes, os estudos etnográficos e linguísticos, as condições sociais nas quais ela se desenvolveu nos Estados Unidos (luta contra o racismo, os ideais do liberalismo, a eclosão da Segunda Guerra Mundial)[1]. Não é meu intuito considerar as múltiplas facetas que a caracterizam, tampouco retraçar de maneira exaustiva os passos de uma tradição intelectual que abarca domínios abrangentes e significativos, da linguística à psicanálise.

---

[1] Ver Regna Darnell, *And Along Came Boas: Continuity and Revolution in Americanist Anthropology* (Amsterdã, John Benjamins, 1998); idem, *Invisible Genealogies: A History of Americanist Anthropology* (Lincoln, University of Nebraska Press, 2001); Thomas C. Patterson, *A Social History of Anthropology in the United States* (Oxford, Berg, 2001).

Minha leitura é retrospectiva e interessada, privilegia uma de suas vertentes: as diferenças. Esse é o fio condutor.

O culturalismo representa a consolidação da antropologia nos Estados Unidos. Nesse sentido, ele implica algumas rupturas em relação ao passado: novas formas de compreensão do trabalho antropológico, em particular a observação etnológica, assim como a invenção de categorias adequadas a sua realização. Franz Boas, o herói fundador, tem um papel de destaque no processo de sua institucionalização acadêmica, assim como na formação de uma brilhante geração de profissionais (Alfred Louis Kröeber, Edward Sapir, Margaret Mead, Robert Lowie, Ruth Benedict e muitos outros). A ruptura é sugestiva, porque revela um momento no qual se forja a identidade de uma disciplina, e desde o início a temática da diversidade encontra-se presente. É através dela que um grupo de profissionais se identifica e se distingue de seus antepassados. Um ponto de tensão refere-se ao evolucionismo da geração anterior à de Boas, no qual repousava o quadro teórico dos escritos antropológicos do final do século XIX. As críticas visam justamente esse tipo de postura e têm a intenção, como fez Durkheim ao fundar a sociologia, de separar a antropologia de seu passado hesitante e eclético, tornando-a um conhecimento científico e *sui generis*. Para isso era necessária uma revisão conceitual, uma releitura do legado disponível que contemplasse, pelo menos, três níveis: ideias, métodos e valores. No plano das ideias há um rechaço frontal à perspectiva que ordenava a história humana nos marcos de um único processo evolutivo. Ou seja, a possibilidade de estabelecer uma série explicativa abrangente e homogênea na qual os fenômenos de uma fase posterior poderiam ser explicados por causas que lhe seriam "evolutivamente" anteriores. Isso implicava confrontar duas correntes de interpretações. A primeira dizia respeito à biologia. Cabe lembrar que para muitos pensadores do século XIX havia uma relação causal ou, pelo menos, uma correspondência estreita entre os imperativos biológicos e sociais. Essa era a tônica dos estudos raciológicos (o criminoso típico de Lombroso), das divagações racistas (Gobineau), além das combinações deterministas entre a raça e o meio, caras aos mitos da identidade nacional (na Europa e na América Latina). Esse arcabouço teórico tinha consequências no plano epistemológico: a submissão da esfera social a algo que a predeterminava. Pois o determinismo biológico, mesmo quando suavizado, terminava por aprisionar a reflexão sobre a sociedade às malhas da natureza (Spencer considerava a sociologia o estudo da evolução em suas formas mais complexas). A insistência de Boas em desvincular a cultura e a língua da raça ilustra bem o conflito entre duas gerações intelectuais; para ele, a relação causal entre essas dimensões não passaria de falácia[2].

---

[2] Franz Boas, *The Mind of Primitive Man* (1911) (Nova York, Free Press, 1939) [ed. bras.: *A mente do ser humano primitivo*, Petrópolis, Vozes, 2010].

A argumentação atravessa seus escritos: "As evidências etnológicas demonstram que os traços hereditários raciais são irrelevantes quando comparados às condições culturais"; "a partir dos resultados relativos a uma massa de material acumulado nos últimos cinquenta anos, é seguro afirmar que não existe nenhuma relação estreita entre tipos biológicos e formas de cultura"[3]. Vamos encontrá-la nos textos da maioria dos antropólogos norte-americanos (a exceção é Leslie White, ex-aluno de Boas, grande promotor do pensamento evolucionista nos Estados Unidos). Cito apenas um exemplo: a distinção que Kröeber estabelece entre o orgânico e o superorgânico. Seria um equívoco aplicar as leis da biologia ao entendimento de níveis tão distintos.

> Na fase atual da história do pensamento, uma das razões correntes para a confusão entre o orgânico e o social é o predomínio da ideia de evolução. Essa ideia que atingiu a mente humana, uma das mais antigas, simplistas e imprecisas, recebeu forte impulso e fortalecimento no domínio do orgânico; em outras palavras, através da ciência biológica.[4]

Retirar a compreensão antropológica da esfera biológica significava emancipar o domínio do social de sua tutela e debilitar as certezas evolucionistas.

Ainda no plano das ideias, outro aspecto refere-se às "leis universais" da evolução humana. A visão anterior pressupunha a existência de uma entidade abstrata, a humanidade, que ao longo do tempo caminharia em determinada direção. Seria possível captar seu movimento unívoco e unidirecional. Como faz o quadro evolutivo de Lewis Morgan, no qual as fases de cada momento de maturação encontram-se bem delineadas: estado selvagem, barbárie e civilização. Cada uma dessas etapas, com exceção da última, se subdividia em três períodos: baixo, médio e alto. A epopeia humana podia ser então narrada através de uma sequência de acontecimentos: a infância da raça humana, o aprendizado da pesca e o uso do fogo, a invenção do arco e da flecha, o advento da cerâmica, a domesticação dos animais, o cultivo do milho, a idade do ferro, a descoberta do alfabeto fonético. A proposta culturalista toma o rumo oposto, negando a temporalidade unilinear da história, o que significa a impossibilidade de apreendê-la a partir de um ponto zero, marco inaugural de todo um processo.

Isso fica claro na reflexão de Boas, Sapir e Benjamin Lee Whorf sobre os idiomas. A hipótese de uma língua-mãe, da qual todos os idiomas teriam se originado, não passaria de uma especulação sem fundamento objetivo. Contrariamente à tradição

---

[3]   Idem, "Race and Progress" (1931) e "The Aims of Anthropology Research" (1932), em *Race, Language and Culture* (Nova York, Free Press, 1940), p. 13 e 250.

[4]   Alfred Louis Kröeber, "The Superorganic" (1917), em *The Nature of Culture* (Chicago, The University of Chicago Press, 1952), p. 23 [ed. bras.: *A natureza da cultura*, São Paulo, Almedina Brasil, 1993].

europeia (o correto seria dizer: uma certa tradição europeia), estudiosa do ramo indo-europeu, os três autores voltam-se para a fala dos povos indígenas nos Estados Unidos e têm pouco apreço pela busca da língua universal e "perfeita" (diria Umberto Eco). Se alguns autores postulavam a existência de um único ou de poucos idiomas no início da história humana, os culturalistas sublinham sua variedade (Boas pensava, e tinha razão, que o número de línguas independentes entre si era muito maior no passado). Como observa Whorf, destacando-se de seus opositores:

> Felizmente para a biologia, havia uma taxonomia sistemática que possibilitou a existência de um fundamento para as perspectivas históricas e evolucionistas. Na linguística, assim como nos outros estudos culturais, temos, infelizmente, a situação contrária. O conceito evolucionista a respeito da linguagem e do pensamento foi imposto ao homem moderno a partir do conhecimento de apenas alguns poucos tipos estudados, de um total de centenas de diversos tipos linguísticos; isso encorajou um conjunto de preconceitos linguísticos e alimentou uma grandiosidade insípida na qual apenas as poucas línguas europeias em que esse pensamento se baseia representariam o ápice e o florescimento da evolução da linguagem.[5]

Nesse sentido, eles se afastam das virtudes do mito adâmico, segundo o qual Deus teria conferido uma língua comum a todos os seres humanos. Suas simpatias estavam mais próximas de Babel, da confusão das falas. De maneira um tanto lapidar, um dos textos que compõem o livro *Anthropology Today*, cujo objetivo era inventariar o conhecimento antropológico da época, resume a posição de toda uma escola de pensamento: "As pesquisas realizadas no século XX acumularam uma massa de provas que demonstram, de maneira inequívoca, que as culturas particulares divergem significativamente uma das outras e não passam por fases de evolução unilinear"[6]. Por isso os culturalistas privilegiam a ideia de difusionismo, a existência de núcleos de irradiação dos traços culturais[7]. Eles derivariam de uma multiplicidade de pontos de partida, sendo, em seguida, distribuídos no espaço. Esse é um tema que irá repercutir, entre outros, nas análises de um autor como Herskovits sobre o contato entre as civilizações, no qual podiam ser constatados os fenômenos de aculturação.

A crítica ao evolucionismo continha também uma dimensão metodológica: a desconfiança em relação ao comparativismo. Trata-se de uma divergência explícita em relação à corrente britânica. O recurso comparativo é um dos traços característicos dos trabalhos produzidos na Inglaterra e figura, inclusive,

---

[5] Benjamin Lee Whorf, "A Linguistic Consideration of Thinking in Primitive Communities", em *Language, Thought and Reality* (Nova York, John Wiley & Sons, 1956), p. 84.

[6] Julian H. Steward, "Evolution and Progress", em Alfred Louis Kröeber (org.), *Anthropology Today: An Encyclopedic Inventory* (Chicago, The University of Chicago Press, 1953), p. 324.

[7] Franz Boas, "Evolution or diffusion?" (1924), em *Race, Language and Culture*, cit.

na definição do que seria a antropologia social: "uma investigação da natureza da sociedade humana através da comparação sistemática dos diversos tipos de sociedades"[8]. O adjetivo utilizado é sintomático: trata-se de uma disciplina que se percebe como social, não como cultural, cujo diálogo com a sociologia é permanente (Malinowski dizia ser ela uma "sociologia das tribos primitivas"). Seu objetivo era compreender as condições de existência dos diversos sistemas sociais, o que somente poderia ser atingido através do uso sistemático do recurso comparativo. Na verdade, essa era uma tradição enraizada nos precursores do pensamento antropológico, pois a comparação estava presente nos escritos de Frazer (*Golden Bough*) e Tylor (*Primitive Mind*), e foi ferramenta analítica crucial para um autor (Morgan) que tanto influenciou Friedrich Engels na elaboração de sua "teoria" sobre o Estado, a família e a propriedade privada. Esse era, no entanto, o problema. A identidade da antropologia norte-americana construía-se em contraposição a esse passado incômodo e o *alter ego* britânico. Boas acreditava que tal metodologia estava inteiramente comprometida com premissas inadequadas e discriminatórias. Ela se encontraria intimamente vinculada a uma visão distorcida da história. O método vinha a tal ponto impregnado de falsas concepções que seria conveniente abandoná-lo ou, na melhor das hipóteses, utilizá-lo com reticência. Retomo um exemplo seu. Os antropólogos constatam a existência de vários desenhos geométricos cujas formas se generalizam nas sociedades primitivas[9]. Questão: teriam elas uma origem comum ou obedeceriam a algum tipo de lei universal? Sua resposta é clara: pelo contrário, apesar de o resultado ser idêntico, elas podem provir de linhas de desenvolvimento distintas e de infinitos pontos de origem. A comparação, neste caso, seria equívoca, pois reforçaria uma evidência que restaria comprovar: a origem comum. Diante do impasse, ele sugere outra estratégia, melhor e mais segura: "O estudo detalhado dos costumes praticados por uma tribo e sua relação com a cultura total"[10]. Para afastar-se das generalizações indevidas recomenda-se a solidez do terreno etnológico. As vantagens da interpretação relativista sobre as outras residiria, neste aspecto, em evitar a arbitrariedade "universalista" cultivando o entendimento de cada cultura em sua particularidade, em sua estrutura idiossincrática.

---

[8]   A. R. Radcliffe-Brown, *Method in Social Anthropology* (Chicago, The University of Chicago Press, 1958), p. 133.

[9]   Uma ambiguidade latente rondava o vocabulário antropológico, principalmente em torno do termo "primitivo". Todos os autores eram reticentes quanto a seu uso, porém, empregavam-no correntemente até os anos 1950. Como minha argumentação, nesta primeira parte do texto, encontra-se colada aos escritos da época, utilizarei o termo sem aspas.

[10] Franz Boas, "The Limitations of the Comparative Method of Anthropology" (1896), em *Race, Language and Culture*, cit., p. 274.

A controvérsia pode ser lida a partir de vários ângulos (por exemplo, a disputa entre a antropologia norte-americana e a britânica), no entanto, o embate principal gira em torno da ideia de generalização. Lido na ótica culturalista, o termo encerra indubitavelmente uma acepção negativa. Ele se funda, porém, numa compreensão bastante parcial das coisas, pois não existe um vínculo necessário entre a utilização do método e a busca pelas origens humanas. O mesmo artifício é utilizado em diferentes disciplinas – linguística, sociologia, história – e por distintas correntes teóricas, como os estudos de Dumézil sobre os indo-europeus ou os de Weber sobre as burocracias chinesa e moderna. Durkheim costumava dizer que o método comparativo era a essência da sociologia, a única maneira de escapar à mera descrição dos fatos. Levando-se o raciocínio às últimas consequências, pode-se dizer que sua interdição nos conduziria a um impasse: a incapacidade das Ciências Sociais em fazer qualquer tipo de generalização[11]. Não é minha intenção entrar no debate metodológico (outros já o fizeram antes). Quero sublinhar a dificuldade que possui toda uma tradição intelectual em tratar de questões "gerais", "comuns", "abrangentes", "universais". Esses termos são utilizados de maneira bastante vaga nos textos dos autores, mesmo quando se trata de assuntos tão díspares como método, objetos ou valores. Níveis diferenciados, muitas vezes incompatíveis entre si, são assim reduzidos a um mesmo denominador; "generalizar" e "universalizar" funcionariam quase como sinônimos, embora encerrem significados consideravelmente diferentes. Ao privilegiar o singular, o risco é encerrá-lo em fronteiras tão seguras que acabam por ameaçar o alicerce da disciplina que busca compreendê-lo. Os culturalistas se ressentem das críticas que lhes são endereçadas, sabem que o conhecimento científico não pode se contentar apenas com o particular. Para resolver essa contradição eles apresentam um argumento. "A cultura é universal na experiência humana, mas sua manifestação local ou regional é única" (Herskovits); "As culturas constituem diferentes respostas às essencialmente mesmas perguntas colocadas pela biologia humana e pela generalidade da situação humana" (Kröeber, Kluckhohn)[12]. Mas em que constituiria este universalismo? Os autores enumeram uma lista quase infindável de suas qualidades: linguagem, artefatos materiais, família, práticas religiosas, proibição do incesto, satisfação de necessidades vitais (alimentação e sexo), cuidado com as

---

[11] Jean-Claude Passeron tem um belo texto no qual mostra que a sociologia, contrariamente ao pensamento popperiano, não elabora explicações "universais"; no entanto, é fundamental, através do recurso comparativo, que ela consiga estabelecer uma série de generalizações. Ver *O raciocínio sociológico* (Petrópolis, Vozes, 1995).

[12] Melville Herskovits, *Man and His Works* (Nova York, Alfred and Knopf, 1948), p. 68; Alfred Louis Kröeber e Clyde Kluckhohn, *Culture: A Critical Review of Concepts and Definitions* (Cambridge, The Museum, 1952), p. 176.

crianças etc. Todos os agrupamentos humanos utilizam procedimentos técnicos para assegurar sua subsistência, distribuem seus produtos através de um sistema econômico, estabelecem algum tipo de controle político, possuem mitos, ritos, artes gráficas. Ou seja, o universal é a vida em sociedade. Mas, como se trata de explicá-la, e ela só se manifesta em sua diversidade, sua universalidade é meramente abstrata. As pesquisas empíricas nada acrescentariam ao seu conhecimento; o particular já é a prova de sua existência.

Por fim, o etnocentrismo. Os pensadores evolucionistas, sem sombra de dúvida, abusaram dos qualificativos "bárbaros", "selvagens", "incultos" para caracterizar os povos primitivos. Os adjetivos "infantis", "imaturos", "irresponsáveis", "inconscientes" fazem parte do léxico que apreende a passagem da barbárie à civilização. Para resgatar o pensamento antropológico dessa visão discriminatória, na qual existiam "superiores" e "inferiores", os ocidentais e os outros, era necessária uma ressignificação dos conceitos. Uma verdadeira operação semântica deveria ser desenvolvida. A crítica ao etnocentrismo possui um aspecto metodológico. Como dizia Herskovits, "o etnocentrismo é o ponto de vista no qual o próprio modo de vida é preferido em relação a todos os outros"[13].

Um exemplo: a definição de normal e anormal. É o caso dos fenômenos de possessão na África e em vários lugares da América Latina. Para o acólito, o estado de possessão é a expressão suprema da experiência religiosa, quando os deuses "descem" do universo sagrado e se apossam da cabeça de seus filhos de santo. Para os psiquiatras e psicólogos, no entanto, esse tipo de manifestação seria patológica, o transe revelaria um estado de histeria e loucura. Lowie, em sua crítica ao biologismo e ao evolucionismo, dirá:

> O procedimento científico moderno requer a contenção de qualquer implicação subjetiva; reconhecer que, embora alguns objetos materiais ou esquemas racionais possam ser considerados "altos" ou "baixos" – melhores ou piores para certos propósitos –, isso não se aplica à arte, à religião e à moral, para as quais não existe um padrão universal de reconhecimento. Como indivíduo, o antropólogo reage às manifestações que lhe são estranhas de acordo com suas normas nacionais e individuais; como cientista, porém, ele meramente registra o canibalismo ou o infanticismo, compreende e, se possível, explica tais costumes.[14]

O etnólogo, ao se aproximar do outro, precisa despir-se de seus próprios valores. Ele descreve objetivamente os fatos e os comportamentos observados, evitando compará-los a seu próprio lugar de origem (o que evidentemente nunca

---

[13] Melville Herskovits, *Man and His Works*, cit. p. 68.
[14] Robert H. Lowie, *The History of Ethnological Theory* (Nova York, Holt, Rinehart and Winston, 1937), p. 25.

é problematizado). A rigor, essa é uma preocupação comum a qualquer tradição antropológica, seja ela britânica, seja francesa. Como seu objetivo é entender a alteridade, a diferença, tudo se resume a como traduzi-la (basta, por exemplo, lermos os textos de Lévi-Strauss). A escola norte-americana irá, entretanto, estabelecer uma amálgama indevida entre o relativismo cultural e a rejeição ao etnocentrismo. Essa seria a única postura teórica possível e funcionaria como uma espécie de abrigo aos preconceitos teóricos. Retomo uma citação de Herskovits:

> O princípio do relativismo cultural decorre de um vasto conjunto de fatos, obtidos ao se aplicar nos estudos etnológicos as técnicas que nos permitiram penetrar no sistema de valores subjacentes às diferentes sociedades. Esse princípio se resume no seguinte: os julgamentos têm por base a experiência, e cada indivíduo interpreta a experiência nos limites de sua própria enculturação.[15]

A afirmação tem implicações mais amplas (retomarei esse ponto adiante), mas, num primeiro momento, ela visa o etnocentrismo. A avaliação do Outro seria um obstáculo ao conhecimento; deveríamos nos abster de julgá-lo. O relativismo cultural se apresentaria, assim, como a postura ideal para se escapar à tentação etnocêntrica.

A atração da escola culturalista pela diversidade permeia os escritos de inúmeros de seus membros e os mais diferentes domínios, da socialização dos adolescentes em Samoa aos estudos linguísticos. Por exemplo, Edward Sapir considera a língua não apenas um instrumento de comunicação, mas vê indexados nela os padrões culturais de cada sociedade. Ele diz: "Os mundos nos quais vivem as sociedades são mundos distintos, não são apenas mundos com rótulos diferentes"[16]. Ao nomear as coisas de determinada maneira, e não de outra, os idiomas configuram realidades distintas. A diversidade cultural se reforçaria, assim, no plano da linguagem. Benjamin Lee Whorf radicaliza essa perspectiva ao fundar o "relativismo linguístico". Para ele, toda língua seria um sistema-padrão, cada um diferente dos outros, nos quais as categorias do pensamento estariam ordenadas culturalmente. Quando falo em suaíli, penso em suaíli. Nesse sentido, à variedade de culturas e de línguas corresponderia uma variedade de modos de pensar.

A tese do relativismo linguístico é interessante, mas, certamente, controversa. Sua debilidade principal reside no fato de estabelecer um vínculo de necessidade entre língua e pensamento. Dito de outra maneira: as categorias do

---

[15] Melville Herskovits, *Man and His Works*, cit., p. 63.
[16] Edward Sapir, "The Status of Linguistic as a Science", em *Culture, Language and Personality* (Berkeley, University of California Press, 1949), p. 69.

pensamento seriam determinadas pelo idioma. Surge, então, um paradoxo. Se cada universo linguístico é uma mônada, como é possível passar de uma língua para outra? Ou explicar o fenômeno da tradução, no qual se supõe a ideia de equivalência dos termos, negada pelo relativismo? (Creio que a ideia de reflexividade proposta por Jakobson é, neste caso, mais interessante; ele diz: "a faculdade de falar determinada língua implica também a de falar dessa língua".) Simplesmente aponto esses impasses e recordo o leitor que tomei o exemplo do idioma com o intuito de realçar a sensibilidade pelo diverso. Ela pode ser ainda ilustrada pela metáfora de Ruth Benedict do "arco das possibilidades culturais"[17]. O número de sons que podem ser produzidos pelas pregas vocais e a cavidade nasal é grande (ela diz, ilimitado), no entanto, cada idioma deve selecionar apenas alguns deles. A dificuldade que temos em compreender as línguas que não nos são familiares deriva muitas vezes do fato de estarmos presos a determinada forma de seleção. Por exemplo, em inglês existe apenas um k, mas para vários povos existem cinco tipos de k, em diferentes posições da garganta ou da boca, implicando em distinções no vocabulário e na sintaxe. O mesmo ocorreria com a cultura. Ela pode ser pensada como um grande arco de possibilidades do qual os diferentes povos selecionariam algumas. Cada universo cultural seria um "ponto de vista".

Mas como essa diversidade é pensada? Há, primeiro, um pressuposto, a existência de uma unidade específica: "a" cultura. São inúmeros os exemplos sobre os costumes, as crenças, os mitos, os rituais mágicos apresentados como evidências de sua materialidade. Herskovits, em seu livro *Man and His Works*, inicia sua argumentação com um titulo sugestivo, "A realidade da cultura". Sua intenção é convencer o leitor – e novamente os exemplos cumprem essa função – de que não poderíamos escapar dessa força que nos transcende, ela é concreta, real. Também em Kröeber, e particularmente em sua definição do superorgânico, ela é apresentada como uma "coisa", algo objetivamente dado ("a substância da sociedade, a coisa que denominamos civilização, transcende os indivíduos e seu Ser se enraíza na vida"). Por isso, ela poderia ser apreendida pelo observador (afastadas as prenoções). Uma vez aceito o postulado, dele deriva o corolário: a teoria da cultura (ilusão recuperada atualmente por alguns autores dos estudos culturais). Se a cultura é uma realidade *sui generis*, a ela corresponderia uma ciência capaz de compreendê-la: a antropologia cultural. É essa a ambição nunca alcançada. A tradição britânica, nesse aspecto, é bastante crítica em relação à escola norte-americana. Não apenas porque o conceito de cultura

---

[17] Ruth Benedict, "The Diversity of Cultures", em *Patterns of Culture* (1934) (Boston, Houghton Mifflin Co., 1963) [ed. bras.: *Padrões de cultura*, Petrópolis, Vozes, 2013].

98 UNIVERSALISMO E DIVERSIDADE

seja elíptico, difícil de ser definido. O texto clássico de Kröeber e Kuckhohn faz uma revisão detalhada de sua utilização (eles encontram 164 definições diferentes), mas não deixa, no final, de formular uma concepção de razoável consenso entre os antropólogos[18]. A questão é de outra natureza. Ao se atribuir à cultura uma dimensão totalizadora e única, ela é retirada da sociedade, passando ao largo das relações econômicas, técnicas e sociais. Por isso, Radcliffe-Brown afirma: "Não é possível existir uma ciência da cultura. É possível estudar a cultura apenas como uma característica de um sistema social"[19]. A reificação do domínio cultural termina por isolá-lo do processo histórico do qual ele se nutre.

A ideia da cultura como entidade singular, em sua forma "universal" presente em todas as sociedades humanas, se reproduz ao se considerar a pluralidade de sua manifestação. A ênfase também recai sobre a inteireza de cada unidade. O livro de Ruth Benedict *Patterns of Culture* é exemplar. Sua ideia é a de que a cultura constituiria um conjunto de padrões cuja realidade objetiva é interiorizada pelos indivíduos através da socialização. Cultura e personalidade seriam partes da mesma totalidade. Caberia ao antropólogo descrever as instituições, as técnicas, os rituais mágicos e religiosos, enfim, os costumes, articulando-os ao comportamento das pessoas. A análise repousa em dois níveis: objetivo e subjetivo. Por exemplo, o leitor conhece os zuñi (uma etnia dos pueblos no Novo México) através de um conjunto de informações etnográficas: são agricultores, possuem um clero que se ocupa das preces e dos cerimoniais religiosos, a caça e a guerra estão associadas às técnicas medicinais, a sociedade é matrilinear. No entanto, para captar sua diferencialidade, a autora acrescenta um elemento: os zuñi são "apolíneos", cultivam a restrição do temperamento. Eles contrastam com os indígenas dakota, de inclinação "dionísica". Entre os dakota, a relação do indivíduo com o sobrenatural passa pela busca pessoal das visões, algo que o martiriza e o transborda. Tudo é excessivo, os sonhos, as drogas ingeridas, as práticas de automutilação, os jejuns para suscitar o estado de transe. O tipo de personalidade apolíneo é calmo, requer um comportamento vigilante em relação às emoções. Os zuñi desconhecem as atitudes desregradas, a procura por experiências religiosas individuais é um tabu, pois os rituais encontram-se nas mãos de um clero especializado. Apesar de serem originários de uma região onde cresce uma planta alucinógena, o peiote, eles têm certa repugnância em utilizá-lo – comportamento ascético que se estende ao consumo das bebidas alcoólicas. Da mesma maneira é possível contrapor os dobu (ilhas da Melanésia) aos kwakiutl (ilhas de Vancouver);

---

[18] Alfred Louis Kröeber e Clyde Kluckhohn, *Culture: A Critical Review of Concepts and Definitions*, cit.

[19] A. R. Radcliffe-Brown, *A Natural Science of Society* (1948) (Chicago, The Free Press of Glencoe, 1964), p. 106.

os primeiros seriam "paranoicos", os outros, "megalomaníacos". Um dobu, para ser um membro influente em sua sociedade, deve necessariamente possuir um temperamento desconfiado, ser alguém que suspeite dos outros. Aquele cujo impulso seria a confiança ou a amizade estaria socialmente em desvantagem. A principal instituição entre os kwakiutl é a rivalidade; em torno dela constroem-se as relações sociais. Não se trata de uma disputa por objetos ou de acumulá-los como sinal de riqueza, o objetivo é simplesmente derrotar o rival; tudo perde o sentido diante da vitória. Ruth Benedict conclui:

> [Essas culturas] não são meramente uma coleção heterogênea de atos e crenças. Cada uma delas possui determinados objetivos em relação aos quais são orientados os comportamentos e as instituições. Elas se diferenciam uma das outras não apenas porque certos traços estão presentes aqui e não ali, ou porque outros traços são encontrados em outras regiões, e sob diferentes formas. Elas diferem, sobretudo, porque constituem um todo orientado em relação a diferentes direções.[20]

Alguns comentários são necessários. Primeiro, em relação à ideia de comparação: dionísico *versus* apolíneo, paranoico *versus* megalomaníaco (não entrarei no mérito dessas classificações, que são abusivas para se compreender as relações sociais). Eu havia sublinhado anteriormente a desconfiança dos culturalistas em relação ao recurso comparativo. Como entender essas contraposições? Para apreender a especificidade de uma entidade é necessário contrastá-la com outras, pois não existe identidade sem alteridade. A rigor, nenhuma análise de um ponto discreto dispensaria certo olhar comparativo. Entretanto, seu intuito não é a generalização, captar o que haveria de comum entre eles; interessa sublinhar as especificidades. O dionísico possui uma qualidade própria irredutível ao tipo apolíneo, e vice-versa. O contraste é a forma de iluminar as diferenças.

Outro aspecto refere-se à relação entre cultura e personalidade, característica da antropologia norte-americana, que a partir dos anos 1930 aproxima-se da psicologia e da psicanálise. Essa incursão no terreno da subjetividade é rica e promissora, estabelecendo uma ponte entre disciplinas estanques. Inaugura um diálogo profícuo com Freud e integra temas pouco usuais à reflexão antropológica, como os sentimentos de culpa e de vergonha. A escola norte-americana irá inspirar um conjunto de trabalhos criativos sobre a relação da vida mental e a esfera cultural, estimulando novas áreas de pesquisa, como a etnopsiquiatria. Não obstante, minha leitura interessada conduz a outra dimensão. A interpretação proposta contém uma psicologização do social (por isso, foi bastante criticada) que lhe permite diagnosticar as sociedades em termos de caráter. A metáfora, cuja

---

[20] Ruth Benedict, *Patterns of Culture*, cit., p. 161.

origem é claramente psicológica, retém o traço idiossincrático da personalidade. O caráter, algo essencialmente pessoal, desloca-se para qualificar o plano do coletivo. Cada indivíduo age de acordo com os padrões de sua cultura; inversamente, cada cultura revela uma identidade pessoal. Individualidade e singularidade cultural se complementam, partilham as mesmas virtudes, são unas e indivisíveis.

Essa conclusão não se restringe, porém, ao entendimento das sociedades primitivas, mas engloba as sociedades complexas. Isso se faz num contexto bastante controverso. Durante a Segunda Guerra Mundial o Office of War Information e o Office of Strategic Services (precursor da CIA), recruta diversos antropólogos (Mead, Bateson, Geoffrey Gorer, Kluckhohn, Benedict) para elaborarem diagnósticos da mentalidade dos inimigos: japoneses e alemães. Não se trata de uma atividade meramente imperialista (muitos críticos a veem assim): é preciso contextualizar as coisas, os tempos são de guerra e muitos intelectuais americanos possuem um engajamento antifascista. Mas não se pode eludir o fato de que os trabalhos produzidos vêm marcados pelo signo da política, o reverso dos ideais até então preconizados. Surgem, assim, os estudos do "caráter nacional", nos quais a ideologia liberal norte-americana é uma marca indelével. No pós-guerra eles se desdobram, contemplam outros países (os russos, os novos inimigos, assim como os romenos e franceses) e ganham até um rótulo acadêmico: antropologia a distância. Ironicamente, a tentação etnocêntrica que tinha sido, em parte, evitada no passado ressurge alimentada e mesclada às disputas ideológicas. O livro *O crisântemo e a espada*[21], em sua versão original um panfleto para ser distribuído entre os soldados norte-americanos, é inteiramente construído a partir da dicotomia americano/japonês. Essa dicotomia nada tem de neutra, lembra-nos as categorias de classificação estudadas por Durkheim e Marcel Mauss, nas quais um dos polos é virtuoso e justo e o outro, sua imagem invertida. Assim, nos trabalhos de Geoffrey Gorer, os japoneses são descritos como "infantis", "complexados", "agressivos". Desde a infância eles seriam submetidos a uma educação dualista, sendo subservientes ao patriarca da família e aos irmãos mais velhos, mas agressivos com a mãe e as irmãs. O universo masculino exigia obediência e passividade, em contrapartida, o feminino era o espaço das gratificações (comida, bebida, carinho, sexo) e podia ser submetido ao controle e à agressão para a obtenção dessas premiações[22]. São qualidades estranhas ao "caráter nacional" norte-americano, no qual se valoriza a igualdade, a máquina, o sucesso financeiro. Esses escritos, como

---

21   Idem, *The Crysanthemum and the Sword* (1946) (Londres, Routledge and Kegan Paul, 1967) [ed. bras.: *O crisântemo e a espada: padrões da cultura japonesa*, São Paulo, Perspectiva, 2006].

22   Geoffrey Gorer, "Japanese Character: Structure and Propaganda", em Margareth Mead e Rhoda Métraux (orgs.), *The Study of Culture at a Distance* (Chicago, The University of Chicago Press, 1949).

outros que os antecederam – os dos pensadores europeus do século XIX – têm muito de senso comum. Contrastam as supostas essências nacionais entre si, reforçando os estereótipos que se tem dos outros. Um exemplo banal: "os americanos adaptam sua maneira de viver aos desafios lançados permanentemente pelo mundo; os japoneses se reconfortam num modo de vida planificado e codificado" (Ruth Benedict). Os estudos sobre o Japão são eivados de observações do tipo e fundamentam-se numa visão da história inteiramente equívoca. O "caráter japonês" (submissão à autoridade familiar, culto ao imperador, sentimento de vergonha) seria, antes de tudo, atemporal, atravessaria incólume o caminhar do tempo. Resistiria até mesmo às grandes mudanças, como a revolução Meiji e o processo de modernização (a autora insiste que Meiji é uma restauração, não uma revolução). Um dos aspectos contemplados por sua análise é o vínculo entre o imperador e a nação ("um Japão sem o imperador não seria o Japão"). Essa lealdade incondicional do povo a seu suserano tem um interesse antropológico, seria mítica e imemorial, bem como política, pois nas propostas apresentadas ao governo norte-americano, no intuito de vencer a guerra, recomenda-se cautela no tratamento do imperador[23]. Entretanto, essas observações "a distância" nada têm de originais; elas simplesmente reproduzem a ideologia nativista (*kokugaku*). Cunhada por um grupo de intelectuais da Escola do Aprendizado Nacional no final do século XVII, essa ideologia nada tem de milenar, ela se impõe ao longo do XIX com as disputas sobre os tratados desiguais (exigências do colonialismo inglês e da expansão norte-americana no Pacífico). Durante o período Tokugawa (1600-1868), a noção de povo inexiste (o Japão era uma sociedade de castas), e o imperador é uma figura política secundária (o país é governado por uma junta de senhores de guerra, o *bakufu*). Com a revolução Meiji, a transformação do xintoísmo em religião oficial (face à predominância anterior do budismo e do confucionismo), o fim do regime de castas, os imperativos da modernização, consagra-se o mito do imperador como essência da unidade nacional. Meiji inventa uma tradição, na qual o passado é convenientemente interpretado à luz das contradições do presente.

Deixo de lado esses aspectos para retomar o fio de minha argumentação. A análise das sociedades complexas requer um ajuste dos métodos de pesquisa empregados anteriormente. Como observa Margaret Mead:

> Considerando nossa experiência em extrair informações de nossos informantes, e nossa habilidade em compreender a inter-relação entre todos os aspectos do comportamento cultural, começamos a explorar os aspectos do comportamento nacional que poderíamos

---

[23] Gorer propõe às autoridades norte-americanas: "o Micado e o Trono não deveriam ser nunca atacados; na verdade, eles deveriam ser sempre mencionados de maneira respeitosa. Atacar o Micado seria como atacar o Papa para os católicos medievais". Ibidem, p. 402.

102 Universalismo e diversidade

> considerar relevantes, pois eles estavam relacionados às instituições nacionais [...]. Nossa pesquisa envolvia entrevistas com os membros da cultura em que estávamos interessados, entrevistas com pessoas de outras culturas, e que tinham vividos anos no país em estudo, um exame intensivo da cultura material, particularmente filmes, romances, autobiografias, diários, que em princípio poderiam substituir o tipo de observação da vida com que estávamos acostumados. Utilizamos, assim, nosso treinamento no trabalho de campo para nos ajudar a identificar os comportamentos que eram característicos de toda uma nação.[24]

Não haveria, pois, nenhuma incompatibilidade em se transpor determinadas técnicas e concepções para um terreno inteiramente diverso (o que é, em parte, verdadeiro). Sublinho um aspecto da citação: a inter-relação de todos os aspectos da cultura. O antropólogo, tendo antes testado seus conhecimentos em outras áreas, seria capaz de interpretar uma série de informações díspares, mas sistemáticas, dentro de um mesmo quadro holístico. Isso porque o comportamento das pessoas traduziria a realidade das instituições que as transcendem. "Todos os cidadãos do moderno Estado-nação estão expostos aos padrões institucionais cuja regularidade engloba a comunidade nacional como um todo".[25] Caberia compreender esses padrões. Postula-se, portanto, uma homologia entre a totalidade das sociedades primitivas e a totalidade das sociedades complexas. Geoffrey Gorer abre seu livro *The American People* com uma frase sugestiva: "Tento aplicar neste livro, a uma grande comunidade moderna, alguns métodos e conhecimentos da antropologia cultural"[26]. Para um sociólogo como Tönnies a afirmação seria, no mínimo, surpreendente, o que ele denomina de sociedade é pensado enquanto comunidade. Essa é, no entanto, a dimensão a ser valorizada. Margaret Mead acredita que nos Estados Unidos os estudos de comunidade, empreendidos pela Escola de Chicago, seriam os antecessores legítimos das pesquisas sobre o caráter nacional. A nação seria uma espécie de comunidade ampliada. Mead, dessa forma, pode estudar o caráter francês através de uma análise da família francesa (pouco importa que sua amostragem se concentre nos setores burgueses). Tudo se passa como se as relações familiares fossem imunes ao meio no qual elas se situam, independentemente das classes sociais, da oposição entre a cidade e o campo, dos processos migratórios. Do ponto de vista analítico, as fraturas existentes nas sociedades industriais seriam irrelevantes diante da integração cultural. O caráter, unidade psicológica e social, desvendaria o que há de "íntimo" em todos. Estaríamos, assim, diante de uma

---

[24] Margaret Mead, "The Importance of National Cultures", em Arthur S. Hoffman, *International Communication and the New Diplomacy* (Bloomington, Indiana University Press, 1953), p. 93.

[25] Idem, "National Character", em Alfred Louis Kröeber (org.), *Anthropology Today*, cit., p. 648.

[26] Geoffrey Gorer, *The American People* (Nova York, W. W. Norton & Co., 1948), p. 9.

miríade de características únicas, o mundo sendo composto por nações com personalidades distintas.

O relativismo cultural considera a cultura em sua própria estrutura, sua metodologia é idiográfica (privilegia os fatos individuais), e não monotética (a busca por generalizações – evito a palavra *universal*). Tal concepção teórica projeta-se num outro domínio, o dos valores. É difícil encontrar uma definição satisfatória do que seriam eles, uma polissemia de sentidos envolve suas múltiplas expressões: obrigação moral, sentido de uma ação, sentimentos, concepções de mundo, *éthos*, motivação, fins. Em todas essas acepções pressupõe-se a existência de certas preferências, uma gradação hierárquica de coisas e ações, algumas mais apropriadas ou desejáveis do que outras. Os valores encerram uma dimensão cognitiva e emocional ou, como diz Kluckhohn, são "ideias formulando prescrições para a ação"[27]. De alguma maneira eles falam do comportamento das pessoas e, como o antropólogo observa as práticas sociais, é preciso compreendê-los. Seja em seu significado, seja na forma como são socializados, para existirem inscrevem-se na conduta pessoal, devem ser interiorizados durante a infância, transformando-se numa espécie de organizador sistemático da experiência. Os valores encontram-se assim enraizados nas sociedades que os produzem, são "fatos sociais". No entanto, como havia observado Herskovits, "os julgamentos de valor fundamentam-se nas experiências dos indivíduos" e, sabemos, cada um deles retrata sua própria sociedade. Por exemplo, o sentimento de ultraje que um kwakiutl experimenta diante da morte de alguém de seu grupo é único e intransferível. Isso significa que cada cultura, em sua unicidade, contém valores inteiramente distintos, ou seja, formas de apreciação (de avaliação) dos objetos, do mundo, das pessoas e seus atos. Tal constatação implica, num primeiro momento, uma crítica ao etnocentrismo (como vimos antes), mas, em seguida, reveste-se de um significado mais abrangente. Se os valores são também idiossincráticos, não é possível "pesá-los" segundo uma escala comparativa. Eles nada teriam de comum[28].

É preciso evitar alguns mal-entendidos. O relativismo moral não significa que os indivíduos possam "fazer o que quiserem" à revelia de qualquer tipo de norma social (um dos personagens de *Os irmãos Karamazov* dizia: "se Deus não existe, tudo é permitido"). David Bidney lembra-nos de que "todo indivíduo deve se conformar às regras de sua sociedade". Afinal, sua personalidade funda-se nas relações sociais que o transcendem. O problema aparece quando sociedades

---

[27] Clyde Kluckhohn, "Values and Value-Orientation in the Theory of Action: An Exploration in Definition and Classification", em Talcott Parsons e Edward Shils (orgs.), *Towards a General Theory of Action* (Cambridge, Harvard University Press, 1951), p. 396.

[28] Uma boa crítica ao relativismo moral pode ser encontrada em Steven Lukes, *Moral Relativism* (Nova York, Picador, 2008).

distintas entram em contato. E o autor acrescenta: "cada sociedade necessita tolerar os códigos das outras sociedades no interesse de uma mútua sobrevivência. A obediência e a conformidade são imperativos culturais desde que o código de comportamento seja socialmente aceito"[29]. A passagem introduz um deslocamento sutil do argumento. Um elemento estranho nela se insinua: a tolerância. Seria ela um valor universal (contradizendo as teses relativistas)? Ou um deslize do pensamento liberal norte-americano (projetando seus ideais no universo dos outros)? O mesmo entendimento encontramos em Herskovits, quando ele caracteriza o relativismo cultural como "uma filosofia que, reconhecendo os valores que cada sociedade erige para guiar sua própria vida, enfatiza a dignidade inerente a todo corpo de costumes e a necessidade de existir uma tolerância das convenções, embora elas possam diferir uma das outras"[30]. Estamos distantes dos princípios metodológicos da observação participante. Os culturalistas tinham como ponto de partida o estudo das sociedades primitivas, mas sub-repticiamente somos induzidos a questões de outra natureza. A ideia de tolerância ou de respeito mútuo (em si, um julgamento de valor) apaga as contradições inerentes à própria lógica que se quer confirmar (o respeito mútuo dificilmente explicaria a história das guerras, invasões, conflitos, escravidão, segregação social, regime de castas, imperialismo etc.). Mas a argumentação possui um objetivo implícito, não confessado: harmonizar a realidade empírica das culturas diversas e uma postura dita filosófica. A antropologia ensinaria a seus praticantes uma tolerância maior – casualmente, os mesmos ideais preconizados pela sociedade norte-americana.

Independentemente dessas contradições, importa sublinhar algumas consequências práticas desse tipo de perspectiva. Em 1947 um grupo de antropólogos liderado por Herskovits é convidado pela ONU para escrever o relatório preparatório à *Carta dos Direitos Humanos*. O resultado é um anticlímax. Seus autores debatem-se entre a afirmação dos direitos universais e o horizonte relativista dos valores. O documento que eles redigem é curto, contém uma parte interpretativa e um conjunto de recomendações[31]:

1. O indivíduo realiza sua personalidade através de sua cultura, portanto, o respeito pelas diferenças individuais implica o respeito pelas diferenças culturais.
2. O respeito pelas diferenças culturais encontra-se cientificamente validado pelo fato de não ter sido descoberta nenhuma técnica de avaliação qualitativa das culturas.

---

[29] David Bidney, "Cultural Relativism", em David L. Sills (org.), *International Encyclopaedia of the Social Sciences*, v. 3 (Londres, Macmillan Co., 1968), p. 545.

[30] Melville Herskovits, *Man and His Works*, cit., p. 76.

[31] Idem, "Statement on Human Rights", *American Anthropologist*, Arlington, American Anthropological Association, v. 49, n. 4, 1947.

3. Os padrões e os valores são relativos às culturas das quais eles derivam, assim, qualquer tentativa de se formular qualquer tipo de postulado que decorra de um código moral e de crenças de uma única cultura deveria ser excluída da aplicabilidade de qualquer Declaração dos Direitos Humanos dirigida à humanidade como um todo.

O texto criou uma série de constrangimentos, pois tinha sido elaborado pela comissão executiva da *Anthropological Association*, e mereceu algumas críticas, embora um tanto tímidas[32]. Parte delas focalizava as contradições internas do documento. Por exemplo, dizer que "o respeito pelas diferenças individuais implica o respeito pelas diferenças culturais" é uma afirmação genérica sem nenhum fundamento. O contrário seria provavelmente mais plausível. Por outro lado, considerar a ausência de uma técnica de avaliação das culturas como prova do respeito às diferenças culturais é associar dois tipos de julgamentos sem nenhuma relação de necessidade entre eles. Restam, ainda, algumas observações de caráter mais substantivo. Primeiro, a ilusão que um grupo de profissionais nutre ao arbitrar temas que fogem à sua "jurisdição". A autoridade científica dificilmente seria legítima no campo dos valores (Durkheim dizia que "a ciência é uma moral sem ética"). Segundo, qual o grau tolerável das diferenças? Seria justo aplicar tal regra ao nazismo? Como justificar o engajamento de vários antropólogos durante a Segunda Guerra, diante dos princípios recomendados? O relatório continha, ainda, em sua parte argumentativa, algumas passagens controversas: "o homem é livre somente numa sociedade na qual existe uma definição da liberdade". O que fazer diante das condições nas quais o conceito de liberdade inexiste? Muitas dessas questões serão retomadas posteriormente na discussão sobre os direitos humanos[33], mas eu gostaria de sublinhar um aspecto desse incidente: a coerência do texto apresentado. Ele leva às últimas consequências a lógica prescrita por um determinado tipo de pensamento. Nesse sentido, ele é previsível, nada possui de surpreendente. Suspender o julgamento seria a maneira ideal de fugir de uma visão desfigurada dos outros.

* * * * * *

O relativismo cultural possui um mérito: ele inocula no pensamento uma sensibilidade pelo diverso. Isso não é pouco. A tradição das ciências sociais é

---

[32] Ver Julian H. Steward, "Comments on the *Statement of Human Rights*", e Homer Garner Barnett, "On Science and Human Rights", ambos em *American Anthropologist*, Arlington, American Anthropological Association, v. 50, n. 2, 1948.

[33] Consultar Theodore E. Downing e Gilbert Kushner, *Human Rights and Anthropology* (Cambridge, Cultural Survival, 1988).

fruto do Iluminismo e do industrialismo da modernidade. Seu universalismo é sempre interessado. Convenientemente, não se objetiva nunca o lugar a partir do qual o discurso se enuncia, omissão intencional que atribui ao Outro o pecado do provincianismo. Encerrado em suas fronteiras, o discurso seria incapaz de transcender seus próprios limites. Sabe-se que a antropologia anterior à década de 1950, quando o processo de descolonização da África e de parte da Ásia ainda não tinha se completado, encerrava uma boa dose de etnocentrismo. O Outro era silencioso, somente podia exprimir-se através da fala de alguém que lhe era estranho. O antropólogo possuía ainda o monopólio da interpretação das sociedades ágrafas. Mesmo assim, os textos da escola culturalista contêm um esforço de descentramento. É como se eles nos dissessem: há muitas coisas para se compreender no mundo e a curiosidade intelectual não deve se conformar ao espaço de uma única província (Europa ou Estados Unidos).

Nesse sentido, os antropólogos trazem algo de novo em relação a seus antecessores. Pode-se ler Montaigne e o elogio ao canibalismo como uma metáfora ao barbarismo da civilização ocidental; ou Montesquieu, em suas *Cartas persas*, com um olhar distante e irônico em relação aos europeus. Esses dois autores são geralmente referências obrigatórias quando se lê sobre o relativismo. No entanto, em seus textos, a rigor, não se fala de canibalismo, tampouco dos persas. Os temas abordados são um recurso discursivo para se criticar o mundo que lhes é familiar. Usbek, personagem principal das *Cartas*, é uma ficção, um artifício que permite a Montesquieu construir um distanciamento em relação a seus próprios costumes. Ao tomar o "primitivo" (agora utilizo propositalmente as aspas) como objeto de estudo, a antropologia dá um passo à frente, nomeia um campo específico, um objeto que é necessário qualificar a partir de dentro. Em tese, importa captar a especificidade dessas sociedades, e não do mundo europeu. A sensibilidade pelo diverso funciona, assim, como um mecanismo intelectual poderoso.

Contudo, a perspectiva relativista tem muito de ilusão de óptica. Os objetos que ela enxerga são verdadeiros, mas suas configurações, espelhadas na retina, estão distorcidas. Na verdade, ao se pensar a diversidade cultural em sua unicidade, termina-se por apreendê-la como uma essência dotada de uma materialidade insuspeita. Por isso a metáfora do caráter torna-se plausível. Haveria uma correspondência, nunca comprovada, entre a identidade pessoal e a personalidade de uma cultura. A ilusão está em pensar cada entidade como um mundo em miniatura, idiossincrasia inteiramente independente do contexto no qual ela se enraíza. As sociedades não existem apenas em si, mas sempre em situação. Ainda nos anos 1950, Georges Balandier chamava a atenção para esse aspecto[34]. Por exemplo, o

---

[34] Georges Balandier, *Sociologie actuelle de l'Afrique Noire* (Paris, PUF, 1971).

culturalismo norte-americano definia a aculturação como uma mudança decorrente do contato de "dois ou mais sistemas culturais autônomos"[35]. O raciocínio pressupunha a independência das entidades culturais, cada uma delas sendo inteiramente diversa e separada da outra. Bastaria analisar sua interação para entender o resultado dos fenômenos nascidos de sua aproximação (por exemplo, o sincretismo afro-brasileiro seria produto do contato entre duas culturas independentes, a africana e a brasileira). Balandier, ao estudar o messianismo na África, ponderava que o contato entre as civilizações dificilmente seria inteligível sem situá-las no contexto colonial. De nada adiantaria contrapor traços das religiões tradicionais ao catolicismo ou ao protestantismo sem levar em consideração as relações sociais reordenadas pela colonização. A rigor, a autonomia postulada é enganosa.

O livro de Franz Boas *A mente do ser humano primitivo* abre com uma imagem cartográfica do globo terrestre: uma diversidade de povos, culturas, idiomas e costumes distintos. Ao lado dos europeus e de seus descendentes, contrastam os chineses, os nativos da Nova Zelândia, os negros africanos, os indígenas americanos, cada lugar com seu modo de vida peculiar. A paisagem é a fotografia de uma época, o planeta seria um conjunto de nódulos distintos, países, civilizações, grupos diversos. O "nós" europeu ocuparia apenas uma faixa de sua extensão, restando muitas outras, afastadas de sua maneira de ser. A imagem proposta descreve o planeta como um emaranhado de pontos discretos, cada um deles constituindo uma identidade específica. A câmera antropológica captava a territorialidade desses espaços descontínuos. Muitas vezes essa perspectiva (no sentido arquitetônico do termo) projeta-se sobre o mundo atual. Novamente, ela prescinde da ideia de situação; cada cultura desfrutaria de uma inteireza absoluta. Basta, porém, imergi-la nas contradições reais da história para percebermos que o particular é sempre tensionado pelo contexto no qual se insere. A situação de globalização redefine as partes, das sociedades "tribais" às nações industrializadas. Nesse sentido, não há como escapar à sua dimensão comum. Não se trata de uma escolha ou de uma visão etnocêntrica do mundo: o processo é mundial, penetra e atravessa as diferenças sociais e culturais a despeito de suas especificidades. As questões comuns, gerais, não decorrem necessariamente de uma filosofia universalista, mas existem porque as diferentes sociedades estão situadas numa teia de relações de forças (são subalternas ou dominantes) que as transcendem e as determinam (os direitos humanos não são propriamente universais, mas pertencem ao destino comum no âmbito da modernidade-mundo).

---

[35] Evon Vogt et al, "Acculturation: an Exploratory Formulation", *American Anthropologist*, Arlington, American Anthropological Association, v. 56, n. 6, 1954.

Retiro um exemplo da própria literatura antropológica: os baruya, estudados por Maurice Godelier[36]. Esse grupo de nativos da Nova Guiné, em parte controlada pela Austrália quando Godelier iniciou sua pesquisa, foi "descoberto" por um jovem oficial australiano em 1951. Em 1960, uma segunda expedição militar retornou, estabelecendo um posto oficial para a pacificação da população. O primeiro antropólogo, Godelier, desembarca na região em 1967, momento em que chegam os funcionários do estado colonial e os missionários. Em 1975, a sua revelia e sem saber muito bem por que, os habitantes foram integrados a um novo estado independente, Papua-Nova Guiné, que se transformou num membro das Nações Unidas. A história dos baruya é recente, não data dos tempos imemoriais: inicia-se em meados do século XVIII. Eles são descendentes da tribo yoyuê, que vivia a poucos dias de marcha do lugar que ocupam atualmente nas montanhas. Conta-se que um dia os homens e as mulheres de uma aldeia partiram para a floresta numa grande expedição de caça, mas seus inimigos invadiram suas casas, saquearam tudo e massacraram seus habitantes. Os poucos homens e mulheres que escaparam penetraram na floresta e buscaram refúgio nas altas montanhas, onde vivia outra tribo, os andjê. Aí, um dos clãs locais, os ndeliê, ofereceu-lhes suas terras, seus membros casaram-se entre si e, após duas ou três gerações, juntos, mataram uma parte dos andjê – os outros fugiram para o outro lado da montanha. A partir de então, formou-se um novo grupo social, com território, ritos e uma história mítica particular. Pergunta: seria possível descrever o caráter cultural dos baruya sem situá-los nessa história de disputas, exílios e refundações?

As sociedades possuem, inevitavelmente, uma concepção do Outro. Não basta definir-se a si próprio; na verdade, isso se faz em contraposição aos que se encontram fora de um determinado círculo simbólico. Sabemos que o termo "bárbaro" provém da Grécia antiga, onde servia para distinguir entre um "nós" grego e "os outros", os estrangeiros. Ao reconhecer o pertencimento a um determinado grupo, o idioma era a fronteira decisiva: os bárbaros eram aqueles que não o entendiam. Na Europa ocidental a representação do Outro passava pelo contraste com a ideia de civilização, civilidade dos modos e, com a Revolução Industrial, conquistas técnicas. Cabia aos não europeus o fardo da selvageria ou a incompletude das culturas orientais (o despotismo oriental ou a imobilidade do tempo histórico). Porém, esse não é um traço específico de uma única sociedade. Os velhos mapas chineses do século XVII dividiam o mundo em círculos concêntricos. No centro encontrava-se o império celestial; em sua vizinhança, as zonas sob sua influência, Japão, Coreia, Vietnã; distantes, viviam os estrangeiros, os ocidentais. Os asiáticos eram limpos (tomavam banho regularmente) e comiam

---

[36] Maurice Godelier, *Au Fondement des sociétés humaines* (Paris, Albin Michel, 2007).

com pauzinhos, os outros eram sujos e comiam com as mãos. No final do século XVIII, os ingleses enviam uma embaixada à China para abrir os portos ao "livre comércio". Após a Revolução Industrial, muitos fabricantes queriam impor a comercialização de seus produtos em escala internacional, porém, a China imperial era um mundo à parte, no qual o tempo celestial regia a vida dos homens e do imperador. Pequim era o centro de um universo quadrado, cujos cantos, habitados pelos estrangeiros, não eram cobertos pelo céu. Os presentes trazidos pelos ingleses, uma forma de seduzir o poder local, não surtiram o efeito desejado de abrir as negociações, foram percebidos como uma oferenda ao imperador, sendo interpretados pelo código vigente, o da vassalagem. Os exemplos podem ser multiplicados. Os lugbara, na África, possuem um complexo sistema de classificação do mundo. A aldeia, a família e o masculino pertencem ao polo da ordem, enquanto o feminino caracteriza os elementos da desordem. O espaço da floresta, porque foge ao controle dos homens e é exterior à aldeia, é considerado feminino; nele habitam os animais selvagens, os imprevistos, os perigos e, claro, os forasteiros. A representação nativa ordena os indivíduos e as coisas e assimila o desconhecido a uma ameaça potencial.

A rigor, não faz sentido dizer que os membros de determinada sociedade possam suspender o julgamento sobre os outros. Caso isso ocorresse, eles não poderiam pensá-los como distintos de seu grupo de origem. Como dizia Sapir, a cultura encontra-se indexada na língua – para existir, o estrangeiro, vizinho ou inimigo, deve ser nomeado. O ato de enunciação lhe dá sustentação material e simbólica. O que significa, então, o debate em torno dos julgamentos morais? Lendo os textos de antropologia cultural tem-se a impressão de que eles projetam uma sombra na compreensão do Outro. Mas não é difícil perceber que existe uma distorção óptica dos parâmetros da discussão. Parte-se de um princípio inquestionável, sua existência concreta (no singular; o Outro), quando, na verdade, seria mais correto utilizar o termo no plural (os Outros). Confundem-se, assim, os olhares (no plural) que os distintos grupos sociais têm uns dos outros com o olhar (no singular) do antropólogo que os analisa. Uso um exemplo deliberadamente controverso: a excisão e a infibulação[37]. Como compreender essas práticas de mutilação corporal? Do ponto de vista da disciplina

---

[37] Consultar Robert Hazel e Mohamed Mohamed-Abdi, *L'Infibulation en milieu somali et en Nubie* (Paris, Éditions de la Maison des Sciences de l'Homme, 2007); Nicole-Claude Mathieu, "Relativisme culturel, excision et violences contre les femmes", *Sexe et race. Discours et formes nouvelles d'exclusion du XIXe au XXe siècle*, Paris, Centre d'Études et de Recherche Inter-Européennes Contemporaines, tomo 9, 1994; Richard A. Shweder, "'What about Female Genital Mutilation?' And Why Understanding Culture Matters in the First Place", *Daedalus*, v. 129, n. 4, 2000.

antropologia, faria pouco sentido pensá-las como um ato de barbárie ou o resquício de crenças "cruéis" e "incivilizadas". A circuncisão, masculina ou feminina, é comum a diversas sociedades (os judeus, por exemplo) e certamente possui um sentido social e simbólico em cada uma delas. Ela é vista como um embelezamento do corpo, associa-se às crenças e tradições religiosas, sendo considerada uma honra nos rituais de iniciação. O etnocentrismo, nesse caso, atuaria como uma barreira epistemológica. Superá-lo é uma maneira, sempre incompleta, de avançar o conhecimento antropológico. No entanto, seria ilusório imaginar que o saber acadêmico pudesse fundar um discurso moral sobre a condenação ou valorização dessas práticas, pelo simples fato de o antropólogo já não mais possuir o monopólio da interpretação do social. A controvérsia sobre a excisão e a infibulação envolve grupos e indivíduos marcados pelos mais diversos interesses: a mulher sudanesa que professa os costumes de sua sociedade; a jovem somaliana que gostaria de não ser submetida aos rituais de seus pais; as mulheres dos países vizinhos nos quais inexistem tais práticas de mutilação, que as repudiam; outras mulheres africanas que passam a adotá-las, considerando-as prestigiosas (alguns grupos que tradicionalmente não as conheciam passam a integrá-las aos seus costumes); as feministas "ocidentais" que fundaram um movimento contra a mutilação genital feminina (FGM: *female genital mutilation*); as africanas que vivem em cidades e as veem como resquício do passado não moderno; as mulheres da África negra atuantes nos organismos internacionais, que as consideram uma violação dos direitos humanos; os homens de países africanos que desejam a modernização da sociedade e as melhoras tecnológicas, mas não aceitam abrir mão do lugar que ocupam na cultura tradicional; a imigrante africana nos países europeus que insiste em educar suas filhas nos padrões tradicionais, apesar de a excisão ser considerada um crime no lugar onde habitam; a imigrante que decide não seguir mais suas tradições, poupando suas filhas do sofrimento que conheceu antes; a jovem filha de imigrante que tem relações sexuais antes do casamento e dirige-se a um médico para a reconstrução do hímen; o médico europeu que por razões éticas recusa-se a atendê-la; o outro médico que aceita fazer a reconstrução, pois sabe que ela será punida fisicamente pela família; a intelectual somaliana que denuncia as práticas que conheceu quando jovem, associando-as, equivocadamente, ao fundamentalismo islâmico; a acadêmica que retorna dos Estados Unidos à sua terra natal e, na busca por suas raízes, conhece tardiamente os rituais de iniciação; as mães imigrantes que hesitam entre praticar ou não tais atos, pois, sem a excisão, suas filhas poderiam ser segregadas quando retornassem ao lugar de origem e, com a excisão, seriam discriminadas nos países europeus. A lista poderia ser prolongada, mas ela sugere uma conclusão clara: a polêmica envolve os mais diferentes atores, vivendo nos mais diversos contextos. O antropólogo, na melhor das hipóteses, tomará partido contra ou a favor, mas sua voz é uma entre tantas e nada tem de mais autorizada do que as outras. A controvérsia independe dos princípios da observação etnológica, é inerente à situação no interior da qual essas práticas se exercem.

O relativismo cultural repousa num pressuposto: a inteireza absoluta da cultura. Não se trata tanto de postular seu isolamento, afinal, por mais sólidas que sejam as fronteiras, os grupos sociais interagem entre si. A rigor, a temática do contato é uma dimensão importante dos estudos culturalistas (difusionismo, sincretismo, aculturação). O problema é a noção de inteireza que permite associar a cultura às metáforas do caráter e da identidade. Nesse sentido, ela seria um Ser que se conjuga no singular. O pluralismo da visão relativista é, na verdade, uma justaposição de singularidades. É também essa inteireza que nos ilude ao se considerar a cultura não como uma dimensão da vida social, mas como a vida social em sua totalidade. Os antropólogos culturalistas norte-americanos possuem uma perspectiva holística. Qualquer costume ou prática social só se torna inteligível quando analisado dentro de um todo. Como esse processo de constituição da humanidade (ou seja, do ser humano vivendo em sociedade) é, em grande medida, inconsciente, cultura e indivíduo formariam uma unidade indivisível. Nada existe fora da (singular) cultura. Mas, como dizia a tradição antropológica inglesa, existiria tal entidade? Seria correto subsumir os diversos níveis sociais a um mesmo denominador? Consideremos as seguintes frases: "toda cultura encerra uma identidade" e "toda sociedade encerra uma identidade". Ao substituirmos "cultura" por "sociedade", a argumentação se debilita. Dificilmente conseguiríamos associar, de maneira inequívoca e convincente, as relações sociais a um único tipo de identidade. Seria mais plausível dizer: "no interior da sociedade existem tipos de identidades".

Ao considerarmos a esfera cultural, o plural é mais adequado do que o singular (por isso, na situação de globalização, não existe uma cultura global ou uma identidade global). Cultura de massa, cultura popular, cultura de elite, cultura negra, cultura nacional são noções descritivas (corretas ou controversas) que, certamente, não esgotam a amplitude das relações existentes no âmbito das sociedades. Eles apenas nomeiam uma esfera distinta de outras, sejam elas econômicas, sociais, políticas ou, até mesmo, culturais. Por outro lado, a correspondência postulada entre a totalidade cultural e a identidade (ou caráter) é equívoca. Esquece-se que toda identidade é uma construção simbólica e, nesse sentido, não "é" um Ser, mas se "constrói como" – processo no qual estão envolvidos agentes em conflito e práticas sociais diversificadas.

Ela é uma referência coletiva, mas também algo em disputa, sobretudo no caso das identidades nacionais e étnicas. No fundo, o debate sobre o relativismo tende a reificar as representações simbólicas como uma entidade singular: "a" cultura. Ao retirá-la do processo histórico, torna-se possível contrastá-la com o universal ou com qualquer tipo de generalização vista como indevida. Afinal, se a vida social se concentra no íntimo da identidade, o que lhe é externo torna-se algo episódico e inautêntico.

Diversidade e mercado

O livro *The Uses of Literacy*, de Richard Hoggart, possui um título interessante. Publicado em 1957, buscava compreender como elementos da literatura de massa eram reinterpretados pela classe trabalhadora inglesa. Sua hipótese central pode ser resumida da seguinte maneira: embora a cultura de massa fosse produzida dentro de padrões únicos, visando indiferenciadamente a todos, o consumo nos diferentes estratos sociais fazia-se de maneira distinta. A tradição oral, a religião, os clubes proletários, a vizinhança, a casa (*there is no place like home*) constituiriam um universo operário capaz de reordenar o conteúdo das leituras. Daí a ênfase na ideia de "usos" (em português o título do livro se traduziria como "Os usos da cultura"). Hoggart pertencia a uma tradição intelectual (particularmente antropológica) britânica na qual determinadas questões eram sempre consideradas em sua relação com o interesse dos agentes. Penso, por exemplo, nos trabalhos de Evans-Pritchard, nos quais a ideia de feitiçaria possuía uma dimensão conceitual (o que é a feitiçaria) e outra social (como os nuer a "utilizavam" no dia a dia).

Pode-se dizer o mesmo a respeito da temática da diversidade. Existem elementos de sua constituição que são genéricos e, na medida em que se tornam um emblema da modernidade-mundo, o discurso empresarial irá se ocupar deles. Entretanto, o uso que se faz será específico, distinto do que encontramos em outros domínios. A literatura sobre administração de empresas e marketing surge, assim, como um lugar privilegiado de constituição de sentido, configurando um discurso que se constrói em torno de determinada terminologia, articulando-a, porém, a seu próprio eixo. Diante das transformações do mundo contemporâneo, "diversidade" é uma noção que se impõe também aos homens de empresa; ela os transcende e os aprisiona numa cadeia de significados que lhes escapa. Não obstante, a apropriação do termo é deslocada, se preferirem,

114 Universalismo e diversidade

naturalizada pelo uso que dela se faz. Não se pode esquecer que a empresa moderna ancora-se em dois pressupostos: racionalidade e eficiência. Recordo uma passagem do conhecido texto de Taylor sobre as vantagens da subdivisão das tarefas na esfera da produção fabril. A fim de explicar ao leitor por que escrever um livro sobre a racionalização do trabalho, ele diz:

> Para provar que a melhor administração é uma verdadeira ciência, construída sobre fundamentos de leis, regras e princípios claramente definidos. E para mostrar que os princípios fundamentais da administração são aplicáveis a todo tipo de atividade humana, dos mais simples de nossos atos individuais ao trabalho de nossas grandes corporações.[1]

Dito de outra forma: trata-se de erigir um saber (na época, denominado científico) com o objetivo de ordenar o campo dos negócios tornando-o mais produtivo e rentável. Isso transparece nitidamente no título de um célebre estudo de Alfred Chandler sobre a revolução dos negócios nos Estados Unidos: *The Visible Hand*[2] [A mão visível]. A metáfora encerra um sentido duplo. Primeiro, nos remete à expressão de Adam Smith, "a mão invisível do mercado". A concepção liberal de Smith imaginava a existência de uma entidade autorreguladora, o mercado, capaz de digerir e organizar qualquer contradição existente em seu seio. O capitalismo encontraria em sua própria manifestação os mecanismos de sua preservação, expansão e autocorreção. Chandler objeta, dizendo que é necessária uma "mão visível" para conduzir o rumo dos empreendimentos. Para se domesticar o mercado, o segundo sentido, seria preciso uma revolução da gestão e da coordenação racional das pessoas, atividades e mercadorias. O saber que daí decorre, a administração moderna, modifica a estrutura das grandes empresas e transforma a economia como um todo. Para se compreender o "uso" da diversidade no contexto do mercado não se pode perder de vista este horizonte. É ele que orienta a mão visível que escolhe, recorta, interpreta.

Uma maneira de compreender o sentido do diverso, da diferença, é retomar o debate sobre a globalização que se faz entre os executivos das corporações transnacionais e os homens de marketing nos anos 1980. O texto de Theodore Levitt é exemplar. Pioneiro no tratamento da globalização dos mercados, ele lança na *Harvard Business Review* toda uma discussão a respeito da necessidade de reordenar as estratégias de gestão e de distribuição dos produtos. Logo no primeiro parágrafo o autor anuncia sua intenção:

---

[1] Frederick Winslow Taylor, *The Principles of Scientific Management* (Nova York, W. W. Norton & Co., 1967), p. 7.

[2] Alfred Chandler, *The Visible Hand: The Managerial Revolution in American Business* (Cambridge, Harvard University Press, 1977).

> Uma força poderosa conduz o mundo numa direção convergente, essa força é a tecnologia. Ela proletarizou a comunicação, o transporte e a viagem. Fez com que nos lugares isolados os povos empobrecidos se orgulhassem dos ares da modernidade. Praticamente todo mundo quer as coisas que viu ou experimentou através das tecnologias.[3]

A passagem contém dois níveis de entendimento. Há, primeiro, uma transformação importante no âmbito tecnológico, responsável pela multiplicação dos produtos e pela aproximação das pessoas. Depois, temos a existência de consumidores nos mais diversos lugares do planeta, todos em busca das mesmas coisas. Levitt insiste que o processo de globalização dos mercados – e nesse caso o plural é pertinente – tende a unificá-los. Eles deixariam de ser compostos por unidades separadas, constituindo-se numa totalidade singular, por isso haveria uma diferença entre o conceito de multinacional e de corporação transnacional:

> A multinacional e a corporação global não são a mesma coisa. A corporação multinacional opera num certo número de países e ajusta – com um alto custo relativo – suas práticas e seus produtos a cada um deles. A corporação global opera com uma constante determinação – com um baixo custo relativo – como se o mundo inteiro fosse uma unidade singular.[4]

Sublinho a importância da concepção de espaço, ela é determinante no diagnóstico dos novos tempos. O olhar global privilegia uma estratégia de singularização do mundo: é preciso compreender o todo, e não a simples interação das partes que o constituem. Por isso a oposição entre centro e margem, próximo e distante, pressuposto no qual se ancorava a relação hierárquica das multinacionais, torna-se cada vez mais inoperante. Entre "nós" (os homens de negócios norte-americanos) e "eles" (o resto do mundo) as fronteiras se diluem. O vínculo entre a origem das corporações e sua localização nacional se debilita. Como observa Robert Reich: "diferentemente de seus predecessores pré-globais, os administradores globais têm pouco apego ao 'nós'. Na empresa global, os vínculos entre a firma e o país estão erodindo rapidamente"[5]. Um mundo globalizado exigiria uma estratégia na qual a sede da gestão dos negócios se desvinculasse de sua origem nacional, ruptura heurística que nos remete à problemática da desterritorialização e incide nas formas de organização (o global se separa do nacional) e nas estratégias de expansão das corporações e das mercadorias. Já não se trata apenas de produtos padronizados, como petróleo, cimento, bancos e seguros, aço,

---

[3] Theodore Levitt, "The Globalization of Markets", *Harvard Business Review*, Boston, Harvard Business Publishing, maio-jun. 1983, p. 92.

[4] Ibidem, p. 92-3.

[5] Robert Reich, "Who Is Them?", *Harvard Business Review*, Boston, Harvard Business Publishing, mar.-abr. 1991, p. 77.

computadores, eletrônicos, telecomunicações, comercializados independentemente de suas colorações nacionais; Levitt acrescenta que os produtos *high touch* possuem também a mesma ubiquidade da alta tecnologia: McDonald's na Champs-Élysées, Coca-Cola em Bahrein, Pepsi-Cola em Moscou, salada grega, filmes de Hollywood, cosméticos Revlon etc. Daí se conclui:

> As antigas diferenças dos gostos nacionais e dos modos de fazer negócio desaparecem. A convergência das preferências leva inelutavelmente à padronização dos produtos, das fábricas e das instituições de troca e comércio [...]. As diferentes preferências culturais, gostos, padrões nacionais e de instituições de negócios são vestígios do passado.[6]

Por isso predomina, nesse tipo de visão, a metáfora do mundo plano: existiria uma linguagem universal do consumo capaz de nos integrar no seio de um território compartilhado.

Foram várias as reações ao texto de Theodore Levitt. Alguns pensavam que a globalização dos mercados seria uma ilusão, um mito, e que a realidade se encaixaria mal dentro dessa visão idealizada das coisas (a mesma controvérsia ocorreu uma década depois nas ciências sociais; a globalização era considerada uma ideologia neoliberal e não um processo real). Não haveria por que considerá-la como um fato histórico relevante. Outras críticas sublinhavam justamente a dimensão da diferença. Seria realmente possível a existência de um marketing global capaz de se estruturar através de uma narrativa única? Ou os exemplos práticos conhecidos (como a penetração das firmas norte-americanas na Ásia) e a identidade nacional dos mercados (no Brasil as calças jeans para as mulheres são mais apertadas do que nos Estados Unidos; a publicidade da Kellogg's no Japão não conseguiu seguir os padrões determinados em países como a Irlanda e a Alemanha) seriam fatores determinantes na veiculação dos produtos[7]? Lembro que a oposição homogêneo *versus* heterogêneo marcava ambiguamente o debate intelectual na década de 1980. Se por um lado os estudos sobre a globalização enfatizavam a dimensão da unicidade do planeta, por outro, os pós-modernos valorizavam as diferenças. Existia uma tensão entre o único e o diverso, o plano e o caleidoscópio das idiossincrasias locais. No âmbito da literatura de marketing, pouco a pouco a convicção a respeito da globalização se impõe. No entanto, alguns aspectos do pensamento de Levitt serão reformulados. Retomo, entre outros, um dos argumentos empregados por Michael Porter:

---

[6] Theodore Levitt, "The Globalization of Markets", cit., p. 93 e 96.

[7] Ver Yoram Wind e Susan P. Douglas, "The Myth of Globalization", *The Journal of Consumer Marketing*, Bingley, Emerald Group, v. 3, n. 2, 1986; Kamran Kashani, "Beware the Pitfalls of Globalization Marketing", *Harvard Business Review*, Boston, Harvard Business Publishing, set.-out. 1989.

Para mim homogeneização e segmentação não são incompatíveis. Como menciona Ted Levitt, cada vez mais ocorre uma homogeneização através dos países. Porém, o que ele não disse é que ocorre também, no interior desses países, uma segmentação; explorar em paralelo essas duas tendências é tirar uma vantagem global que até então não existia. A ironia é que por meio da segmentação pode-se criar universalidades.[8]

Ou seja, não se trata de vender o mesmo produto para todos; as estratégias do McDonald's, voltado para pessoas de baixo poder aquisitivo, e as da Revlon, interessada num determinado público feminino, não poderiam ser homólogas. Isso, contudo, é irrelevante; importa recortar no mercado global segmentos semelhantes, que constituiriam as "universalidades" das estratégias de marketing.

Como o diverso se exprime no âmbito desse discurso? Há o contraponto em relação ao global. Haveria uma incompatibilidade entre esses dois níveis ou seria possível certo compromisso? Os traços demasiadamente específicos, expressão das tradições locais e nacionais, poderiam ser reduzidos a um mesmo denominador comum? De alguma maneira, a noção de segmentação propõe-se a resolver o dilema. Nesse sentido, o mundo seria um conjunto diversificado de segmentos nos quais o consumo se faria. Ele não seria propriamente homogêneo, tampouco heterogêneo, como se cada uma de suas partes fossem autônomas, independentes entre si. Os segmentos constituiriam compartimentos afins, podendo ser trabalhados em sua especificidade e transnacionalidade (por exemplo, a comercialização dos produtos de luxo: Gucci, Dior, Paco Rabane, Godiva etc.).

Existe, no entanto, outra dimensão, de natureza nitidamente ideológica, que valoriza a diversificação do consumo. A distinção que os intelectuais das empresas estabelecem entre multinacional e corporação transnacional não é ingênua, de ordem meramente organizacional. Ela encerra certa concepção da história. No passado recente teria existido um mundo pré-global cuja estruturação seria inteiramente distinta da contemporaneidade. Haveria, portanto, um antes e um depois. É nesse sentido que Robert Reich analisa a passagem de uma economia *high-volume* para uma economia *high-value*[9]. No primeiro tipo de organização predominaria a produção em massa, que orientaria as formas de gestão e de comercialização dos produtos. Ou seja, as multinacionais pertenceriam ao período fordista, no qual importava o volume do que estava sendo fabricado e sua distribuição indiferenciada entre os consumidores. O momento *high-value* teria como foco os mercados segmentados, os *customized products*. Cada segmento teria sua própria identidade e deveria ser tratado em sua especificidade. Dito

---

[8] Michael Porter, "The Strategic Role of International Marketing", *The Journal of Consumer Marketing*, Bingley, Emerald Group, v. 3, n. 2, 1986, p. 21.

[9] Robert Reich, *The Work of Nations* (Nova York, Vintage Books, 1992).

de maneira metafórica, teríamos uma passagem do homogêneo para o heterogêneo. O tempo da diversificação dos segmentos (parte de um mercado global) indicaria uma variação maior dos valores. Isso significa que o consumidor teria maior liberdade de escolha – algo, segundo os autores, inteiramente novo, pois, na época da cultura de massa, ela encontrava-se circunscrita à uniformidade da produção do que estaria sendo oferecido. Diversificação dos mercados, diversificação das escolhas, os tempos globais trariam o advento de um pluralismo centrado no indivíduo. No fundo, a proliferação das mercadorias se identificaria com o caminhar da liberdade individual e sua manifestação no universo dos objetos. Se as multinacionais eram hierárquicas, centralizadas, sua contrapartida, as corporações transnacionais, seriam flexíveis, descentralizadas, e anunciariam uma época de maior "igualdade entre as pessoas" e de "liberdade do consumidor"[10].

Até o momento tenho utilizado os termos "diverso" e "diferença", mas não "diversidade". O motivo é simples: este inexiste na literatura consultada. É certo que a palavra pode ser encontrada nesses escritos, mas como simples qualificativo, sendo, na maioria das vezes, associada à diversificação. Mas falta-lhe corpo, densidade, para nomear de maneira explícita e reconhecível um conjunto de variáveis. Os linguistas dizem que o ato de nomeação é fundamental, pois delimita no nível conceitual a existência de algo que se encontrava ausente. Nomear é recortar o real, captá-lo de maneira até então indizível. Para que a diversidade seja percebida com todos os seus atributos, é necessário que sua ressignificação tenha se completado. Nos termos da introdução deste livro, eu diria que lhe falta, todavia, ser modelada pela mudança de humor dos tempos. Na década de 1980, isso se encontrava em curso; o diverso não se enunciava ainda como "diversidade", o que irá ocorrer somente quando o qualificativo transformar-se em nome próprio, precedido pelo artigo definido "a". Nesse momento, o singular nomeia um fenômeno inequívoco, o evento plenamente tangível da "diversidade como valor universal". A partir de então é possível falar em: *administrar a diversidade, teoria da diversidade, por que a diversidade é importante?, cultivando a diversidade*. O termo torna-se em si evidente, remetendo-nos a um conjunto de significados partilhados pelo senso comum planetário. Sua objetividade é tal que pode até ser mensurada.

---

[10] Apenas a título de exemplo, cito uma dessas "pérolas" do pensamento empresarial: "Hoje uma corporação transnacional é fundamentalmente diferente do estilo colonial das multinacionais dos anos 1960 e 1970. Ela serve o cliente em todos os mercados-chave com igual dedicação [...]. Seu sistema de valor é universal, aplica-se a todos os lugares, e não é dominado pelos dogmas do país de origem. Num mundo interligado pela informação [...] o poder de escolher ou recusar está nas mãos dos consumidores e não na manga das preguiçosas e privilegiadas multinacionais dos tempos passados", Kenichi Ohmae, "Planting for Global Harvest", *Harvard Business Review*, Boston, Harvard Business Publishing, jul.-ago. 1989, p. 139.

São inúmeros os textos que propõem técnicas e modelos ideais para sua apreensão (de uma ingenuidade incrível)[11]. Mas a ideia de medida é um indicador de sua materialidade inquestionável. A diversidade não seria apenas uma temática, ela existiria concretamente, podendo ser avaliada de maneira evidente, como fazia Taylor com suas medições científicas.

Isso irá modificar os termos do debate. No quadro anterior existia uma tensão entre o global e o local, os dois polos sendo muitas vezes considerados antagônicos entre si. Uma incompatibilidade congênita envolvia esses pontos distantes. No entanto, a valorização da diversidade não significa o declínio do global, sua superação. O processo de globalização impõe-se como algo concreto, mas as diferenças já não mais serão percebidas como seu contraponto; pelo contrário, elas afirmam-se em seu interior. Pode-se, nesse sentido, dizer:

> No século XXI, a expansão e a convergência da tecnologia, a entrada ruidosa das economias em desenvolvimento na cadeia global de suprimentos, trouxeram à tona um novo conceito: o mundo é plano. Muita atenção midiática foi dada à ideia do baixo custo e da ubiquidade das redes de telecomunicações e dos transportes, eliminando dessa forma os empecilhos da competição internacional. De fato, a palavra *globalização* e o termo *plano* tornaram-se parte essencial do vocabulário comum. Entretanto, penso que o crescimento dos negócios globais desenvolve um meio culturalmente mais diverso, o que implica outra forma de ensinar esses princípios nos cursos de economia.[12]

Nessa linha de argumentação, as diferenças são parte de um mesmo mundo, e, se as vemos com maior intensidade, é porque ele se globalizou. Como diz outro autor:

> Globalização é um processo inevitável no século XXI, assim como a transculturação. Por um lado, o mundo está se tornando mais homogêneo e a distinção entre mercados nacionais está não apenas se debilitando, para alguns produtos ela desaparece. Isso significa que o marketing é uma disciplina que abrange o mundo. Porém, por outro lado, as diferenças entre nações, religiões e grupos étnicos, em termos culturais, não só se encontram longe de serem extintas, como se tornam cada vez mais óbvias.[13]

---

[11]   Ver Jacqueline A. Gilbert, Bette Ann Stead e John M. Ivancevich, "Diversity Management: A New Organizational Paradigm", *Journal of Business Ethics*, Springer, v. 21, n. 1, 1999; Klaus Nehring e Clemens Puppe, "A Theory of Diversity", *Econometrica*, Nova Jersey, Wiley Blackwell, v. 70, n. 3, 2002.

[12]   Darryl J. Mitry, "Using Cultural Diversity in Teaching Economics: Global Business Implications", *Journal of Education for Business*, v. 84, n. 2, nov.-dez. 2008, p. 84.

[13]   Robert Guang Tian, "Marketing in the 21st Century: Cross-Cultural Issues", *Study Overseas*, 2010. Disponível em Study in America: <www.studyoverseas.com>.

120 UNIVERSALISMO E DIVERSIDADE

Existiria, nesse sentido, uma "diversidade global". Se havia antes uma discrepância entre os elementos que a compõem, ela acomoda-se no seio da mesma unidade de compreensão. Trata-se de afirmação corrente, como outra que encontramos na leitura desses escritos: a globalização é uma torre de Babel. Por isso alguns desses executivos e homens de negócios consideram que não é necessário "celebrar a diversidade": trata-se de algo inexorável, parte integrante de um mundo compartilhado no qual o diverso assume-se de maneira explícita. É esse tipo de percepção que orienta, por exemplo, o marketing étnico, voltado para a exploração de segmentos específicos de mercado (vender produtos para homens negros norte-americanos; comercializar alimentos entre a população indiana de baixo poder aquisitivo). Nesse caso, a oposição global/local deixa de fazer sentido. Alguns autores irão recuperar o conceito de etnicidade para diagnosticar a nova realidade.

> No século XX, esperava-se que a etnicidade, como força social, desaparecesse. O processo global de industrialização, urbanização e comunicação de massa, tendo transformado a sociedade, supunha o fim da importância política e social da etnicidade e, consequentemente, de sua relevância econômica. Pelo contrário, a globalização precipitou a construção das identidades numa escala sem precedentes, tendo assim revigorado a etnicidade.[14]

A globalização reforçaria a emergência das discrepâncias étnicas. Ela deixa de ser compreendida em sua homogeneidade, em sua espacialidade plana, para ser apreendida em sua comunalidade, um comum permeado por elementos idiossincráticos, particulares.

Não é difícil perceber como a diversidade encontra-se intimamente associada à problemática cultural. De alguma maneira o conceito de cultura instaura junto às corporações a necessidade de levar em consideração as diferenças. Isso fica claro na definição do que se denomina "cultura organizacional". São distintas as concepções operacionalizadas pelos autores. Edgar Schein a considera

> um padrão de pressupostos básicos, aprendidos e partilhados por um grupo para resolver seus problemas de adaptação externa e de integração interna; e que, tendo funcionado bastante bem, pode ser considerado válido e deve ser ensinado aos novos membros como a maneira correta de se perceber, pensar e sentir em relação a esses problemas.[15]

---

[14] Guilherme D. Pires e P. John Stanton, *Ethnic Marketing: Accepting The Challenge of Cultural Diversity* (Toronto, Thomson Learning, 2005), p. 9.

[15] Edgar Schein, *Organizational Culture and Leadership* (São Francisco, John Wiley & Sons, 2004), p. 17.

Geert Hofstede emprega a metáfora do *software* para captar sua essência: "o programa coletivo da mente que distingue os membros de um grupo ou categoria de pessoas de outros"[16]. Apesar das variações conceituais, essas concepções partilham elementos comuns. O primeiro deles diz respeito à noção de grupo. Leitores dos antropólogos, os teóricos da administração sublinham a emergência do grupo como unidade coletiva; o que os integra, os aproxima, seriam justamente os laços culturais. Por isso Schein dirá: "a cultura é para um grupo o que a personalidade é para o indivíduo". (Claro, ele ignora toda a crítica que a antropologia havia feito aos culturalistas norte-americanos quando associavam, como fazia Ruth Benedict, a noção de caráter cultural à de identidade individual.) Aplicado às corporações, esse tipo de entendimento tem uma implicação imediata: a consolidação da identidade. Da mesma maneira que os grupos sociais possuem características próprias, uma firma cultivaria a expressão de sua diferencialidade.

Não é fortuito que exista certa atração pela escola antropológica norte-americana. Uma série de conceitos elaborados dentro dessa tradição intelectual é apropriada para diagnosticar os dilemas empresariais – por exemplo, a ideia de aculturação. Ela se define como o encontro de duas culturas diferentes; o resultado desse contato engendraria situações distintas: sincretismo, assimilação, conflitos etc. É o caso das crenças religiosas dos escravos negros na América Latina, que buscam um compromisso, uma aclimatação ao catolicismo cultivado pelos espanhóis e portugueses. A literatura sobre administração vê uma similaridade nessa situação distante. Uma empresa, ao definir sua própria cultura, necessita incorporar pessoas de horizontes diversos, isto é, aculturá-las no seio de sua totalidade (a noção de totalidade é importante). O contraste entre tradições diferentes, a corporação e seus membros (homens, mulheres, negros, pessoas de nacionalidades distintas), somente poderia ser resolvido através da construção de uma identidade comum. A cultura organizacional delimitaria dessa maneira uma fronteira, separaria um "nós" (Xerox, IBM, Sony etc.) de um "eles" (os que se encontrariam fora de sua alçada). Ela seria uma espécie de nação em miniatura e funcionaria como uma espécie de consciência coletiva na qual todos os seus membros (diretores e empregados) estariam integrados; possuiria um idioma e categorias conceituais comuns com o intuito de orientar e valorizar o trabalho de cada um. Traduzindo em linguagem nativa: *the way we do things around here* (frase repetida à exaustão) delimitaria uma maneira de agir distinta das que haveria em outros lugares. A noção de grupo aproxima-se, assim, da de *team* (time), ou seja, o trabalho em conjunto de pessoas reunidas

---

[16] Geert Hofstede, *Cultures and Organizations* (Nova York, McGraw-Hill, 1991), p. 5.

em torno dos mesmos ideais e objetivos. A empresa seria uma unidade cultural que orientaria seus membros na realização de suas tarefas.

Isso nos leva ao segundo aspecto da definição, seu caráter instrumental. Tanto na proposta de Schein – padrões partilhados para resolver determinados problemas – quanto na de Hofstede – *software*, programa mental – a dimensão comportamental é predominante. Se a cultura é um sistema simbólico que atua na constituição dos sujeitos, condicionando-os a agir de determinada maneira, seus atos decorrem do conjunto de valores por ela determinados. Uma definição instrumental do conceito permite que a unidade corporação funcione como centro irradiador de sentido. Por isso sua cultura pode ser "construída" em função da excelência dos negócios. Como diz um desses autores: "por construção da cultura nós consideramos a seleção, motivação, premiação por avaliação e unificação dos bons empregados"[17]. O conceito por fim se esclarece: ele é formado pela convergência de duas vertentes: cultura + necessidade de organização[18]. Diferentemente aos antropólogos, que se voltam para os meandros dos símbolos, sua opacidade (são sempre sinuosos), os homens de negócios os tematizam na medida em que se trata de um instrumento eficaz de gerência. A "mão visível" orienta o pensamento e a ação.

Se uma empresa possui uma identidade, a questão da diversidade é decisiva. Do ponto de vista interno, é necessário que o grupo constituído por pessoas diferentes, assumindo funções e responsabilidades diversas, reconheça-se como parte da mesma totalidade. Restam ainda os problemas externos, pois a identidade matriz choca-se com as diferenças existentes "lá fora". O desafio é saber equilibrar essas circunstâncias adversas: homens brancos e negros, mulheres brancas e asiáticas, nacionalidades distintas, costumes diferentes, heterossexuais e homossexuais, oposições e conflitos que podem comprometer a unidade almejada. Surge nesse contexto uma série de textos que valorizam o multiculturalismo, o pluralismo e a igualdade entre as pessoas. Taylor Cox considera que existiriam três tipos de organizações: monolíticas, plurais, multiculturais[19]. No primeiro tipo, os membros pertenceriam a um grupo homogêneo, no qual os homens brancos predominariam sobre os outros. No segundo, as mulheres, as raças minoritárias, assim como os estrangeiros, para progredir na carreira, deveriam ser assimilados (e não aculturados) às normas da empresa; esta seria uma

---

[17] Craig Hickman e Michael A. Silva, *Creating Excellence: Managing Corporate Culture, Strategy, and Change in the New Age* (Nova York, New American Library, 1984), p. 69.

[18] Um bom texto sobre o tema é o de Allen Batteau, "Negations and Ambiguities in the Cultures of Organization", *American Anthropologist*, Arlington, American Anthropological Association, v. 102, n. 4, 2000.

[19] Taylor Cox, "The Multicultural Organization", *The Executive*, v. 5, n. 2, 1991.

forma de ela assegurar sua própria sobrevivência. As organizações plurais conteriam um grau maior de diversificação: seus membros seriam de origens variadas, haveria uma melhora das oportunidades para as minorias, uma redução das atitudes discriminatórias e maior identificação da corporação com os grupos minoritários. No entanto, elas hesitariam em enfrentar os desafios do mundo contemporâneo, resistindo em reformular suas estratégias para definitivamente integrar a variedade existente em seu interior. Por fim, as organizações multiculturais conteriam as seguintes qualidades:

> 1) Pluralismo: aculturação recíproca, na qual todos os grupos culturais respeitam os valores e aprendem uns com os outros; 2) completa integração estrutural de todos os grupos de forma que sejam representados em todos os níveis da organização; 3) completa integração dos membros do grupo de cultura minoritária na rede informal da organização; 4) ausência de preconceitos e de discriminação; 5) igual identificação dos membros dos grupos minoritários e majoritários com os objetivos da organização, igual oportunidade no nivelamento da corporação e nas realizações pessoais da carreira; 6) um mínimo de conflito entre os grupos, levando-se em consideração raça, gênero, nacionalidade e outras identidades de grupo dos membros da organização.[20]

A diversidade surge, assim, como um valor, um programa ético a ser implementado pelas grandes empresas. São inúmeros os textos que a consideram um novo paradigma empresarial. Por exemplo, alguns autores preocupados com o reconhecimento dos indivíduos e a valorização de suas experiências e emoções (eles citam Honneth) indagam quais seriam os melhores mecanismos de integração das pessoas. A resposta é interessante:

> quais são as implicações da solidariedade e do reconhecimento legal e político no contexto organizacional? Colocar as coisas na perspectiva moral mostra como a "administração da diversidade" deve se iniciar, primeiro e sobretudo, com um trabalho reflexivo. É preciso estarmos seguros de que os requisitos básicos para o reconhecimento sejam encontrados. Isso significa, em termos de reconhecimento legal e político, pensarmos sobre o estado de igualdade na organização e as formas de se criar essa igualdade. Ser igual em termos humanos, civis e em relação ao trabalho significa ser reconhecido como cidadão livre e igual na organização. A valorização da diversidade começa com a garantia dos mesmos direitos para todos e o incentivo para todos serem bons cidadãos da organização. Portanto, é necessário criar uma cultura de inclusão. Em essência, ela seria o reconhecimento de que cada indivíduo é uma pessoa única, diferente das outras.[21]

---

[20] Taylor Cox e Stacy Blake, "Managing Cultural Diversity: Implications for Organization Competitiveness", *The Executive*, v. 5, n. 3, 1991, p. 52.
[21] Nicola Pless e Thomas Maak, "Building an Inclusive Diversity Culture: Principles, Process, and Practice", *Journal of Business Ethics*, v. 54, n. 2, 2004, p. 132.

Há, portanto, uma inversão de sinais em relação à discussão anterior, travada durante a emergência da globalização. Os atributos – pluralismo, liberdade, igualdade – encontravam-se antes centrados no indivíduo; ele determinava o lugar "democrático", ou seja, flexível, descentralizado, das corporações transnacionais diante das velhas multinacionais da época fordista. A ideia de cultura e produção de massa associava-se à ausência ou à restrição de escolhas, ao cerceamento da liberdade do consumidor. O quadro agora é outro: as virtudes da boa gestão são definidas em função da diversidade; ela, e não apenas o indivíduo, traduziria ideologicamente os ideais de reconhecimento e igualdade.

Entretanto, o interesse pelas diferenças não é gratuito, malgrado as aparências e as boas intenções do discurso enunciado. Como dizem os estudos em questão: ela "custa caro", mas traz consigo inúmeras vantagens competitivas. Dois autores apreciados na área, Cox e Blake, enumeram uma série de argumentos a seu favor:

> 1) Custo: na medida em que as organizações tornam-se mais diversas, o custo de um mau trabalho em integrar os trabalhadores aumenta. Aqueles que enfrentarem bem essa situação criarão vantagens de custo sobre aqueles que não. 2) *Resource acquisiton*: as firmas adquirem uma reputação favorável quando desenvolvem políticas prospectivas de trabalho para as mulheres e as minorias étnicas. Os que possuem a melhor reputação em administrar a diversidade ganharão no recrutamento do melhor pessoal. Na medida em que a oferta do trabalho diminui e muda de composição, essa vantagem torna-se cada vez mais importante. 3) Marketing: para as organizações multinacionais, a sensibilidade e a intuição dos membros com raízes culturais em outros países melhora de maneira importante as ações de marketing. O mesmo raciocínio se aplica ao marketing no que se refere à subpopulação nas operações domésticas. 4) Criatividade: a diversidade de perspectiva e um distanciamento da conformidade com as normas do passado (que caracteriza a perspectiva moderna da administração da diversidade) melhora o nível de criatividade. 5) Soluções de problemas: a heterogeneidade, nos casos de decisão e solução de problemas, produz potencialmente melhores decisões quando se tem um raio mais amplo de perspectivas e uma análise crítica dos temas em questão. 6) Flexibilidade e sistema: uma implicação do modelo multicultural da administração da diversidade é que o sistema é menos determinante, menos padronizado e, portanto, mais fluido. Tal fluidez deve criar maior flexibilidade para se reagir às mudanças do entorno (isto é, as reações seriam mais rápidas e mais baratas).[22]

A lista é longa, mas deixa claro que a proposta não se sustenta em fundamentos morais ou éticos; tudo se resume à praticidade. A instrumentalidade sobrepõe-se aos valores. Esse é um traço comum a toda essa literatura. Outro autor, após se perguntar por que é importante tratar a diversidade do ponto de vista dos negócios,

---

[22]   Taylor Cox e Stacy Blake, "Managing Cultural Diversity", cit., p. 47.

elenca também um conjunto de vantagens em sua utilização: ganhar acesso ao mercado em mudança, recrutar e incentivar os melhores talentos, expandir a criatividade, reforçar a sobrevivência através da resistência e flexibilidade[23]. Nesse sentido, o aperfeiçoamento das estratégias prevalece e, no fundo, os valores poderiam ser descartados em caso de algum fracasso comercial. Isso fica evidente no eufemismo "cultura de inclusão". Como a empresa constitui uma unidade específica, é necessário "incluir" seus membros em seus próprios parâmetros. O termo inclusão é, entretanto, ambíguo: encerra uma carga de sentido proveniente da esfera política, mas ajusta-se ao contexto da racionalidade exigida. Cito um exemplo expressivo:

> Para liberar o potencial de uma força de trabalho diversificada é preciso estabelecer uma cultura da inclusão; uma cultura que reforça e incentiva a integração da força de trabalho e traz à tona o potencial latente dessa diversidade; uma cultura construída sobre normas claras, cujo fundamento honre a diferença, da mesma forma que as similaridades entre os indivíduos.[24]

A valorização da pluralidade, igualdade, espírito de cidadania é evidente; como vimos na passagem anterior, fala-se até em "cidadãos livres da corporação". No entanto, ela encontra-se subordinada ao potencial da eficiência (e não da emancipação) da força de trabalho. As intenções políticas expressas no discurso são assim denegadas pelas premissas que o constituem. Ao definir suas fronteiras, qualquer empresa choca-se com outros domínios (doméstico, nacional, de classe, individual). O processo de inclusão repousa numa arbitrariedade inelutável: as normas ditadas pela corporação. Elas são discutíveis apenas em casos de ineficiência.

Essa contradição latente atravessa toda a literatura e manifesta-se no próprio vocabulário utilizado pelos autores: "a diversidade é um desafio", "o sucesso da cultura na construção de uma visão organizacional", "cultura organizacional e liderança", "a cooperação intercultural e sua importância para a sobrevivência", "as chaves para fazer negócios num mundo multicultural", "diversidade global: ganhando clientes e recrutando empregados no mercado mundial" etc. Os livros e artigos são escritos no imperativo e lembram incessantemente a necessidade de não perder de vista os objetivos práticos dos empreendimentos. Mas até mesmo algumas análises com veleidades mais teóricas vêm marcadas por tal exigência.

Consideremos um autor como Hofstede. Ele faz parte da bibliografia obrigatória da área, sendo conhecido por ter elaborado uma tipologia para medir as diferenças culturais, uma forma objetiva de apreendê-las, por conseguinte, base segura de uma política para administrá-las. São diversas as categorias utilizadas pelo autor.

---

[23] Lee Gardenswartz e Anita Rowe, "Why Diversity Matters", *HR Focus Special Report on Diversity*, v. 75, ed. 7, 1998.

[24] Nicola Pless e Thomas Maak, "Building an Inclusive Diversity Culture", cit., p. 130.

126 UNIVERSALISMO E DIVERSIDADE

Uma delas, o contraste entre masculino e feminino, importante na gestão dos conflitos de gênero; outra, a oposição entre individualismo e coletivismo (ele retoma os estudos sociológicos norte-americanos dos anos 1950 e 1960, nos quais o contraponto entre individualismo e coletividade constituía um índice para mensurar o processo da modernização). Manipulando um conjunto de dados estatísticos ele consegue ordenar os países segundo uma escala de individuação gradativa. Lugares como os Estados Unidos e a Grã-Bretanha estariam no topo da lista, pois ali prevaleceriam os ideais da individualidade; outros, como Colômbia e Paquistão, fariam parte das sociedades nas quais o coletivismo é uma tradição, abarcando os costumes e as pessoas.

O autor desenvolve ainda outra categoria que me interessa discutir devido à sua dimensão política: a distância em relação ao poder. Hofstede tem a intenção de utilizá-la como parâmetro estatístico que, como os outros (feminino/masculino; indivíduo/coletivo), constituiria uma ferramenta ideal para ordenar as prioridades. Mas o que ela significa? Ele nos explica: é importante entender como a sociedade lida com o fato de as pessoas serem desiguais e possuírem talentos, educação e oportunidades distintas. Algumas sociedades deixam essas *unequalities* crescerem em termos de riqueza e poder, tornando-se então *inequalities*; outras procuram equilibrar as coisas. "Certamente nenhuma sociedade conseguiu alcançar uma igualdade completa, por causa de forças sociais que perpetuam as desigualdades existentes. Todas as sociedades são desiguais, mas algumas são mais do que as outras. Esse grau de desigualdade é medido pela escala de distância em relação ao poder".[25] Aparentemente nos encontramos no terreno do debate político, pois o tema da desigualdade (neste caso, *inequality*) implica a restrição dos direitos e da cidadania. Entretanto, o pensamento do autor, surpreendentemente, caminha noutra direção. Qual seria a importância de medir a "distância em relação ao poder"? Nas organizações ela está relacionada ao grau de centralização da autoridade e da liderança, e isso está inscrito no "programa mental" das pessoas, do alto ao baixo escalão. Seria ingênuo acreditar que a administração das empresas poderia ser feita da mesma maneira num mundo com tantas diferenças culturais. Num país como os Estados Unidos, a ideia de liderança vem marcada pelas virtudes do individualismo. As teorias pressupõem que não apenas os líderes, mas também os liderados buscam sua realização pessoal. Noutras sociedades as coisas se passam de maneira distinta.

> Liderança numa sociedade coletivista – basicamente todo o Terceiro Mundo – é um fenômeno de grupo. Um grupo de trabalho não é o mesmo que um grupo natural; para ser efetivo ele deve levar isso em consideração. As pessoas nesses países são capazes de trazer grande lealdade

---

[25] Geert Hofstede, "The Cultural Relativity of Organizational Practices and Theories", *Journal of International Business Studies*, v. 14, n. 2, 1983, p. 81.

para seus trabalhos, desde que sintam que o empregador a retribui em forma de proteção, como ocorre em seu grupo natural.[26]

O argumento se esclarece: é preciso motivar os membros de uma mesma comunidade levando-se em consideração sua diversidade. Como as corporações organizam-se por meio de uma cadeia hierárquica de poder, a questão da autoridade é crucial. Seria ilusório buscar um tipo de liderança individualista na gestão de empresas nos países coletivistas. A transmissão das regras e das ordens estaria fadada ao insucesso. A distância em relação ao poder, captando as desigualdades sociais, torna-se um instrumento para aferir a defasagem entre os objetivos propostos e os impasses de sua realização num quadro cultural heterogêneo.

Toda identidade é relacional e traça um território específico em torno de um "nós" que se contrapõe a um "eles", exterior ao campo de sua delimitação. O dilema das corporações é que por natureza elas atuam fora de suas fronteiras. Não faz sentido imaginar uma cultura organizacional fechada sobre si mesma; este é apenas um momento de sua estratégia de exploração dos mercados. A cultura dos indígenas de Samoa ou dos zuñi, estudadas respectivamente por Margaret Mead e Ruth Benedict, configuravam seu caráter, sua individualidade, em função de suas tradições: ritos, adornos corporais, maneiras de realizar a colheita, magia, religião, socialização das crianças. Mas cada uma delas contentava-se em desenhar fundamentalmente suas fronteiras internas. As empresas têm outra ambição: sua vocação é se expandir para todo o planeta. Por isso elas estão preocupadas em entender seu entorno: político, legal, financeiro, tecnológico e cultural. Afinal, essa é a essência dos negócios internacionais. O processo de globalização irá tornar mais aguda a consciência das diferenças, pois é preciso controlar as incertezas num mundo no qual elas imperam. Nesse sentido, conhecer as identidades nacionais é fundamental para a gerência dos mercados internos. Quando Edward T. Hall e Mildred Reed Hall apresentam ao leitor seu livro *Understanding Cultural Differences*, eles dizem:

> Este livro tem como meta ajudar os homens de negócios americanos a entender a psicologia e o comportamento dos alemães e dos franceses, e também mostrar aos americanos como eles percebem os alemães e os franceses [...]. Nossa ênfase não é na economia, na política ou na história, mas no impacto sutil e poderoso da cultura que condiciona o comportamento e conduz os negócios internacionais.[27]

---

[26] Ibidem, p. 85.
[27] Edward T. Hall e Mildred Reed Hall, *Understanding Cultural Differences* (Yarmouth, Intercultural Press, 1989), p. xiii.

A compreensão do nacional torna-se imprescindível. Mas a diversidade global não se atém a ele; em seu interior a segmentação se intensifica[28]. A pretensa homogeneidade de um país como a China é uma quimera. Como dois terços de sua população concentram-se na região leste, na qual estão localizadas as grandes metrópoles, o contraste com o oeste indica uma diferença substantiva de desenvolvimento econômico. A língua oficial ensinada nas escolas é o mandarim, mas existem outros idiomas e dialetos que fazem com que um morador de Pequim não seja compreendido por um cantonês. A mesma diversidade linguística, religiosa e social encontra-se num país como a Índia; mesmo os Estados Unidos são percebidos sob o signo da diferença: regional, de gênero, de raça, com um contingente de falantes de língua hispânica considerável. A nação deixa de ser vista apenas em sua integralidade, desdobrando-se nas particularidades. Isso coloca um problema imediato: como formar quadros para atuarem neste contexto? Uma solução possível, contemplada pela literatura, é recorrer a expatriados, ou seja, um grupo de executivos que fazem suas carreiras no exterior; basicamente, eles permanecem determinado tempo numa das filiais-chave da empresa, sendo em seguida transferidos para outras partes do mundo[29]. Eles são celebrados como cosmopolitas e acredita-se que possuam certas habilidades, como reunir informações sensíveis para o melhor funcionamento das corporações. Trata-se, no entanto, de uma solução dispendiosa, já que os executivos devem mudar-se com suas famílias, e aplicável a um número restrito de pessoas.

A questão dos recursos humanos é, portanto, mais abrangente[30]. Um aspecto importante diz respeito aos idiomas. Qual deles utilizar em meio à profusão de línguas? Uma forma parcial de contornar as dificuldades resume-se ao uso do inglês. Língua da modernidade-mundo, ela é conhecida e compreendida em diversas partes do planeta; possui ainda um status superior, pois no mercado de bens linguísticos global existe uma clara hierarquia das falas. Diversas corporações utilizam o inglês como idioma de comunicação escrita e falada; principalmente na Europa, onde coexiste uma variedade de idiomas. Também nas reuniões e nos encontros dos quais participam clientes e executivos de origens diversas o inglês funciona como elemento de mediação. Mesmo em empresas que privilegiam o idioma nacional, a regra tácita, ao se comunicar por correio eletrônico com um não nativo, é utilizar o inglês. Os executivos criaram até mesmo

---

[28] Ver Ernest Gundling e Anita Zanchettin, *Global Diversity* (Boston, Nicholas Brealay International, 2007).

[29] Jan Selmer, "Who Wants an Expatriate Business Career? In Search of the Cosmopolitan Manager", *International Journal of Cross Cultural Management*, v. 1, n. 173, 2001.

[30] Ver Peter J. Dowling e Denice E. Welch, *International Human Resource Management: Managing People in a Multinational Context* (Londres, Thomson, 2004).

DIVERSIDADE E MERCADO **129**

um termo para denominar este *pidgin* transnacional: BELF (*Business English Lingua Franca*)[31]. Trata-se de um idioma simplificado e funcional que certamente não coincide com a riqueza e a complexidade da fala dos habitantes dos países de língua inglesa. No entanto, os executivos das grandes empresas sabem que a cultura inscreve-se na língua. São inúmeros os exemplos considerados, e eles ilustram os impasses do cotidiano: os coreanos e os japoneses têm diferentes formas de polidez para expressar uma relação hierárquica, seria impossível compreendê-las sem um certo conhecimento do idioma; os vietnamitas, quando estão de acordo entre si, dizem "*roi, roi, roi*", mas conversando com um estrangeiro em inglês, ao pronunciarem "*okay, okay, okay*", inadvertidamente retêm o mesmo tom anterior, o que soa rude para o interlocutor. Os conceitos e as sutilezas da vida em sociedade exprimem-se diferentemente em cada um desses idiomas. O monolinguismo encontra, dessa forma, seus limites. Por isso qualquer manual de administração transcultural possui um capítulo sobre o tema. As línguas são um instrumento de comunicação decisivo e constituem uma competência cultural global imprescindível na organização internacional das empresas[32].

Não obstante, os problemas não se resumem à questão linguística. Os mal-entendidos estendem-se a diferentes domínios: concepção de tempo, linguagem corporal, valores, expectativas. Novamente, os exemplos triviais abundam: em vários países asiáticos "ter os sentimentos feridos" (*loose the face*) é um traço importante da tradição, qualquer relação de autoridade que não leve isso em consideração estaria comprometida; no Brasil vestir-se de maneira informal não é um sinal de desrespeito. Nos Estados Unidos dá-se grande valor às coisas materiais, na Índia a paz interior se sobrepõe a elas; os japoneses falam de maneira indireta, os brasileiros evitam o conflito. As incompreensões culturais manifestam-se ainda na linguagem corporal: na China um olhar prolongado pode ser considerado uma afronta; em diversos países asiáticos um simples sorriso não significa "estar de acordo", apenas "escutei atentamente o que estava sendo dito e não quero discordar publicamente". A categoria tempo é fundamental nesse contexto de variações. Como dizia Weber, o espírito capitalista fundamenta-se na relação íntima entre racionalidade, trabalho e tempo. Uma organização, para

---

[31] Consultar Anne Kankaanranta e Brigitte Planken, "BELF Competence as Business Knowledge of Internationally Operating Business Professionals", Susanne Ehrenreich, "English as a Business Lingua Franca in a German Multinational Corporation", ambos em *Journal of Business Communication*, v. 47, 2010.

[32] Ver, por exemplo, Richard Mead, *International Management: Cross-Cultural Dimension* (Cambridge, Blackwell, 1994); Kathryn Tyler, "Global Ease", *Human Resources Magazine*, n. 41, mai. 2011.

130 UNIVERSALISMO E DIVERSIDADE

projetar sua programação e seus objetivos, assim como maximizar racionalmente sua força de trabalho, deve controlar a variável tempo; afinal, "perder tempo" implica desperdício. Porém, não se pode esquecer, e a literatura nos alerta a este respeito, que o tempo também possui um sotaque. Em algumas culturas, como a anglo-saxônica, as tarefas são realizadas uma após a outra, sendo ordenadas numa linha temporal contínua. Se por algum motivo uma delas é interrompida, será retomada posteriormente até o momento em que o conjunto programado de "coisas a fazer" esteja completo. Nos países latinos tem-se o costume de fazer várias coisas ao mesmo tempo; a programação das atividades, de alguma maneira, deveria levar em consideração tal especificidade. Certas sociedades cultivam mais o passado do que as outras e contrapõem o mundo das tradições ao progresso ordenado do futuro. Portanto, seria preciso tomar alguns cuidados (por exemplo, no caso da África) em relação à variedade das concepções:

> No marketing, as implicações de uma orientação coletiva do tempo são particularmente pronunciadas em relação à administração do produto. Alguns produtos implicam que se façam certas opções em relação ao futuro (produtos financeiros, por exemplo), trabalhar esses produtos envolve certo grau de adaptação à percepção local de futuro. Em Tóquio, é possível distribuir o investimento na compra de um apartamento durante várias gerações, enquanto o investimento em conta bancária é proibido sob a lei islâmica. Da mesma maneira, a inovação é tratada como suspeita em sociedades marcadas por uma forte orientação do passado; no entanto, as referências ao passado podem ser positivamente aproveitadas.[33]

Por isso as empresas valorizam a ideia de treinamento cultural, atividade a ser desenvolvida antes do deslocamento dos executivos.

> Um elemento importante na dinâmica de ir trabalhar no exterior é a barreira colocada pelas normas culturais, valores e crenças do visitante e sua relação com o país hospedeiro. O propósito do treinamento transcultural é torná-lo sensível a respeito da cultura em seu próprio comportamento e no comportamento dos nacionais.[34]

Os cursos, que consistem no aprendizado tanto de línguas como de elementos políticos e socioculturais do país, reforçam a formação dos administradores ensinando-os a enfrentar as adversidades futuras.

É sugestivo seguir as etapas e os fundamentos desses programas de treinamento, que nos ensinam sobre a problemática da diversidade. Um primeiro

---

[33] Nathalie Prime, "Cultural Value", em Robert Rugimbana e Sonny Nwankwo (orgs.), *Cross-Cultural Marketing* (Londres, Thomson, 2003), p. 21.

[34] K. M. Thiagarajan, "Cross-cultural Training for Overseas Management", *Management International Review*, v. 11, n. 4/5, 1971, p. 69.

DIVERSIDADE E MERCADO   131

aspecto refere-se ao "choque cultural". Enviado para um lugar distante de suas origens, aquele que se desloca sofre de imediato um desenraizamento. Suas referências imediatas se diluem e os vínculos sociais que o uniam aos amigos, colegas, vizinhos, familiares desaparecem[35]. O ambiente físico que o envolve, a comida, os costumes, tudo lhe é inóspito. Não é incomum que a pessoa experimente uma sensação de isolamento acompanhada por um sentimento de profunda incompreensão por parte dos outros. Tensionada entre sua cultura e o meio ambiente, ela é incapaz de se encontrar. Como superar tais inconvenientes? A resposta é simples: é preciso que o indivíduo tome consciência de suas próprias amarras e consiga enxergar o lugar que o hospeda com outros olhos.

> O processo de consciência de si e seu ajustamento se inicia com a tomada de consciência de sua própria cultura. Durante o processo de encontros transculturais, a maioria das pessoas percebe pela primeira vez que seu comportamento, suas atitudes e respostas estão condicionados por um conjunto particular de valores e crenças culturais – a prisão invisível. Essa conscientização ajuda a entender a cultura do outro.[36]

É necessário um esforço existencial e mental, mecanismo que permitiria ao estrangeiro entender e agir sobre a realidade que o cerca. Tomar consciência de seus próprios valores, relativizá-los, é o passo inicial para a compreensão do Outro. É patente nesse tipo de argumentação a homologia existente entre a condição do estrangeiro e a do antropólogo. Basta lermos alguns trechos do diário de campo de alguns pesquisadores – lembro Malinowski – para percebermos as semelhanças em relação ao isolamento e ao desterro das origens. A antropologia nos ensina que toda descrição etnográfica implica um duplo movimento: distanciamento e proximidade. De nada adiantaria ao antropólogo acercar-se dos costumes "exóticos" sem antes desconstruir a própria categoria de exótico. Isso pressupõe um afastamento em relação à sua própria concepção de mundo; despido de suas prenoções, ele pode aproximar-se de algo inteiramente estranho. Evidentemente, o desenraizamento espacial é um dispositivo essencial desse processo, ele permite que duas tradições distintas entrem em colisão, abrindo-se a possibilidade de captar o Outro com uma nova lente de entendimento.

Sei que a associação sugerida do executivo com o antropólogo é apenas parcialmente verdadeira. Resta sempre a visibilidade da mão racional. Os homens de negócios não estão interessados numa observação do tipo participante, eles

---

[35] Alguns textos analisam as adversidades enfrentadas pelos executivos ao migrar para outros países e também ao retornar para seus locais de origem. Consultar Clyde Austin (org.), *Cross-Cultural Reentry* (Abilene, Abilene Christian University, 1986).

[36] Ibidem, p. 72.

132 UNIVERSALISMO E DIVERSIDADE

priorizam a ação. Alguns elementos de uma determinada cultura, mas não todos (eles buscam identificar seu núcleo central), devem ser analisados. Os administradores de empresa não se perdem nas sutilezas da compreensão do Outro, eles escolhem os aspectos que lhes parecem mais rentáveis. Por isso são recorrentes fórmulas, conselhos e proposições para se chegar a um entendimento seletivo da cultura alheia. Por exemplo, diz um desses manuais: o núcleo central de qualquer estratégia empresarial deveria focar as relações de hierarquia e igualitarismo, de grupo, de relações pessoais, de estilos de comunicação, de orientação temporal, de mudança e tolerância e, por fim, de motivação no trabalho[37]. As variáveis escolhidas estão vinculadas ao desempenho dos indivíduos e da firma. No entanto, a sedução pelo modelo antropológico é evidente. Ela se manifesta na apropriação do conceito de cultura, na descrição da identidade das corporações, na relação com seus membros e nas práticas de treinamento cultural. Alguns autores chegam até a falar na existência de uma nova área do saber: a antropologia dos negócios (publicam a revista *International Journal of Business Anthropology*).

> Antropologia dos negócios é aqui definida como uma prática acadêmica orientada para o campo no qual os antropólogos dos negócios aplicam as teorias e métodos antropológicos para identificar e resolver os reais problemas dos negócios na vida cotidiana. Os antropólogos dos negócios são aqueles que estudam o campo dos negócios, administração, operações de marketing, comportamento do consumidor, cultura organizacional, recursos humanos, negócios internacionais, através dos métodos antropológicos, particularmente a etnografia, como observação informal e entrevistas estruturadas, assim como outros métodos de pesquisa. A antropologia dos negócios é capaz de desempenhar um papel importante no mundo dos negócios, ajudando as corporações a desenvolver métodos culturais apropriados para fazer negócios com seus clientes, parceiros e consumidores.[38]

A diversidade instaura-se assim no coração do mercado.

Não é surpreendente que uma problemática cara ao pensamento antropológico seja retomada pelos administradores. Trata-se do etnocentrismo. Cabe sublinhar que na literatura existe certa ambiguidade em relação ao termo. Ele é às vezes considerado de maneira neutra, descritiva, particularmente quando aplicado ao comportamento dos consumidores[39]. Diversas pesquisas dedicam-se a

---

[37] Charlene Solomon e Michael S. Schell, *Managing Across Cultures: The Seven Keys to Doing Business with a Global Mindset* (Nova York, McGraw-Hill, 2009).

[38] Robert Guang Tian, "What is Business Anthropology?". Disponível em: <community.sfaa. net/profiles/blogs/what-is-business-anthropology?xg_source=activity>.

[39] Ver Greg Elliot e Chandrama Acharya, "Exploring the Impact of Consumer Ethnocentrism, Country of Origin and Branding on Consumer Choice", em Robert Rugimbana e Sonny Nwankwo (orgs.), *Cross-Cultural Marketing*, cit.

DIVERSIDADE E MERCADO 133

medir o etnocentrismo do consumidor, ou seja, sua resistência em adquirir produtos estranhos à sua região. Isso ocorre sobretudo nos mercados muito segmentados, compostos por minorias étnicas, nos quais os valores locais predominam sobre os de fora; ou no embate entre produtos nacionais e estrangeiros, quando se explora a fidelidade dos consumidores em relação aos bens autóctones. Conhecer e tirar proveito desse etnocentrismo seria um empreendimento profícuo. No entanto, a conotação negativa de preconceito e discriminação é mais generalizada. À primeira vista soa contraditório que as transnacionais se preocupem com a temática da dominação, afinal, elas defendem agressivamente seus objetivos em escala global. Mas a análise cultural necessariamente conduz o raciocínio nessa direção. Ao entrar em contato com um mundo de diferenças, um hiato se estabelece entre o lugar de origem e a realidade dos mercados. Em que medida o idealismo bramânico interferiria no processo de negociação das empresas na Índia? Quais as implicações da ideologia confuciana na organização dos negócios das famílias chinesas[40]? Diversos textos insistem na crítica a uma visão estereotipada do outro, que constituiria um entrave para o pensamento e a ação (os cursos de treinamento têm a intenção de eliminá-la). Por exemplo, a identificação entre islamismo e terrorismo, levada a sério, impossibilitaria a atuação das transnacionais no mundo árabe. O caminho de entendimento deve ser distinto: compreender a ética do Alcorão como um "filtro moral" que prescreve uma unidade entre Deus e o homem e lhe insufla um sentido de justiça[41].

A rejeição ao etnocentrismo torna-se uma necessidade e um lugar comum. Uma cultura não pode ser considerada superior às outras, importa entendê-las em suas idiossincrasias, sem preconceitos (princípios explicitamente estampados nas páginas da Internet, nas inúmeras apresentações que as corporações fazem de si mesmas). Tal afirmação pode ser vista como mera ilustração de uma atitude "politicamente correta". Esta é uma estratégia discursiva banal empregada pelas empresas, como no caso da defesa abstrata do meio ambiente e da biodiversidade. Entretanto, não se deve esquecer que o enunciado apresentado é uma decorrência da lógica do discurso laboriosamente construído nos textos. Não se trata, portanto, de algo fortuito; os passos internos da argumentação preparam o terreno para nos convencermos de sua veracidade. Nesse sentido, tomar consciência de si e dos outros seria uma maneira de se neutralizarem os preconceitos de cada um. Mas a

---

[40] Consultar Rajesh Kumar, "Brahmanical Idealism, Anarchical Individualism and the Dynamics of Indian Negotiating Behavior" e Jun Yan e Ritch Sorenson, "The Influence of Confucian Ideology on Conflict in Chinese Family Business", ambos em *International Journal of Cross-Cultural Management*, n. 4, 2004.

[41] Gillian Rice, "Islamic Ethics and the Implications for Business", *Journal of Business Ethics*, v. 18, n. 4, 1999.

134 Universalismo e diversidade

crítica ao etnocentrismo possui ainda uma vertente cognitiva: diante da diversidade do mundo, seria possível ordená-lo de maneira convincente no quadro do pensamento "ocidental"? Como pondera Hofstede:

> O pressuposto ingênuo de que a administração é a mesma, ou está se tornando a mesma no mundo, não é sustentável quando se demonstram as diferenças das culturas nacionais. Consideremos algumas das ideias de marketing que se popularizaram na literatura ocidental nos últimos quinze anos; particularmente a respeito de conceitos como liderança, modelos de organização, motivação. Essas teorias eram todas, quase sem exceção, feitas nos Estados Unidos; na verdade, a literatura de administração de empresas após a Segunda Guerra Mundial é inteiramente dominada pelos Estados Unidos. Isso refletia sua importância durante esse período; no entanto, os Estados Unidos são apenas um país entre tantos, bem como sua configuração particular de valores culturais, que difere daquela da maioria dos outros países.[42]

Ou seja: a expansão das técnicas de administração nada teria de universal, e muitas vezes encobriria um processo de "dominação".

> A introdução da ética norte-americana em países estrangeiros, em alguns casos, pode ser apropriada. Mas ela pode também representar uma visão etnocêntrica na qual se pressupõe, de maneira ingênua, que as práticas de administração de empresa de um determinado contexto podem ser aplicadas para se chegar aos mesmos objetivos em outro contexto.[43]

Essa é uma perspectiva que se generaliza com a expansão das escolas de marketing em diferentes países. Como observa Jean-Claude Usunier, o predomínio norte-americano vinha marcado por um grau acentuado de etnocentrismo, porém, como os centros de estudo situavam-se majoritariamente nos Estados Unidos, o estatuto científico das explicações formuladas era preservado[44]. O surgimento de outros polos econômicos, assim como a produção de textos a partir de novas realidades nacionais e regionais (em boa parte escritos na língua da modernidade-mundo), transforma o equilíbrio do saber hegemônico[45]. Já na década de 1980 surgem diversas reflexões sobre as formas de organização do trabalho no Japão; o advento do toyotismo estabelece um conflito aberto com a tradição taylorista. Nos anos 1990, a forte expansão econômica de Coreia do Sul, China

---

[42] Geert Hofstede, "The Cultural Relativity of International Business Studies", cit., p. 85.

[43] Gary R. Weaver, "Ethics Programs in Global Businesses: Culture's Role in Managing Ethics", *Journal of Business Ethics*, v. 30, n. 1, 2001, p. 4.

[44] Jean-Claude Usunier, *International and Cross-Cultural Management Research* (Londres, Sage, 1998).

[45] Remeto o leitor a dois desses livros: Min Chen, *Asian Management Systems* (Londres, Thomson, 2004), e Helen Bloom, Roland Calori e Philippe De Woot, *Euromanagement: A New Style for the Global Market* (Londres, Kogan Page, 1994).

e Hong Kong aprofunda o debate sobre os "valores asiáticos", sua eficiência e racionalidade diante do modelo norte-americano. O mesmo pode ser dito em relação à Comunidade Europeia: o fortalecimento e a abertura de novas escolas de comércio irá promover um estilo europeu de administração em contraposição ao dos Estados Unidos. A universalidade do saber administrativo é posta em dúvida, o etnocentrismo das interpretações é rechaçado por outros pontos de vista.

Nesse quadro de afirmação das identidades epistemológicas, não é tão inesperado que autores inspirados pelo pós-colonialismo venham a se ocupar dessa problemática[46]. Afinal, se o "Oriente" é um discurso de poder elaborado pelo "Ocidente" para compreender e dominar o Outro, como dizia Saïd, o mesmo ocorreria na esfera da gestão. Fruto da história ocidental, em particular dos Estados Unidos, os modelos utilizados ocultariam uma intenção epistemológica pretensamente universal. Ora, o fundamento das teorias pós-coloniais é o de que toda interpretação se faz a partir de um espaço inscrito numa cultura determinada; tomar arbitrariamente uma delas como fundamento explicativo seria incorrer num grave equívoco etnocêntrico.

Para as empresas e corporações, o mundo é simultaneamente uno e diverso. Sua unidade manifesta-se em duas dimensões: as estratégias e os produtos. Se o objetivo é produzir e vender em escala global, a ideia de totalidade é necessária. Existe um território de amplitude planetária, de cujos contornos as "teorias" pretendem dar conta. Mesmo as firmas de pequeno porte, cujas atividades resumem-se a determinados países ou regiões, são obrigadas a levar em consideração esse aspecto, pois a competição pelos mercados é acirrada e as transnacionais, por definição, não respeitam as fronteiras. A ideia de uma administração científica nos moldes como imaginava Taylor, universal e ocidental, dificilmente se sustentaria atualmente. Ela é contestada pela diversidade das interpretações. No entanto, qualquer proposta de análise constrói-se a partir da noção de unidade interpretativa, que apreende a realidade e prescreve aos agentes padrões de ação. Talvez seja interessante distinguir, do emaranhado dos escritos considerados, as fronteiras de uma empresa de sua identidade. O esforço teórico (pouco convincente) em construir uma cultura corporativa na verdade é um artifício para afirmar a coesão interna dos membros de uma instituição no processo de expansão de suas fronteiras. A ambição dos administradores encontra-se nos horizontes a serem conquistados. O saber dos negócios chineses possui certamente elementos autóctones, mas sua existência fundamenta-se em algo preliminar: o mercado. Seria implausível, mesmo após o enaltecimento dos

---

[46] Gavin Jack e Robert Westwood, "Postcolonialism and the Politics of Qualitative Research in International Business", *Management International Review*, v .46, n. 4, 2006.

"valores asiáticos" ou a crítica ácida ao imperialismo norte-americano, esperar que os produtos fabricados fossem consumidos apenas na China. As mercadorias devem circular globalmente, sem barreiras – a isso se denomina capitalismo. Muitas delas tornam-se facilmente reconhecíveis: Coca-Cola, Gucci, Dior, Revlon; assim como os personagens do imaginário coletivo da modernidade--mundo: Pokémon, Gisele Bündchen, Pato Donald, Madonna. O processo de mundialização da cultura no domínio das vestimentas e da alimentação é real, e se intensifica cada vez mais. Essas mercadorias não serão consumidas de maneira homogênea, como pensava Levitt, mas ocuparão segmentos de mercados explorados por uma estratégia global. No entanto, a existência de países, regiões, religiões, classes sociais e etnias coloca obstáculos às ambições empresariais. Além dos entraves mercadológicos, legais e políticos (é preciso conhecer o sistema legislativo de cada lugar, os tipos de governo, os conflitos e as guerras), a cultura surge como uma dimensão importante desse processo. Algumas marcas globais são às vezes obrigadas a adaptar-se a exigências diversas. Por exemplo, na Índia, devido à crença hinduísta de que a vaca é um animal sagrado, o McDonald's viu-se obrigado a abrir lojas nas quais não existem hambúrgueres de carne e onde toda a comida oferecida é vegetariana.

As intenções dos empreendedores e os bens veiculados acomodam-se aos imponderáveis da realidade. O esforço do marketing transcultural é metodologicamente distinguir semelhanças e diferenças dos grupos de consumidores, compará-las e retirar uma perspectiva comum a seu respeito. A noção de diversidade possui, portanto, uma dupla dimensão. Ela aponta, por um lado, as dificuldades que as empresas encontram na aplicação concreta de suas políticas. Conhecer a cultura dos outros é uma forma de contornar as falhas do mercado. Daí o interesse pelas coisas do mundo: o confucionismo chinês, o islamismo, os costumes religiosos indianos, as formas de socialização brasileira, o estilo individualista dos europeus, os idiomas distantes do inglês, o humor dos alemães, os hábitos alimentares dos indígenas bolivianos, as divisões étnicas da África do Sul. O olhar curioso volta-se para a unidade singular, declinada no plural, o planeta. Mas existe um aspecto sub-reptício da diversidade; neste caso importa menos o que ela "é", seu ser, diriam os filósofos, mas a que ela alude. O discurso empresarial é convincente, e não apenas instrumental, porque nos remete a uma cadeia de sentidos que o transcende. Sua veracidade repousa necessariamente na alusão a um universo implícito em sua enunciação. Reconhecimento, igualdade, direitos, valorização do outro, multiculturalismo, cidadania, pluralismo, democracia. O conjunto dessas virtudes possui um valor em si; ele nomeia, sem explicitar, os ideais cultivados no interior da modernidade-mundo.

Os textos de administração de empresas dão-nos algumas vezes a impressão de um prodigioso hibridismo intelectual, buscam equilibrar as mais díspares reivindicações e tradições intelectuais. O culturalismo antropológico convive harmonicamente com o pós-colonialismo, o reconhecimento dos direitos com a exploração capitalista, a sociologia da modernização com a crítica ao progresso, a recusa do etnocentrismo com as contradições do mercado. Porém, essa mescla conceitual costura argumentos diversos, às vezes incongruentes entre si, através de um fio de sentido implícito ao "espírito da época". A diversidade constitui assim um meta-discurso ao qual o texto nos remete; ela não se encontra efetivamente nas coisas que aponta, mas na maneira como são ressignificadas. Barthes dizia, retomando a oposição significante/significado de Saussure, que uma meta-língua sempre toma como referente uma língua anterior. Ela se autonomiza em relação à base que lhe dá suporte, o significante; tem vida própria, sendo capaz de engendrar um universo particular de conotação. Seu destino e sua legitimidade não coincidem nem dependem de seu ponto de partida. A "diversidade" (as aspas são propositais) constitui um significado que se sustenta num significante específico, a diversidade. Os termos são idênticos, tautológicos, nada os distingue, a não ser as aspas. Por isso é possível, ao menos aparentemente, burlar a distância e as contradições que os separam.

Anexo: Imagens do Brasil

"Retratos do Brasil", "interpretação do Brasil", "pensamento brasileiro", "teoria do Brasil", os termos remetem a uma unidade fundamental: um determinado país. Existe uma longa tradição que se dedica à sua compreensão, à sua decodificação; há inclusive uma plêiade de autores que fazem parte desse panteão: Rocha Pita, Varnhagen, Sílvio Romero, Nina Rodrigues, Euclides da Cunha, Sérgio Buarque de Holanda, Gilberto Freyre, Caio Prado Jr., Darcy Ribeiro. A lista é imensa e novos nomes podem ser acrescentados uns ao lado dos outros, no entanto, a premissa que orienta esse esforço classificatório de consagração é a mesma: pertencem ao conjunto os que se dedicaram ao entendimento de "nossa" realidade. Por isso a expressão "brasiliana" – nos anos 1930, uma coleção específica de livros da Companhia Editora Nacional – adquiriu, com o passar do tempo, abrangência maior; sob sua égide reúne-se um acervo de conhecimento e saber sobre a vida brasileira (existe atualmente uma Brasiliana eletrônica). Ela consistiria numa espécie de biblioteca onde se encontra armazenada a herança nacional, e o pensamento brasileiro tem, assim, um suporte material para se realizar. Essa tradição, constituída por autores com pontos de vista distintos e conflitantes, antecede qualquer debate sobre cultura e identidade nacional e baliza nossa compreensão das questões relevantes a serem discutidas: modernidade inacabada, mestiçagem, imitação do estrangeiro, atraso etc.

No Brasil e na América Latina existe uma obsessão pelo nacional que faz com que a problemática da identidade seja recorrente. A pergunta "quem somos nós?" recebe respostas diferentes em função da inclinação teórica dos autores, do contexto histórico, dos interesses políticos, mas permanece ao longo do tempo como uma inquietação insaciável. Mas qual seria o sentido desse debate no mundo contemporâneo? Em que medida as transformações ocorridas nas últimas décadas incidem sobre a imagem que temos de nós mesmos, isto é, as representações simbólicas construídas em torno da tradição brasileira que nos assombra?

Todo debate sobre identidade nacional pressupõe algumas categorias de análise. Sublinho duas delas: nação e cultura. A primeira nos remete a certos aspectos que não são apenas de ordem conceitual; ela está vinculada à emergência de um tipo de formação histórica determinada. Insisto neste ponto: a nação é uma novidade histórica; para falarmos como Hobsbawm, pode-se dizer que o Estado é um feito da Antiguidade, mas o Estado-nação é uma instituição recente na história humana. A rigor essa não é uma afirmação original – os autores do século XIX têm plena consciência disso –, e todo o esforço teórico que se faz é para se compreender sua especificidade. Renan procura distingui-la da raça e da língua, Otto Bauer a diferencia da comunidade natural, pois existia uma confusão entre nação e etnia, e Marcel Mauss a considera um tipo de sociedade diferente das tribos, cidades-estado e impérios. A nação nos remete à consolidação e à expansão da modernidade industrial. É comum encontrarmos nos escritos dos pensadores dessa época a ideia de que existem poucas nações no mundo, somente alguns países poderiam ser classificados de tal forma (as sociedades asiáticas em sua maioria, as africanas, boa parte do leste europeu, o Brasil estariam excluídos). O conceito nomeia uma realidade emergente. Não me interessa encontrar uma definição unívoca dele, pois há controvérsias; quero simplesmente evidenciar algumas de suas características relevantes para a discussão da identidade. Para isso recorro ao enunciado proposto por Mauss:

> Entendemos por nação uma sociedade material e moralmente integrada a um poder central permanentemente estabelecido, com fronteiras determinadas, uma relativa unidade moral, mental e cultural dos habitantes que conscientemente aderem ao Estado e às suas leis.[1]

A passagem contempla diferentes níveis: geográfico, econômico, social e político. A esfera política é essencial, pois o Estado-nação configura um tipo de organização no interior da qual se exprime uma comunidade de cidadãos. A ideia de cidadania é, portanto, um dos elementos-chave em sua definição. Sublinho, entretanto, a dimensão integradora: a nação é um todo integrado, totalidade capaz de vincular as pessoas no interior do mesmo território, do mercado (o mercado nacional emerge apenas com a Revolução Industrial), do Estado cujas normas são legítimas para todos. Em termos durkheimianos diríamos que ela consiste numa consciência coletiva que aproxima os indivíduos de uma coletividade, cria vínculos sociais, soldando-os entre si.

---

[1] Marcel Mauss, "La Nation", em *Oeuvres*, v. 3 (Paris, Minuit, 1969), p. 584.

A ideia de totalidade é importante, vamos encontrá-la também nos escritos dos pensadores românticos alemães. Ao considerar a existência do "espírito de um povo", sua "alma", Herder, um dos precursores do movimento, considerava que cada um deles constituía uma civilização-organismo, uma unidade singular. Os habitantes de determinada sociedade estariam vinculados pela história, língua, religião, disposições espirituais. Para que cada nação seja idêntica a si mesma e diferente das outras é necessário que o ideal de integração, que agrega aquilo que se encontra disperso, se realize. O espírito nacional é um índice, um emblema de algo que o transcende. Um exemplo: o debate em torno da cultura popular. Quando os irmãos Grimm pesquisam em Kassel sobre os contos populares, utilizam como informante a "fabulosa" mulher que repetia de cor, e sempre da mesma maneira, as histórias que conhecia. O relato fornecido seria representativo do saber popular em sua inteireza, sendo preservado e transmitido através das gerações. Para isso era necessária uma virtude especial, o anonimato do relator, condição que garantiria a fiabilidade do que estava sendo contado. O informante e o pesquisador (nesse caso, os Grimm) seriam simples mediadores entre a verdade autêntica e sua revelação, sem nenhuma interferência no processo de coleta ou divulgação das informações. Os contos, em sua pureza secular, são um índice, isto é, o traço material no qual repousariam as inclinações do espírito alemão.

A ideia de cultura encontra-se também vinculada às transformações ocorridas ao longo do século XIX. O termo se autonomiza, ou seja, separa-se de sua conotação anterior: dizia-se "agri-cultura" para constituir uma esfera específica da vida social. Raymond Williams tem razão ao dizer que antes esse termo referia-se, sobretudo, a "algo que crescia naturalmente"; falava-se em cultura de alguma coisa (por exemplo, do trigo). O novo significado irá considerá-la como algo em si. No entanto, ele irá desenvolver-se em direções distintas. Uma primeira acepção encontra-se associada ao domínio das artes, do que seria culto e cultivado. Nesse caso a noção de totalidade não se aplica. O vocábulo arte, no latim e no grego antigo, estava vinculado a um fazer, por exemplo, à carpintaria ou à cirurgia. Ele significava ofício, artesanato. No século XVII o termo começa a se especializar, associando-se às "belas-artes", mas é no XIX que a expressão "*beaux-arts*" ou "*belli arti*" [belas-artes] é abreviada para o singular "arte", e os artefatos dos "trabalhos de arte" transmutam-se em "objetos de arte", resultado da criação "genial" de alguns indivíduos. Lembro que a autonomização do mundo artístico implica uma separação em relação às concepções "materialistas" e "utilitaristas" da esfera produtiva. Os artistas se fazem contra a ideologia burguesa de produtividade e de utilidade das coisas, querem distanciar-se do mundo fabril inaugurando um espaço inteiramente à parte. Os boêmios inventam uma arte de viver em ruptura com os valores burgueses, sua intenção é cultivar as disponibilidades estéticas, retirá-las da órbita capitalista, encerrando-as no universo do sublime, do inefável. O termo reveste-se de outro significado ao associar-se à problemática do nacional, adquirindo agora uma dimensão agregadora. Se os membros de uma população territorial encontram-se separados pela distância geográfica, pela origem de classe, pelo fato de serem citadinos ou camponeses, um mesmo conjunto deve envolvê-los para que façam parte de uma unidade comum. A cultura é a consciência coletiva que vincula os indivíduos uns aos outros. Por isso Otto Bauer define a nação como uma "comunidade cultural" que deve preservar os traços de seu passado histórico, sua herança, e transmiti-la para as próximas gerações (daí a importância do papel da escola). A noção de totalidade pode ser ainda encontrada na definição que Tylor faz de cultura: "todo complexo que inclui conhecimento, crenças, arte, leis, moral, costumes e qualquer outro tipo de hábito ou capacidade adquirida pelo homem enquanto membro da sociedade"[2]. Como se percebe, a ideia de um todo integrado, posteriormente explorada pela escola culturalista norte-americana (Boas e seus discípulos), é decisiva. Há portanto uma afinidade entre os conceitos de cultura e nação (o que não significa que sejam idênticos), eles recobrem uma realidade que pode ser apreendida através de uma perspectiva holística. O todo nos remete a uma cultura que pode ser representada através de um emblema, a identidade, ou melhor, como se dizia antes, o caráter nacional.

A problemática do nacional encerra ainda uma determinada concepção de tempo – hoje dizemos, sem hesitação – eurocêntrica da história. Retomo Herder para ilustrar meu raciocínio. Sua perspectiva se choca com a visão iluminista do homem: enquanto os filósofos das Luzes buscavam o universal subsumindo as diferenças culturais à mesma unidade, o gênero humano, ele tomava partido pela afirmação de sua diferencialidade. Cada civilização-organismo seria uma entidade independente com uma história própria, entre duas civilizações distintas não haveria progresso, cada uma delas constituiria uma modalidade, todas seriam "iguais em mérito e felicidade". Para Herder a imagem que melhor representaria a humanidade seria a de uma árvore cujos galhos atestariam a descontinuidade no interior da qual o humano se manifestaria. Por isso ele é sempre lembrado como alguém que inaugura o relativismo histórico. Lidas por essa óptica as nações seriam diferenças que não poderiam ser reduzidas a um mesmo denominador. Entretanto, não se deve esquecer que *Auch Eine Philosophie der Geschichte* [Uma outra filosofia da história] é publicado em 1774, momento em que a ideologia do progresso encontra-se ainda balbuciante, e é somente com a

---

[2]   Edward Burnett Tylor, *Primitive Culture* (Nova York, Harper, 1958), p. 1.

Revolução Industrial que a noção de progresso se impõe de fato. O século XIX é o século das nações e do progresso, e nesse contexto dificilmente a proposta de Herder se sustentaria. Aliás, a nação alemã almejada pelos escritores românticos encontra-se agora em formação, sua unificação torna-se uma realidade e ela conhece também sua própria revolução industrial. Na Alemanha existia um hiato entre a "nação cultural" idealizada pelos românticos e sua realização histórica. As transformações ocorridas no XIX preenchem esse hiato: o país de Bismarck contrasta com a fragmentação dos principados dominados pela cultura francesa na época em que Herder escrevia. Se a nação é uma formação social recente, é preciso inseri-la no movimento progressivo da história. Isso faz com que exista uma defasagem temporal e uma hierarquia entre elas. Cito Marcel Mauss:

> As nações são as últimas e mais perfeitas formas de vida em sociedade. Elas são econômica, jurídica e politicamente as sociedades mais elevadas e asseguram, melhor do que qualquer outra forma precedente, a vida e a felicidade dos indivíduos que a compõem. Como elas são desiguais entre si, deve-se pensar que sua evolução está longe de estar terminada. [Como diz o autor noutro texto, o título de nação aplica-se a poucas formações sociais.] Atualmente as sociedades humanas existentes estão longe de ser, em sua evolução, da mesma natureza e de partilhar da mesma posição. Considerá-las como iguais é uma injustiça em relação àquelas nas quais a civilização e o sentido de direito encontram-se plenamente desenvolvidos.[3]

A definição restringe-se a um pequeno número de sociedades, alguns países europeus e os Estados Unidos – o restante estaria distante desse ideal. Outro exemplo é Renan. Seu texto clássico "Qu'est-ce qu'une nation" procura caracterizar "nação" como um tipo de formação social recente, o que o leva a construir toda uma argumentação para dizer o que ela não é. Para responder à pergunta – por que a Suíça, que possui três línguas, duas religiões, três ou quatro raças, é uma nação, enquanto a Toscana, que é tão homogênea, não é –, ele deve diferenciar nação de raça, língua e religião. Caso contrário, sua apresentação seria incoerente. A resposta é conhecida de todos: a nação é uma "consciência moral", um vínculo social que envolve todos os cidadãos. No entanto, o texto deixa algo à sombra, justamente a defasagem temporal à qual eu me referia. Como sublinha Maurice Olender, raça, língua e religião são temas importantes na obra de Renan[4]. As qualidades hereditárias de um povo perpetuam suas instituições e seus costumes, e haveria assim uma desigualdade biológica entre as pessoas. Porém, com a evolução social, os fatores hereditários tendem a diminuir sua

---

[3]   Marcel Mauss, "La Nation et l'internationalisme" e "La nation", em *Oeuvres*, cit., p. 627 e 584.
[4]   Maurice Olender, "Entre le sublime et l'odieux: Renan", em *Les Langues du Paradis* (Paris, Gallimard/Seuil, 1989).

influência, e o autor deixa de lado a "origem zoológica da humanidade" para enfatizar o que ele denomina "raça linguística": como as famílias de idiomas superam o elemento natural, passando a confeccionar a mentalidade dos povos (isso o conduz a estabelecer a superioridade dos arianos, portadores do indo-europeu, sobre os povos de língua semita). Mas mesmo a dimensão linguística, por maior que seja sua importância, não é permanente. Na escala evolutiva, raça e língua seriam fatores determinantes nos tempos passados, porém já não mais interfeririam no presente das sociedades modernas. A nação é uma entidade que se libertou dos constrangimentos pretéritos. Entretanto, o ritmo do progresso humano é desigual, raça e língua permanecem sendo fatores essenciais nos lugares nos quais o ideal civilizatório não teria ainda se completado. A defasagem temporal entre a modernidade emergente e sua ausência nos países periféricos manifestaria o grau diferenciado e subalterno do processo evolutivo das nações.

Minha digressão anterior tem o intuito de situar o debate sobre cultura brasileira no âmbito de uma problemática mais ampla. Um primeiro aspecto deve ser sublinhado: a questão da totalidade. Consideremos alguns exemplos que fazem parte de nossa tradição discursiva. Ao escrever *Retrato do Brasil*, Paulo Prado considera a tristeza o principal elemento psicológico da personalidade do brasileiro (a frase inicial do livro é lapidar: "Numa terra radiosa vive um povo triste"). Para desenvolver sua tese, ele retoma a história procurando demonstrar que já no século XV começa, em Portugal, o declínio. O português de "imaginação ardente" perde força, desaparece, e o germe da decadência é inoculado na população brasileira. Paulo Prado parte do princípio da existência de traços sentimentais intrínsecos às nacionalidades. Existiriam povos tristes e alegres; assim, a taciturnidade indiferente e submissa do brasileiro contrasta com a alegria do inglês, a jovialidade do alemão, sem esquecer os nórdicos, que respiram "saúde e equilíbrio satisfeito". Daí a escolha do jaburu para simbolizar essa identidade "austera e vil da tristeza". Outro exemplo: a mestiçagem. No fim do século XIX, com a abolição da escravatura e a proclamação da República, a afirmação "o Brasil é um país mestiço resultado do cruzamento de três raças, o branco, o negro e o índio" impõe-se cada vez mais (lembro que no romance *O guarani*, publicado em 1857, o negro encontra-se ausente da história narrada. O silêncio é expressivo das contradições existentes em torno da instituição escravidão). Esse será o tema central em torno do qual evolui a busca da identidade nacional. No final do XIX e início do século XX, autores como Nina Rodrigues e Sílvio Romero estão ainda presos às teorias raciológicas e racistas que impregnam a ciência brasileira (muitos dos axiomas considerados na época verdadeiros já tinham sido descartados pela comunidade científica europeia). O brasileiro seria a mistura de uma raça superior (o branco) e duas inferiores (o negro e o índio). Essas explicações, aliadas ao fator geográfico – acreditava-se que o meio determinava também o comportamento dos povos – terminavam em um impasse. A mestiçagem nos conduzia necessariamente a uma subalternidade intransponível, daí a ilusão de diferentes intérpretes do Brasil a respeito do ideal de embranquecimento. Diante da heterogeneidade de raças desiguais, o futuro repousaria na supressão lenta e gradual das deficiências hereditárias do brasileiro. Com a Revolução de 1930, a industrialização e a modernização do país, a ideia de mestiçagem é ressignificada, seu aspecto negativo transmuta-se em positivo. Nesse sentido, a obra de Gilberto Freyre é importante, pois confere aos brasileiros uma carteira de identidade. Como bem aponta Elide Rugai Bastos, para ele o ideal da mestiçagem encerra a capacidade de conciliar as contradições políticas, culturais, sociais e econômicas[5]. O mestiço é o ideal harmônico no qual se espelha o "segredo do sucesso do Brasil". Essa mudança de sinais, do negativo para o positivo (nos primeiros escritos de Monteiro Lobato, o personagem Jeca Tatu, em suas indolência e preguiça, é a metáfora do país), possibilita uma releitura da história; desenvolvimento e modernização, virtudes antes incompatíveis com o espírito nacional, tornam-se viáveis e factíveis mediante a atuação coordenada do Estado. É nesse contexto que os novos símbolos de identidade – mulata e samba – se consolidam, libertos da ganga das interpretações raciológicas; antes marcados pela mácula de inferioridade, são alçados à categoria de brasilidade.

À primeira vista nada existe de comum entre os símbolos nacionais exemplificados anteriormente, cada um apoiado em significantes distintos. A tristeza nos remete a uma psicologia social das nacionalidades, a mestiçagem a um processo histórico no qual as raças e culturas misturam-se na formação de uma sociedade híbrida (Gilberto Freyre utiliza o termo no subtítulo do primeiro capítulo de *Casa-grande e senzala*). No entanto, malgrado as diferenças, do ponto de vista político a interpretação de Paulo Prado aproxima-se da de Sílvio Romero ou de Nina Rodrigues: por caminhos distintos, os três diagnosticam os desafios existentes por uma óptica pessimista. Tristeza e mestiçagem nomeiam o nacional, mas o encerram em sua imobilidade, na impossibilidade de o país avançar, constituir-se como uma nação moderna. A proposta freyriana caminha em outra direção, descortina uma visão mais promissora do destino nacional. Entretanto, apesar das discrepâncias, há algo comum a essas leituras da brasilidade, elas fundamentam-se no mesmo pressuposto: a existência de uma cultura brasileira e de uma identidade nacional (retomarei esse ponto adiante). Dito de outra forma, a totalidade

---

[5] Elide Rugai Bastos, *As criaturas de Prometeu: Gilberto Freyre e a formação da sociedade brasileira* (São Paulo, Global, 2005).

146 UNIVERSALISMO E DIVERSIDADE

nação é uma preliminar dessa discussão, constitui um todo integrado, com uma cultura específica, sendo possível denotar sua realidade através de um índice. Tristeza e mestiçagem são os emblemas que nos remetem à sua integridade inquestionável. Esse é o solo conceitual no qual se amparam as análises dos autores. Sublinho esse aspecto constante que atravessa, por exemplo, os escritos sobre a cultura popular. Vejamos a perspectiva de Mário de Andrade a respeito da música brasileira erudita. Ele debate-se com o seguinte dilema: como captar a presença de uma musicalidade autóctone e de que maneira o artista erudito deveria se relacionar com o popular? Sua resposta é sugestiva:

> Uma arte nacional não se faz com escolha discricionária e diletante de elementos: uma arte nacional já está feita na inconsciência do povo. O artista tem só que dar para os elementos já existentes uma transposição erudita que faça da música popular, música artística, isto é: imediatamente desinteressada.[6]

A passagem nos lembra os irmãos Grimm, ou seja, a perspectiva romântica de que canto e música encerram em si, de maneira inconsciente, as virtudes da nacionalidade. O artista seria um simples mediador; sem deturpá-la, ele recolheria os elementos de uma arte preexistente na cultura brasileira. Os traços e as expressões das manifestações populares seriam autênticos porque exprimiriam em sua singularidade a totalidade da nação.

O segundo aspecto que me interessa diz respeito à ideologia progressiva da história e à defasagem temporal entre as nações. A busca da identidade brasileira esbarra em uma contradição estrutural, se faz na periferia, a concepção de uma temporalidade linear lhe é sempre desfavorável. Qual seria o lugar do Brasil na esfera internacional? A pergunta necessariamente conduz a um dilema: num país no qual a modernidade é incompleta, a nação somente existiria no tempo projetado à frente. Dito de outra maneira, o presente é o problema: com seus obstáculos e adversidades, ele denega ao conceito o estatuto almejado. Retomo da literatura brasiliana alguns pontos que reiteram essa dimensão incômoda. Um dos capítulos da volumosa história da literatura brasileira de Sílvio Romero intitula-se "A filosofia da história de Buckle e o atraso do povo brasileiro". A questão que se coloca é compreender o descompasso do progresso, e para isso ele retoma um autor de pouca expressividade, levado demasiadamente a sério pela *intelligentsia* nativa. Deixo claro ao leitor que não são os argumentos apresentados que importam (eles são fantasiosos), mas a lógica argumentativa que os organiza. A teoria de Buckle fundamenta-se no determinismo do meio;

---

[6] Mário de Andrade, *Ensaios sobre a música brasileira* (São Paulo, Vila Rica, 1972), p. 3.

ele considera que as civilizações antigas desenvolveram-se em regiões onde existia calor e umidade, fertilidade da terra e um vasto sistema fluvial. Seria o caso de Índia, Egito, os astecas no México e os incas no Peru. Mas como explicar sua ausência num país onde todas as condições postuladas existiam? O motivo seria os ventos alíseos que, afastados do seu curso natural pelo movimento do planeta, atravessam o oceano Atlântico, deixando em sua passagem a terra cheia de vapores acumulados. Tão viçosa e luxuriante é a natureza brasileira, tal a abundância da vida, que ela deixa pouco espaço para o homem. O Brasil, apesar de todas as vantagens aparentes, permanece um país inculto. Sílvio Romero leva a sério tal interpretação, embora dela também desconfie, procurando descobrir seus pontos fracos. Buckle exagera ao falar de nossas maravilhas ou de nossos obstáculos naturais; é um erro dizer que temos as mais soberbas e impenetráveis matas do mundo; em várias passagens de sua obra ele diz que o que mais impressiona a imaginação dos seres humanos, desanimando-os, são os vulcões e os terremotos. Então por que não alegar isso a nosso favor? No entanto, Romero concorda com o diagnóstico geral: "Buckle é verdadeiro na pintura que faz de nosso atraso, não na determinação dos seus fatores"[7]. O pensador brasileiro pode corrigi-lo em alguns detalhes, mas o essencial é confirmado: a linha do tempo situa o país numa posição defasada em relação ao mundo europeu.

O mesmo raciocínio encontramos na proposta desenvolvida pelos intelectuais do Instituto Superior de Estudos Brasileiros (Iseb). Roland Corbisier dirá que até a Semana de Arte Moderna não teria havido história no Brasil, apenas pré-história (a afirmação nos lembra Hegel, para quem a China era uma sociedade imóvel, sem história); a partir desse momento o país começaria a ter consciência de si mesmo. Os problemas e os preconceitos existentes até então – o passado escravagista, a sociedade patriarcal, as dificuldades de se implantar um regime político democrático, a fragilidade da industrialização, a pobreza – podem enfim ser enfrentados. Não obstante, no momento de "fazer história" as dificuldades persistem: a situação colonial do país, sua dependência em relação à Europa e aos Estados Unidos, o subdesenvolvimento econômico e social etc. Torna-se necessário construir um projeto político capaz de superar nossas amarras coloniais. Nesse sentido, o Brasil seria um país sem passado (ele nos aprisionaria), ao qual somente interessaria o futuro:

> Descobrir o país, tomar consciência de sua realidade, de seus problemas, e forjar a ideologia capaz de configurar o seu futuro, promovendo o seu desenvolvimento e a sua emancipação. Não temos outra coisa a fazer, senão inventar o nosso destino.[8]

---

[7]   Sílvio Romero, *História da literatura brasileira*, v. 1 (Rio de Janeiro, José Olympio, 1960), p. 87.

[8]   Roland Corbisier, *Formação e problema da cultura brasileira* (Rio de Janeiro, Iseb, 1960), p. 50.

148 UNIVERSALISMO E DIVERSIDADE

A linguagem utilizada é de natureza política, ela se distancia das fabulações sobre o meio e a raça, porém, o impasse é idêntico: a modernidade é algo a ser construído no porvir, nós ainda não a possuíamos.

A defasagem temporal nos obriga a olhar num espelho que reflete uma imagem distorcida, o contorno do futuro é fugidio, nele a identidade laboriosamente construída nas entranhas do nacional é confrontada ao Outro, o *alter ego* inalcançável. Afinal, toda identidade é relacional, integra algo que contrasta com sua diferença, as outras nações. Por isso a temática da imitação do estrangeiro é uma constante no debate sobre cultura brasileira – claro, não qualquer estrangeiro, mas aquele que em princípio teria realizado os ideais da civilização ocidental. Dirá Sílvio Romero:

> A nação brasileira não tem em rigor uma forma própria, uma individualidade característica, nem política, nem intelectual. Todas as nossas escolas (científicas e literárias), numa e noutra esfera, não têm feito mais em geral do que glosar, em clave baixa, as ideias tomadas da Europa.[9]

Por isso ele critica nosso gongorismo intelectual, isto é, o estilo barroco, incoerente, fragmentado, repleto de exageros retóricos, no qual as ideias importadas não conseguem constituir um todo coerente; a imitação nos levaria a uma erudição inútil e afastada da realidade. O diagnóstico dos isebianos é semelhante. Eles partem da ideia de situação colonial, totalidade que envolveria o colonizador e o colonizado nas malhas de um sistema recíproco de dominação. Dirá Corbisier:

> Uma cultura autêntica é a que se elabora a partir e em função da realidade própria do "ser" do país que, como vimos, consiste no projeto ou no destino que procura realizar, a colônia não pode produzir uma cultura autêntica, por isso mesmo não tem "ser" ou destino próprio. A sua cultura só poderá ser um reflexo, um subproduto da cultura metropolitana, e a inautenticidade que a caracteriza é uma consequência inevitável da sua alienação.[10]

O fato de vivermos numa situação de subalternidade alimentaria nosso "complexo de inferioridade"; ao olharmos para o outro, nele projetaríamos de maneira distorcida, dizia-se, alienada, nossas esperanças e frustrações.

Após essa digressão retomo minha intenção inicial: como as transformações recentes incidem no debate sobre cultura brasileira? Há, primeiro, uma mudança do contexto histórico. O Brasil do início do século XX é um país agrário e não integrado do ponto de vista geográfico. As vias de comunicação são precárias, a

---

[9] Sílvio Romero, "Psicologia nacional, prejuízos de educação, imitação do estrangeiro", em *História da literatura brasileira*, cit., p. 145.

[10] Roland Corbisier, *Formação e problema da cultura brasileira*, cit., p. 78.

ANEXO: IMAGENS DO BRASIL 149

herança da escravidão faz-se ainda presente e o país ainda não conhece plenamente sua revolução industrial. O grau de analfabetismo é elevado – 84% em 1890, 75% em 1920 –, e a República Velha não consegue instituir uma unidade centralizadora, um governo capaz de organizar a vida política como um todo. A Revolução de 1930 inicia um processo de reestruturação do país, unifica a nação, pacifica os movimentos separatistas nos estados (1932 em São Paulo), implementando uma racionalização progressiva do aparelho de Estado. Esse movimento de modernização é lento e contínuo. Prolonga-se nos anos 1950 com o governo Kubitschek e nos 1960 com a ditadura militar, que contrariamente às dos países do cone sul (Argentina, Paraguai e Uruguai) é modernizadora e consolida o que alguns economistas denominam de segunda revolução industrial.

Não obstante, todo esse processo, quando comparado ao início deste século XXI, implica mudanças também profundas. Isso pode ser apreendido através de alguns dados. A composição setorial do Produto Interno Bruto (PIB): entre 1950 e 2008 o peso do setor primário (agricultura) declinou, o do setor secundário (indústria) também diminuiu e o do setor terciário (serviços) passou a responder por dois terços da produção nacional. Composição setorial da ocupação: em 1950 a agricultura empregava 60,9% da força de trabalho, em 2008 apenas 18,4%; a indústria, 16,9% em 1950, 24% em 2008; o setor de serviços, 22,5% em 1950, 57,6% em 2008. Taxa de urbanização: 1960 – 45,1%; 2010 – 84,3%. O Brasil é um país urbano no qual predomina o setor de serviços. Uma última informação, de natureza demográfica: a taxa de fecundidade em 1950 era de 6,21 filhos por mulher; em 2010, 1,86. Tornou-se uma espécie de hábito intelectual tomar a Semana de Arte Moderna como uma espécie de marco da modernidade brasileira. Tristão de Ataíde dizia que o movimento floresceu em São Paulo porque o asfalto, o motor, o rádio, o tumulto e o rumor, o cinema, tudo isso, vivido no cotidiano, teria sido transportado pelos artistas no plano estético. Sua descrição é viva, porém desfocada. A São Paulo dos anos 1920 era uma cidade provinciana, os indícios de modernidade enunciados eram escassos e as experimentações estéticas não correspondiam à modernização da sociedade como um todo. Deveríamos dizer que os modernistas sonhavam com o cinema, a *jazz band*, a indústria, mas suas ausências alimentavam um projeto a ser realizado no futuro. Os indícios de modernidade são atualmente indiscutíveis: satélites, indústria cultural, mercado de massa, computadores, aviões, estradas de rodagem, portos, agronegócios, fibras óticas, poluição etc. O moderno deixa de ser uma aspiração e se concretiza na organização da sociedade, nas relações sociais, nos produtos culturais, permeia os vínculos sociais (Facebook, Twitter), constituindo o que denominei de "moderna tradição brasileira". É importante ter claro que a transformação do contexto nacional incide diretamente na discussão da identidade nacional. Se a temática do popular e do nacional é uma constante, como sublinhei anteriormente, ela ganha configuração diferente ao longo da história brasileira. Durante o Estado Novo a esfera da cultura é um elemento vital de propaganda política, é preciso difundir uma versão de brasilidade que vincule os diferentes setores da sociedade em torno dos rumos da Revolução de 1930. A educação e os meios de comunicação (cinema educativo e rádio) transformam-se em instrumentos de construção da nacionalidade (por exemplo, a valorização do canto orfeônico: praticado pelas crianças na escola, ele contribuiria para a formação do espírito patriótico das novas gerações). O quadro é outro durante a ditadura militar. O esforço de se construir uma política cultural em escala nacional (Embrafilme, Funarte, Conselho Federal de Cultura, Fundação Pró-Memória) funda-se na reinterpretação das ideias de sincretismo e mestiçagem, procurando acomodá-las à perspectiva autoritária do Estado. Era preciso modelar uma imagem convincente de um Brasil autóctone, sem influências estrangeiras (o comunismo), harmônico e cordial. Nesse sentido, considerando-se as transformações recentes, seria plausível perguntar como elas incidem na visão que temos de nossa identidade. Que imagem teríamos de um país no qual a modernidade se realizou? Há, no entanto, um problema com esse tipo de argumento: ele focaliza a problemática cultural unicamente no plano interno da nação. Seria isso suficiente? Creio que não. As mudanças ocorridas são substantivas e implicam a existência de uma situação *sui generis*, há elementos novos que redefinem os termos da questão nacional.

Um primeiro aspecto refere-se às categorias analíticas nas quais se alicerçava o debate sobre a brasilidade. Consideremos o conceito de identidade. No início, ele evolui em torno da ideia de nacionalidade. O termo é recente, tendo sido cunhado no século XIX para definir a força que molda a unidade das sociedades humanas, sua essência inerente[11]. Essa dimensão essencialista manifesta-se nas discussões sobre raça e nacionalidade; para diversos autores há uma relação íntima entre esses dois elementos. A raça encerraria as características de um povo, determinaria a especificidade das diferentes nacionalidades. Herder atribui as diferenças entre as nações à existência de raças distintas, que conteriam em seu interior qualidades ou defeitos. Essa perspectiva, partilhada por inúmeros autores, torna-se senso comum na literatura filosófica, política e "científica" europeia, constituindo um quadro explicativo do sentido das histórias nacionais. As nacionalidades espelhariam as virtudes inerentes a cada povo – propensão ao comércio, aptidão para o racionalismo, comportamento agressivo ou passivo.

---

[11] Ver Gérard Noiriel, "Socio-histoire d'un concept: les usages du mot 'nationalité' au XIXe siècle", *Genèses*, n. 20, set. 1995.

ANEXO: IMAGENS DO BRASIL **151**

Taine dizia que os ingleses tinham uma inclinação natural para entender os fatos empíricos, raciocinando através da indução, e que a língua inglesa, diferente da francesa, não teria sequer palavras para exprimir corretamente as ideias mais gerais. Desenvolve-se, assim, a convicção da existência de uma psicologia social dos povos: a noção de caráter, um traço pessoal, pode ser assim aplicada aos agrupamentos humanos. Não é difícil perceber como diversos autores se apropriam dessa concepção. Mesmo os escritos de um pensador crítico como Otto Bauer terminam por incorporar o caráter nacional, que seria "o complexo de conotações físicas e espirituais que distinguem uma nação de outra"[12]. Ou, como ele diz, essa é uma verdade evidente, pode ser corroborada por qualquer um, bastaria um alemão viajar entre os ingleses para perceber que eles são outras pessoas, com modos de sentir e pensar inteiramente distintos dos seus. A temática do caráter cultural irá desenvolver-se particularmente nos textos da escola culturalista norte-americana, que diz que toda cultura seria única e a diversidade cultural expressaria a singularidade de cada uma delas[13].

Eu havia dito que a literatura sobre as nacionalidades transforma-se numa espécie de senso comum do qual poucos desconfiam, pois sua autoridade parece incontestável. Os pensadores brasileiros retomam essa aparência de verdade para descrever nosso caráter particular. Sérgio Buarque de Holanda dirá que o brasileiro é "aventureiro", "inclinado à desordem", "inquieto e desordenado", "cordial"; Cassiano Ricardo prefere outras qualidades: "bondade", "individualismo", "mais emotivo", "detesta a violência"; Fernando Azevedo privilegia a "afetividade", "irracionalidade", "imaginação", "tolerância". Não é minha intenção fazer a crítica desse tipo de abordagem; outros a fizeram[14]. Sublinho apenas que elas partem da mesma suposição: "o" brasileiro. Não se duvida de sua existência, ele é um ser, é possível captar sua essência. O uso do artigo "o" no singular é expressivo, corresponde à inteireza da totalidade que se quer apreender. Por isso Álvaro Vieira Pinto dedica-se com afinco a desvendar o "Ser da nação", isto é, o substrato que definiria nossas ações e comportamento. Deveríamos aprender que o caráter ontológico de "estar no mundo" apresenta-se concretamente sob a forma de "estar na nação", compreender o seu Ser seria uma maneira de superar suas contradições. Caráter, identidade, Ser são elementos que traduzem sem ambiguidade a totalidade nacional.

Quando escrevi *Cultura brasileira e identidade nacional* queria justamente romper com essa tradição intelectual que postulava a existência de uma essência

---

[12] Otto Bauer, *La cuestión de las nacionalidades y la socialdemocracia* (Cidade do México, Siglo XXI, 1979), p. 24.

[13] Remeto o leitor ao capítulo "Sobre a diversidade cultural" deste livro.

[14] Ver Dante Moreira Leite, *O caráter nacional brasileiro* (São Paulo, Pioneira, 1969).

que poderia ser descrita como raiz ou algo a ser alcançado no futuro. Procurei trabalhar com a ideia de que a identidade é uma construção simbólica que se faz em relação a um referente. Os referentes são múltiplos: étnicos, de gênero, regionais e, no caso que nos interessa, a nação. Nesse sentido, toda identidade é uma representação e não um dado concreto que pode ser elucidado ou descoberto; não existe identidade autêntica ou inautêntica, verdadeira ou falsa, mas representações do que seriam um país e seus habitantes. Não há, portanto, o brasileiro, o francês, o americano, o japonês – importa entender como as representações simbólicas dessas nacionalidades são construídas ao longo da história, qual o papel que desempenham nas disputas políticas ou nas formas de se distinguir do que seria o Outro. Essa mudança conceitual encerra um movimento importante, a passagem da essência à representação, do dado ao signo. As ciências sociais de meados do século XX, particularmente a antropologia cultural, legitimavam o senso comum construído anteriormente; parecia evidente que cada povo ou nação encerraria um caráter intrínseco à sua cultura. Essa evidência se desfaz.

O segundo ponto refere-se à temática da globalização e da mundialização da cultura, que põe em evidência a fragilidade da unidade central em torno da qual girava a questão da identidade: o Estado-nação. Dificilmente aceitaríamos a premissa de Mauss de que "a nação é a última e a mais perfeita forma de vida em sociedade", pois o debate atual sobre o Estado-nação tende a apontar os limites e seus elementos críticos. Ele perde em soberania diante das crises financeiras, torna-se incapaz de articular de maneira orgânica e satisfatória uma comunidade de destino. Esse é um aspecto crucial do ponto de vista político: a nação era vista como o lugar privilegiado no interior do qual seus cidadãos podiam conjuntamente organizar seu destino, o Estado teria o papel de conduzi-los nesse caminho. Os pensadores do século XIX acreditavam que o universal se realizaria na nação, isto é, os princípios valorizados pelo espírito iluminista encontrariam na forma nação a matéria para se concretizarem historicamente. Cada país, em sua diferença, seria parte da Razão ocidental. Pode-se dizer que eles foram demasiadamente otimistas a esse respeito, porém, isso não nos deve conduzir ao polo oposto e tomar partido da ideia do "fim do Estado-nação" aventada de maneira equívoca por diversos autores (trata-se de um falso problema). No mundo globalizado, é a inter-relação dos países que determina, em boa parte, ainda que não inteiramente, suas possibilidades de expansão e desenvolvimento. Diante do mercado global, das grandes corporações transnacionais, os problemas já não podem ser definidos exclusivamente em âmbito nacional. O mundo é uma arena na qual diferentes atores, organismos internacionais (ONU, FAO, OMC etc.), grandes corporações (Sony, Apple, Google etc.), grandes bancos, ONGs (Greenpeace, Médicos sem Fronteiras, Human Rights Watch) e, claro, as nações,

ANEXO: IMAGENS DO BRASIL **153**

atuam. Por isso nas décadas de 1980 e 1990 discutiu-se à exaustão sobre a crise do Estado-nação, a perda de sua capacidade política para enfrentar algumas questões, como a crise financeira, que por fim eclodiu em 2008. Mas esse dilema não é apenas de natureza política, ele é também conceitual, seu estatuto transformou-se, e as noções de totalidade e integração já não possuem a mesma consistência. Eu havia chamado atenção para a homologia que havia entre o conceito de cultura e o de nação; era o que permitia definir a última através da primeira, a totalidade de cada uma dessas entidades espelhava-se na identidade que as constituía. O processo de mundialização da cultura coloca as coisas de outra maneira: a nação é atravessada de forma desigual e diferenciada por seu movimento. Seu espaço homogêneo é crivado de heterogeneidade; global, local, nacional nele se interpenetram num emaranhado de fluxos. A centralidade da identidade nacional se desloca e tem dificuldade de se impor. O espaço da modernidade-mundo torna-se, assim, um território em torno do qual um conjunto de representações identitárias pode ser construído.

O universo do consumo é um bom exemplo disso, pois contém os signos de um imaginário coletivo "internacional popular": Madonna, premiações do Oscar, paisagens (Torre Eiffel, Brooklyn Bridge, Cristo Redentor), praias paradisíacas (Caribe, Nordeste brasileiro), marcas de prestígio (Dior, Gucci, Paco Rabane), ou "populares" (McDonald's); o próprio movimento das pessoas no interior desse espaço transnacional ganha outro aspecto, configurando o que Marc Augé denominou de "não lugar" e Jean Chesneaux, de "*hors sol*" (aeroportos, hotéis, shopping centers, edifícios empresariais). Há uma desterritorialização de determinados signos, que perdem em densidade nacional, sendo ressemantizados no espaço da modernidade-mundo. Que tipo de "italianidade" existiria na Pizza Hut, de "chinesidade" no China in Box, ou de "francesidade" num excelente Sauvignon Blanc produzido no Chile ou na Argentina? É importante neste ponto da discussão evitar certos mal-entendidos. Não se trata de eliminar as identidades nacionais, tampouco da emergência de uma identidade global substituindo as representações identitárias anteriores. Tenho insistido em meus escritos sobre este aspecto: não existe nem existirá uma cultura ou uma identidade global (por isso cunhei uma diferença conceitual entre globalização e mundialização). A rigor, não nos deparamos com uma sociedade global, isto é, um todo integrado econômica, social, política e culturalmente, existem assimetrias entre esses diferentes níveis. O processo de mundialização não gera nenhuma unidade orgânica, homóloga à nação, superando-a em territorialidade. Ele apenas põe à disposição novos referentes de natureza mundial que podem ser utilizados no contexto nacional, regional e local. Se levarmos ainda em consideração outro fator, a emergência das identidades no interior do Estado-nação, movimentos étnicos, de gênero, geracionais (juventude, terceira idade), regionais (baianidade, mineiridade etc.), percebe-se que a problemática que estamos discutindo adquire outra inflexão. O Estado-nação não mais possui o monopólio da definição da identidade, o nacional deve conviver e concorrer com diferentes afirmações identitárias produzidas em seu interior ou no espaço da modernidade-mundo. A integridade do todo é cindida.

Do ponto de vista cultural, o processo de mundialização tem ainda implicações na redefinição da categoria espaço. Um aspecto que nos interessa diz respeito às noções de próximo e distante, autóctone e estrangeiro. As fronteiras entre essas antinomias, sobretudo com a expansão e utilização das tecnologias atuais (satélites, Internet, telefones celulares, deslocamento em avião etc.), tornam-se muitas vezes opacas. No debate cultural no Brasil dos anos 1960 era corrente encontrarmos a afirmação: ao importar o Cadillac, o chiclete, a Coca-Cola, o cinema, não importamos apenas produtos, mas valores inautênticos que se afastam de nossa brasilidade. O raciocínio pressupunha a possibilidade de diferenciar claramente os artefatos segundo suas nacionalidades, atribuindo a noção de autenticidade ao polo do nacional em contraposição ao estrangeiro. Dificilmente conseguiríamos sustentar esse tipo de argumentação num mundo no qual as mercadorias são globais e as fronteiras entre o interno e o externo revestem-se de outra configuração.

Por fim há a questão da linearidade do tempo. A ideologia do progresso declinou, deixou de ser uma narrativa convincente. A perspectiva teleológica da história ordenando a evolução da humanidade de um estágio mais simples para o mais complexo, do primitivo para o moderno, tornou-se implausível. Não é mais necessário imaginar uma série temporal na qual os países se encaixariam, a modernidade realiza-se de acordo com as diferentes situações históricas na qual se encontra. Ela é uma na China, outra nos Estados Unidos, não existe um vetor que determina o "avanço" ou o "atraso" de cada uma delas; o que se pode dizer é que na China, com a revolução comunista de 1949, ela é tardia em relação à Inglaterra, Estados Unidos ou França, mas não existe um grau de superioridade ou de inferioridade que possa aproximá-las. A visão eurocêntrica do mundo fundamentava-se numa perspectiva distorcida na qual o Oriente era o retrato negativo do Ocidente idealizado (o Brasil encerrava os defeitos intrínsecos ao Oriente). O Ocidente era tudo o que o Oriente desejaria ser (daí a busca pela identidade ser problemática). Hoje, a literatura crítica dessa visão europeizante encontra-se estabelecida, e é possível escrever uma história global mais equilibrada levando-se em consideração aspectos até então negligenciados. Boa parte dos textos escritos sobre o capitalismo o veem como resultado da exceção europeia, por isso os pensadores do XIX tinham a ilusão que as vantagens conquistadas em relação aos outros seriam uma espécie de "fim da história", isto é, seriam permanentes. Jack Goody tem razão ao dizer que não é preciso duvidar dos fatos e que o papel da Europa na emergência do capitalismo é decisivo. No entanto, ele acrescenta, devemos situar essa vantagem em seu contexto histórico como um fenômeno temporário. Os acontecimentos que envolvem hoje a China, a Índia e também o Brasil, como países "emergentes" (é uma metáfora, não uma classificação), confirmam tal aspecto. Houve uma mudança considerável do sistema internacional. Não se trata unicamente do surgimento de uma ordem multipolar, analisada pelos estudiosos das relações internacionais, na qual a importância da Europa e dos Estados Unidos conhecem um declínio relativo. Importa o peso de cada nação nesse sistema integrado de regiões e blocos, comerciais e econômicos, distintos. Nesse sentido, a posição dos atores se sobrepõe às contradições temporais anteriores.

Esclareço meu raciocínio. Não é a categoria tempo que utilizamos preferencialmente para representar o presente, mas a de espaço. As partes desse "sistema-mundo" não mais se encontram ordenadas num fluxo temporal, e sua posição geoespacial torna-se determinante. Vimos como a questão da defasagem temporal era importante na discussão sobre a modernidade periférica. Uma forma de apreendê-la é através da alegoria cunhada pelo escritor Stefan Zweig: "Brasil, um país do futuro". Seu livro, um relato de viagens publicado em 1941, contrasta o antigo ao moderno, e sua visão simpática ao país o vê como um "lugar de futuro". Temos atualmente a tendência de dizer que "o futuro chegou", que enfim teríamos "chegado lá". Minha impressão é que esse tipo de formulação, às vezes um tanto ufanista, é pouco consistente, e, no fundo, reitera a concepção anterior de temporalidade linear. Na verdade, não existe "lá", não é a chegada ao futuro que determina nossa situação, mas a posição do país no sistema internacional (a despeito de suas deficiências e contradições). Ao lado do desenvolvimento interno, da criação de um amplo mercado de consumo, da inclusão social e política de uma camada da população antes marginalizada e na condição de pobreza, da modernização da agricultura, da melhoria do nível educacional dos jovens, um fator é determinante: a redistribuição das forças internacionais. O exemplo da China é significativo. Segundo o modelo civilizatório europeu, ela conteria dois pecados capitais: é um país comunista e oriental; no entanto, sua expressão atual desmente os preconceitos nos quais esse tipo de abordagem se alicerçava. Ao mudar de lugar no concerto das nações, o espelho em que o Brasil se enxergava já não é mais o mesmo, o estrangeiro se diversifica e não se reduz ao Ocidente. São os olhares cruzados no interior da modernidade-mundo que alimentam a construção das novas imagens sobre o nacional, elas se distanciam do passado que percebia esses olhares como testemunhas do atraso ou da incompletude.

156 UNIVERSALISMO E DIVERSIDADE

Se as transformações conceituais e de contexto são substantivas, a questão é saber como elas incidem na representação do nacional. Um primeiro aspecto diz respeito à noção de cultura brasileira, que deixa de ser enunciada no singular. Ao se passar da ideia de essência à de representação, a construção da identidade desloca-se para o domínio dos interesses e dos conflitos, e interessa saber como ela é construída, que relações de força ela recobre. De certa forma, pode-se dizer que representações distintas e antagônicas do que seria o Brasil existiam anteriormente no debate sobre o nacional. Nos anos 1960 existe uma brasilidade revolucionária, como a caracteriza Marcelo Ridenti[15], em contraposição à sua versão autoritária promovida pela ditadura militar. Manifestações como o Teatro de Arena e o Oficina, o cinema novo, os festivais de MPB, associadas ao inconformismo da juventude universitária, entravam diretamente em choque com o ideal de um país mestiço e harmonioso cultivado pelo governo castrense.

No entanto, com as transformações recentes, esse processo de diversificação das identidades – deliberadamente não utilizo o termo diversidade – se acentua. Consideremos as sociedades indígenas. No debate sobre etnicidade há um movimento semelhante ao que constatamos no campo do nacional. Geralmente os antropólogos atribuem a Frederick Barth o estatuto de "pai fundador" dessa perspectiva[16]. Barth considera que o grupo étnico é uma espécie de tipo organizacional e não uma unidade portadora de cultura, e que é no contato com outros grupos que surgem as possibilidades de escolhas identitárias. Não existe uma essência ou, no caso brasileiro, o "índio verdadeiro". A construção da identidade faz-se em contextos específicos na fricção dos grupos sociais uns com os outros. O surgimento de uma identidade indígena – a rigor deveríamos dizer identidades de diferentes grupos na situação de subalternidade na sociedade brasileira – contrapõe-se à homogeneidade da cultura brasileira. Algo dela irá se destacar, contradizendo sua totalidade. O mesmo ocorre com os movimentos negros. É o caso dos grupos quilombolas; geralmente situados na zona rural, eles se autodefinem em relação ao território ocupado, às relações de parentesco e à "ancestralidade" de suas tradições culturais. A reivindicação política fundamenta-se na afirmação identitária. Por isso as figuras anteriores de brasilidade, mestiçagem, mulata, samba, Carnaval, tornam-se insatisfatórias. Para que os negros representem-se e atuem como grupo (caso das cotas nas universidades) é necessário estabelecer uma distinção, uma especificidade que lhes seja própria. Surge, assim, uma série de conflitos e de acomodações entre a representação do

---

[15] Marcelo Ridenti, *Brasilidade revolucionária* (São Paulo, Editora Unesp, 2010).

[16] Ver Frederick Barth (org.), *Ethnic Groups and Boundaries. The Social Organization of Culture Difference* (Bergen, Universitetsforlaget, 1969). O texto refere-se à introdução da coletânea.

nacional e as identidades particulares. Há ainda um elemento que aprofunda esse quadro de diferenciação: a emergência da temática da diversidade. Como observei, ocorre no mundo contemporâneo uma mudança de humor dos tempos, na qual universalismo e diversidade são ressignificados. "A diversidade como valor universal" é um oximoro ao qual se associam qualidades como tolerância, democracia, pluralismo. É essa dimensão política, expressa no mundo da cultura, que será estrategicamente recuperada pelos movimentos sociais, associações, agrupamentos de indivíduos existentes no Brasil e em outros países. Os grupos indígenas da Amazônia apropriam-se do conceito de cidadania na luta para assegurar a posse da terra e a preservação de seus idiomas e costumes; os quilombolas buscam os direitos negados ao longo de uma história de opressão. Todas essas manifestações amparam-se em objetos simbolicamente investidos de sentido: afoxé, candomblé, blocos afros, pajelança, mitos e idiomas minoritários são emblemas da identidade em disputa, eles contrastam com os símbolos da cultura brasileira.

Eu havia dito que na situação de globalização o Estado-nação perde o monopólio da definição da identidade, porém, isso não significa que seu papel deixe de ser relevante. Há duas esferas nas quais sua atuação é decisiva: nas políticas culturais e na valorização do nacional no espaço mundial. As políticas culturais tendem a enfrentar questões como a elaboração de regras para a circulação dos bens culturais, o incentivo à produção das artes, cinema, teatro, a preservação do patrimônio histórico, a criação de condições favoráveis para manifestações diversas, da música popular aos eventos folclóricos. Seria ilusório imaginar que essa função desapareça; o Estado vê-se na posição de assegurar os direitos, formalizar determinadas linhas de ação e, muitas vezes, estabelecer uma ponte entre setores estanques, como cultura e economia. O tema do nacional é decisivo, fundamenta a ação e manifesta-se em orientações concretas, desde a promulgação de leis que ampliam a exibição dos produtos audiovisuais no cinema e na televisão até o incentivo ao turismo na promoção de eventos de caráter internacional (Copa do Mundo, Olimpíadas). É no seio do Estado que se travam as disputas ideológicas em torno do público e do privado, ou seja, em que medida os bens culturais articulam-se a uma política pública ou exclusivamente à demanda de mercado. Como parte considerável da produção cultural brasileira faz-se através das indústrias culturais, nacionais e transnacionais, a presença na esfera pública é um imperativo. A temática da diversidade manifesta-se justamente nesse contexto: ela não se limita aos grupos identitários, que tampouco possuem seu monopólio. O Estado irá dela se apropriar, mas o termo, parte do léxico brasileiro, adquire outra significação. Retomo o exemplo da política cultural da ditadura militar, que pressupunha duas ideias, a de mestiçagem e de integração nacional. A noção de mestiçagem faz parte da tradição intelectual brasileira, por isso o pensamento de Gilberto Freyre é exemplar. Para compreender nossa realidade ele utiliza uma série de polaridades: casa-grande e senzala, sobrados e mocambos, nação e região. O senhor não se opõe ao escravo, a elite que habita os sobrados não é uma negação dos mocambos e a região é uma realidade territorial que complementa a nação. Tudo é parte do mesmo conjunto, a identidade mestiça é uma síntese de todas essas polaridades. Por isso a imagem do Brasil, "continente arquipélago", "país da pluralidade de cultura e diversidade de regiões", é fartamente utilizada no discurso governamental dos militares. A mestiçagem das raças, culturas e regiões é concebida como "diversidade na unidade". O Estado militar tem uma obsessão pela integração – ela pertence aos princípios da Ideologia da Segurança Nacional. As partes devem obrigatoriamente ser submetidas ao todo, isto é, à autoridade centralizadora que aproxima e harmoniza as diferenças. O Brasil diverso encontra na mescla, na mistura, o equilíbrio político e social.

O surgimento da "diversidade", em sua acepção atual, caminha em outra direção. Primeiro, o termo não pertence exclusivamente ao léxico brasileiro, trata-se de um "valor universal", isto é, seu significado é trabalhado no âmbito da esfera mundial. Legitimado por instituições transnacionais (Unesco, ONU, ONGs, corporações), torna-se um elemento estratégico de alcance global. Insisto sobre este aspecto: o mundo globalizado vê emergir um conjunto de instâncias que são fontes de legitimidade. Isso se passa, por exemplo, com a língua inglesa, que perde seu enraizamento britânico ou norte-americano e transforma-se em idioma da modernidade-mundo. As outras línguas são, dessa forma, "medidas", "comparadas", "avaliadas" segundo um parâmetro que se mundializou. Movimento semelhante observa-se na esfera do consumo, na qual surgem referências mundializadas capazes de orientar o comportamento, ou seja, são exemplares (celebridades, marcas de luxo, moda, Festival de Cannes etc.). Na esfera dos valores culturais, a presença de uma instância como a Unesco garante um tipo de legitimidade que transcende as nações e que passa, em seguida, a ser acionada em seu interior pelos diferentes grupos sociais. Segundo, no conceito não predomina a síntese, mas a análise. A noção de reconhecimento pressupõe e mantém a diferença. Como dizem os autores de uma "teoria do reconhecimento" (lembro os escritos de Axel Honneth e Charles Taylor), tudo o que é "digno de valor" é parte de um potencial humano universal. Nesse sentido, reconhecer a diferença seria um exercício de igualitarismo, mas como ela manifesta-se não apenas nas concepções de mundo (as ideologias), a afirmação identitária torna-se importante. O negro deve ser visto em sua negritude, não diluído pela mistura racial; os indígenas, reconhecidos em suas práticas "ancestrais", não pela contribuição que deram à cultura brasileira. Reconhecimento reveste-se de uma natureza política e encontra no Estado brasileiro uma forma de se expressar. Até mesmo a área dos museus, incluída tradicionalmente no patrimônio histórico, é redefinida dentro dessa perspectiva[17]. São exemplos o Museu Afro Brasil, em São Paulo, que celebra a memória nacional numa visão da história a partir dos negros, e o Museu da Maré, na periferia da cidade do Rio de Janeiro, onde o tema da inclusão social é desenvolvido através de projetos educativos. As ações culturais pressupõem, então, a "diversidade" como fundamento, o que na chave política significa que a cultura é o espaço de realização da cidadania e da superação da exclusão social. Valorizam-se, assim, a autoestima e o sentimento de pertencimento dos indivíduos e dos grupos sociais, bem como a potencialidade cultural inscrita no interior dessas "diferenças".

Cidadania é uma palavra-chave que se aplica aos grupos indígenas, aos negros, aos grupos de hip-hop na periferia das grandes cidades, às apresentações de maracatu ou bumba meu boi. As expressões culturais são percebidas como formas de afirmação num espaço público no qual o Estado brasileiro atua como mediador. A fricção inicial entre identidades distintas em parte acomoda-se no seio do Estado; um exemplo é que somente ele pode garantir aos indígenas seus direitos, sua cidadania. A inclusão é também um aspecto decisivo: ela possibilita aos cidadãos, independentemente de sua posição social, uma participação que lhes era anteriormente negada. As políticas culturais, associadas às políticas públicas (tipo Bolsa Família), teriam por finalidade o ingresso de uma população marginal – leia-se, de expressões culturais também marginais – no âmbito da esfera pública. Reconhecimento e inclusão conferem à ideia de diversidade um sentido novo que incide sobre a representação do nacional. Outras imagens do Brasil e dos brasileiros são gestadas – como a de um "país da inclusão", "sem pobreza", no qual o social, o cultural e o político se confundem. Tais imagens evidentemente são disputadas na arena política e nos enfrentamentos ideológicos (por exemplo, o embate entre o Partido dos Trabalhadores e seus opositores).

Outra esfera de atuação do Estado refere-se ao espaço transnacional, dimensão recente que decorre da situação de globalização e da posição que o país passa a ocupar no concerto das nações. Tradicionalmente, a temática da cultura brasileira restringia-se ao território nacional, a construção da identidade tomava como referência o espaço geográfico e simbólico do país, era essa a matéria trabalhada pelo pensamento brasileiro. A dimensão externa resumia-se a uma troca de olhares entre a periferia, debatendo-se em sua identidade problemática, e o centro,

---

[17] Myrian Sepúlveda dos Santos, "Museus, liberalismo e indústria cultural", *Ciências Sociais Unisinos*, v. 47, n. 3, 2001.

Estados Unidos, Inglaterra, França, Alemanha (não toda a Europa), cujos passos e virtudes deveriam ser imitados. O espelho da modernidade inacabada terminava por reforçar os defeitos e as imperfeições. Essa era a visão que os norte-americanos tinham do Brasil e da América Latina durante boa parte do século XX: uma região de católicos indolentes, ignorantes, supersticiosos, incapazes de se esforçar e desprovidos de iniciativa. Contraste radical com as qualidades da americanidade: um país protestante, educado, trabalhador, industrioso e racional[18]. Atualmente, o quadro é outro, a circulação global dos bens simbólicos incide na circulação das representações nacionais, que se veem diante de uma espacialidade dilatada desenraizada da "*patria chica*" ou do "*paese*". É preciso inserir o Brasil no interior de um mercado de trocas que se fazem num âmbito cada vez mais amplo, as construções simbólicas do nacional transbordam os limites do lugar, movimentam-se em escala global.

Chamo a atenção para uma mudança recente na discussão sobre a globalização. Num primeiro momento, considerava-se que um produto global deveria ser vendido e consumido em qualquer ponto do planeta; ele não teria nenhuma marca específica, nacional ou cultural, em princípio seria "universal". Esse diagnóstico modificou-se, e a noção de diversidade foi apropriada pelos administradores das grandes corporações transnacionais. Em sua relação com o mercado, o Estado torna-se, portanto, um elemento ativo na promoção da brasilidade, incentivando, provendo aos interesses privados meios e recursos e chancelando os produtos com os ícones da identidade brasileira. Esse é o objetivo da "marca Brasil" vinculada ao Ministério do Turismo, com a intenção de promover o país no mercado exterior. Mas qual é sua abrangência? O que ela contempla? Cito uma das respostas possíveis:

> As sandálias Havaianas, a cerveja Brahma, a caipirinha, a cachaça, o Legacy da Embraer, o café, a soja, o Carnaval, o samba, o Cristo, o Rio de Janeiro, a avenida Paulista, o Pelourinho, Olinda, a Amazônia, Bonito, os Pampas, as praias, Ilhabela, o aquífero Guarani, as dunas de Natal, Jericoacoara, a Natura, o Silvio Santos, o Paulo Coelho, Wilson Simonal e Tim Maia, Roberto Carlos, a Xuxa, o Corinthians, o Santos e o Pelé, a Vale, a Laranja, a USP, o Ibmec, o pré-sal, a Amazônia Azul, o porto seguro para o mundo, a alimentação do mundo, a água do mundo, e aí vai uma série de riquezas que mostram o quanto do Brasil é uma marca mais forte do que parece, e até mesmo do que entrega. Todos querem o Brasil, principalmente agora.[19]

---

[18] Ver o interessante livro de João Feres Jr., *A história do conceito de Latin America nos Estados Unidos* (Bauru, Edusc, 2005).

[19] Fábio Pereira Ribeiro, "A marca Brasil", *Exame*, 3 abr. 2013. Disponível em: <http://exame.abril.com.br/rede-de-blogs/brasil-no-mundo/2013/04/03/a-marca-brasil>.

Deixo de lado o tom superlativo do articulista e sublinho a estratégia de enumeração das coisas, que coloca lado a lado produtos comerciais, paisagens, recursos naturais, celebridades, clubes de futebol, universidade. Dito de outra maneira, o país enuncia-se no plural, cada item apresentado encerraria um traço de nosso "caráter". A redefinição das imagens brasileiras pode ser ainda considerada através de um exemplo expressivo, a exportação da música popular brasileira. Michel Nicolau Neto mostra como os diversos programas de divulgação da MPB no exterior, associando Estado e grupos empresariais, cultivam diferentes representações da brasilidade[20]. Há uma primeira linha que privilegia o nacional-popular, isto é, a tradição construída em torno da questão nacional. A ela pertencem Chico Buarque, Caetano Veloso, Vinicius de Moraes, músicas e canções que podem ser sintetizadas na sigla MPB. Samba, futebol e Carnaval são indícios reconhecíveis que podem ser agregados ao produto que se quer divulgar. Outra alternativa implica a valorização do regional, quando se trata de difundir ritmos como forró, xote, congo, manguebeat. Nesse caso, a noção de diversidade é fundamental, pois legitima, em contraste com o nacional, um leque de musicalidades distintas. A máxima "o Brasil não é só o país do samba" exprime a multiplicidade de sonoridades na qual ele se manifesta. Mas outra percepção é ainda possível: a constituição de uma musicalidade "internacional--popular". O exemplo da banda Cansei de Ser Sexy, cujas músicas são cantadas em inglês, é interessante. Uma matéria jornalística publicada em uma revista alemã assim a apresenta ao público:

> Sua música até parece sons mais globalizados do que brasileiros. Se não fosse por uma porção de letras em português, alguém poderia pensar estar ouvindo uma banda do centro de Berlim, de Londres ou do Brooklyn. Cansei de Ser Sexy assimilou totalmente os símbolos globais e assim se tornou geograficamente universal. Seu álbum é um belo pop independente, e não tem nada a ver com o Brasil e as ideias de Oswald de Andrade.

O país Brasil é, dessa forma, declinado como local, regional, nacional e global. Sua inserção no mundo lhe permite tais variações, cada uma delas operacionalizada em função do que se quer promover.

Eu disse anteriormente que a metáfora do tempo cedia lugar à do espaço no mundo globalizado. De certa forma isso também ocorre com as construções simbólicas do nacional. Poderíamos pensar que muitas delas, referentes ao passado, teriam se tornado anacrônicas diante das mudanças ocorridas. Tenho

---

[20] Michel Nicolau Neto, *Música brasileira e identidade nacional na mundialização* (São Paulo, Annablume, 2009).

162 UNIVERSALISMO E DIVERSIDADE

a impressão de que não, de que as representações da brasilidade constituem hoje um estoque de símbolos. A corrosão do tempo não as atinge; elas fazem parte de uma coleção brasiliana que pode ser ativada de acordo com as estratégias de quem as utiliza. Vejamos o exemplo da marca Brasil. Seu símbolo é um arco-íris: o verde das florestas, o azul do céu e das águas, o amarelo da luminosidade, o vermelho e o laranja das festas populares, o branco das manifestações populares e da paz. Um país multicolorido, não monocromático. Mas as cores associam-se ainda a qualidades específicas: alegria, sinuosidade, brilho, hibridismo, modernidade. Cada um desses atributos nos remete a características da identidade nacional. A alegria, à festividade do Carnaval; a sinuosidade, ao "jeitinho"; o brilho, ao "país tropical"; o hibridismo, à mistura das raças; a modernidade, à competência de "um país sério". Os traços não são incompatíveis entre si, mas sim pedaços heteróclitos inseridos em uma memória nacional "acessada" no tempo presente. Competência não seria algo inerente aos norte-americanos ou alemães, ela denota um país moderno que enuncia sua diferença complementando-a com a alegria dos festejos populares e o sincretismo cultural.

Outro exemplo é a moda. Miqueli Miquetti demonstra que a noção de moda brasileira consolida-se somente na década de 1990, ou seja, quando o processo de globalização encontra-se em marcha[21]. Como outros produtos distribuídos no mercado global, a moda conta com o auxílio de uma política de Estado cujo objetivo é promovê-la no âmbito internacional. Há, no entanto, uma peculiaridade: sua exportação, em termos econômicos, é o que menos importa para as empresas brasileiras, os números relativos à sua expansão são inexpressivos (ela praticamente se restringe ao mercado nacional). Porém, o emblema da brasilidade lhe confere uma distinção simbólica da qual não pode prescindir. Na disputa pela globalidade, estar presente nas feiras e salões parisienses é crucial. Não se trata de vender algo em Paris, o intuito não é esse, mas de frequentar "a capital internacional da moda"; aí se joga a batalha pela legitimação simbólica, a "vitrine" que possibilita uma eventual conquista de parte do mercado das vestimentas, calçados, cosméticos, joias, bolsas e acessórios. Mas como o Brasil é apresentado? Reproduzo uma parte do discurso que se tece a seu respeito (texto elaborado pela Apex-Brasil, Agência Brasileira de Promoção de Exportações e Investimentos).

> Brasil: um caleidoscópio fashion. A terra descoberta pelos portugueses é, hoje, um país transformado por uma população de origens diferenciadas e entrelaçadas. O Brasil ocupa

---

[21] Miqueli Miquetti, *Moda brasileira e mundialização: mercado mundial e trocas simbólicas* (São Paulo, Annablume, 2014).

ANEXO: IMAGENS DO BRASIL **163**

47% da América do Sul, mas parece ter dentro de seu território o globo inteiro. Isso se reflete na sociedade desde o setor industrial – centro de criação e transformação, com presença crescente de produtos de valor agregado e identidade brasileira – até em expressões culturais, como a literatura, a música e, também, a moda.

[...] No Brasil, a natureza – 20% da biodiversidade mundial – é tão rica quanto a sociodiversidade. O país tem a marca de indígenas, europeus, asiáticos, africanos, que a permeabilidade brasileira absorveu, uniu e recriou em singular interpretação. A cultura popular se fortalece a olhos vistos no atual estágio de globalização. Novas e, ao mesmo tempo, tradicionais referências unem-se a ideias como desenvolvimento sustentável, incentivos à mão de obra e à geração de divisas, design diferenciado, entre outros conceitos enfeitados com fuxicos e perfumados com o aroma exótico do cupuaçu. [...] Ícone de nossa cultura, Carmen Miranda cantava, nos anos [19]30: "Sai da toca, Brasil!". E nós saímos, atendendo ao pedido da pequena notável. Agora, o mundo é o nosso lugar.

A passagem é sugestiva, remete-nos a um banco de dados, um estoque de representações simbólicas que podem ser acionadas. Carmen Miranda convive com os indígenas e os imigrantes de origem asiática, o aroma exótico do cupuaçu entrelaça-se com a literatura e a indústria. O antigo e o moderno surgem lado a lado – não como pensava Oswald de Andrade em seu manifesto antropofágico, a deglutição do estrangeiro pelo nacional, mas no sentido de justaposição (a cultura popular alinha-se ao design e à biodiversidade). Gilberto Freyre, alegria, mestiçagem, samba, Carnaval, futebol, jeitinho, país emergente, *agro-business*, praias, biodiversidade, enfim, diversas representações habitam o mesmo conjunto. Lévi-Strauss dizia, em seu belo livro *O pensamento selvagem*, que o *bricoleur* operava com uma caixa de ferramentas na qual se encontravam armazenados pedaços heteróclitos de saber. Para resolver um problema qualquer, ele retirava de seu interior as peças que lhe convinham, já que o *bricolage* é o artifício de escolher e combinar os pedaços disponíveis no intuito de solucionar um impasse. Há algo disso na memória coletiva que se forja. Os agentes dispõem de uma herança de símbolos que podem ser combinados em função de suas estratégias, a identidade é o resultado do arranjo das peças depositadas nas camadas geológicas da tradição nacional.

BIBLIOGRAFIA

1. REFERÊNCIAS GERAIS:

ALTHUSSER, Louis. Idéologie et appareils ideologiques d'État (Notes pour une recherche). *La Pensée*. Paris, n. 151, jun. 1970.

AUGÉ, Marc. *Où est passé l'avenir?*. Paris, Éditions du Panama, 2008.

BADIOU, Alain. *Saint Paul*: la fondation de l'universalisme. Paris, PUF, 2007.

BARTHES, Roland. *Le Dégré zero de l'écriture*. Paris, Points, 1972.

BAUDELAIRE, Charles. *Écrits esthétiques*. Paris, Union Générales d'Éditions, 1986.

BAUDRILLARD, Jean. *La Société de consommation*. Paris, Denoël, 1970. [Ed. port.: *A sociedade de consumo*. Lisboa, Edições 70, 2009.]

BELL, Daniel. *O fim da ideologia*. Brasília, UnB, 1961.

BENVENISTE, Émile. *Problemas de linguística geral I*. Campinas, Pontes, 1995.

BOURDIEU, Pierre. *Méditations pascaliennes*. Paris, Seuil, 1997. [Ed. bras.: *Meditações pascalianas*. Rio de Janeiro, Bertrand Brasil, 2001.]

CHALINE, Jean. *Un Million de générations*. Paris, Seuil, 2000.

CHARTIER, Roger; CORSI, Pietro (orgs.). *Sciences et langues en Europe*. Paris, Ehess, 1996.

CHESNEAUX, Jean. *Modernité-monde*. Paris, La Découverte, 1989. [Ed. bras.: *Modernidade-mundo*. Petrópolis, Vozes, 1995.]

COPPENS, Yves. *L'Histoire de l'homme*. Paris, Odile Jacob, 2008.

D'AVENEL, Georges. *Le Mécanisme de la vie moderne*. Paris, Colin, 1896.

DELORMEL, Jean. *Projet d'une langue universelle, presenté à la Convention Nationale*. Paris, Edição do autor, 1795.

DIOGÈNE. Naissance de la pensée symbolique et du langage. Paris, PUF, n. 214, abr.-jun. 2006.

DOHRN-VAN ROSSUM, Gerhard. *L'Histoire de l'heure*. Paris, Maison des Sciences de l'Homme, 1997.

DUMONT, Louis. *Essais sur l'individualisme*. Paris, Seuil, 1983.

DURAND, Marie-Françoise et al. *Atlas da mundialização*. São Paulo, Saraiva, 2009.

DURKHEIM, Émile. *Les Formes élémentaires de la vie religieuse*. Paris, PUF, 1968. [Ed. bras.: *As formas elementares da vida religiosa*. São Paulo, Paulus, 1989.]

_____. *Textes I.* Paris, Minuit, 1975.

ECO, Umberto. *À procura da língua perfeita.* Bauru, Edusc, 2002.

FANON, Frantz. *Les Damnés de la terre.* Paris, Maspero, 1961. [Ed. bras.: *Os condenados da terra.* Juiz de Fora, UFJF, 2006.]

_____. *Peau noire, masques blancs.* Paris, Seuil, 1952.

FARIAS, Edson. *Ócio e negócio:* festas populares e entretenimento-turismo no Brasil. Curitiba, Apris, 2011.

GITLIN, Todd. *The Twilight of Common Dreams:* Why America Is Wracked by Culture War. Nova York, Henry Holt, 1995.

GOUBERT, Jean-Pierre (org.). *Du Luxe au confort.* Paris, Belin, 1988.

GRENOBLE, Lenore A.; WHALEY, Lindsay J. (orgs.). *Endangered Languages.* Cambridge, Cambridge University Press, 1998.

HOBSBAWM, Eric; RANGER, Terence O. (orgs.). *The Invention of Tradition.* Cambridge, Cambridge University Press, 1983. [Ed. bras.: *A invenção das tradições.* São Paulo, Saraiva, 2012.]

HOBSON, John Atkinson. *Imperialism:* A Study (1902). Londres, George Allen & Unwin, 1968.

HONNETH, Axel. *La Lutte pour la reconnaissance.* Paris, Les Éditions du Cerf, 2010. [Ed. bras.: *Luta por reconhecimento:* a gramática moral dos conflitos sociais. São Paulo, Editora 34, 2003.]

IANNI, Octavio. *A sociedade global.* Rio de Janeiro, Civilização Brasileira, 1993.

_____. *Teorias da globalização.* Rio de Janeiro, Civilização Brasileira, 1995.

JACOB, Russel. O mito do multiculturalismo. In:_____. *O fim da utopia.* Rio de Janeiro, Record, 2001.

JOURNET, Nicolas. *La culture:* de l'universel au particulier. Paris, Sciences Humaines Éditions, 2002.

JULLIEN, Jean-François. *De l'Universel, de l'uniforme, du commum et du dialogue entre les cultures.* Paris, Fayard, 2008.

LANDES, David. *Revolution in Time, Clocks and the Making of the Modern World.* Cambridge, Belknap, 1983.

_____. *The Wealth and Poverty of Nations.* Nova York, W. W. Norton, 1998. [Ed. bras.: *A riqueza e a pobreza das nações.* São Paulo, Campus Elsevier, 1998.]

LANG, Andrew. *Custom and Myth.* Londres, Longmans Green & Co., 1893.

LASCH, Scott; FEATHERSTONE, Mike. *Recognition and Difference.* Londres, Sage, 2002.

LE GOFF, Jacques. *Civilização do Ocidente medieval.* Lisboa, Estampa, 1983. v. 1. [Ed. bras.: *A civilização do ocidente medieval.* Bauru, Edusc, 2005.]

LOPES DA SILVA, Aracy; GRUPIONI, Luís Donisete Benzi (orgs.). *A temática indígena na escola.* Brasília, MEC/Unesco, 1995.

LUKES, Steven. *Moral Relativism.* Nova York, Picador, 2008.

LYOTARD, Jean-François. *O pós-moderno.* Rio de Janeiro, José Olympio, 1986.

MANNHEIM, Karl. *Ideologia e utopia.* Rio de Janeiro, Zahar, 1972.

MARX, Karl. *Contribuição à crítica da economia política.* São Paulo, Martins Fontes, 1977.

MAUSS, Marcel. *Sociologie et anthropologie.* Paris, PUF, 1968. [Ed. bras.: *Sociologia e antropologia.* São Paulo, Cosac Naify, 2005.]

MORIN, Edgar; BRIGITTE KERN, Anne. *Terre-Patrie.* Paris, Seuil, 1993. [Ed. bras.: *Terra-pátria.* Porto Alegre, Sulina, 2011.]

MORRIS, Colin. *The Discovery of the Individual*: 1050-1200. Londres, Harper and Row, 1972.

NOWICKI, Joana; OUSTINOFF, Michäel; PROULX, Serge (orgs.). *Hermès: L'Épreuve de la diversité culturelle*. Paris, CNRS Éditions, n. 51, 2008.

ORTIZ, Renato. *Cultura brasileira e identidade nacional*. São Paulo, Brasiliense, 1985.

_____. *A diversidade dos sotaques*: o inglês e as ciências sociais. São Paulo, Brasiliense, 2008.

_____. *Mundialização*: saberes e crenças. São Paulo, Brasiliense, 2006.

_____. *Mundialização e cultura*. São Paulo, Brasiliense, 1994.

_____. Mundialization/Globalization. *Theory, Culture and Society*: Problematizing Global Knowledge. Londres, Sage, v. 23, n. 2-3, 2006.

ORY, Pascal. *Les Expositions universelles de Paris*. Paris, Ramsay, 1982.

PEI, Mario. *One Language for the World*. Nova York, Keep-Worthy, 1969.

REICHHOLF, Joseph. *L'Émergence de l'homme*. Paris, Flammarion, 1991.

RENAUT, Alain. *Un Humanisme de la Diversité*. Paris, Flammarion, 2009.

ROBINSON, Arthur et al. *Elements of Cartography*. 6. ed. Nova York, John Wiley & Sons, 1995.

SAUSSURE, Ferdinand de. *Escritos de linguística geral*. São Paulo, Cultrix, 2004.

SCHLESINGER, Arthur. *The Disuniting of America*. Nova York, Norton, 1992.

SÉBILLOT, Paul-Yves. *Le Folclore de la Bretagne*. Paris, Payot, 1950.

SIMMEL, Georg. *Philosophie de la modernité*. Paris, Payot, 1989.

SWAAN, Abram de. *Words of the World*. Cambridge, Polity, 2001.

TAYLOR, Charles. *Hegel and The Modern Society*. Cambridge, Cambridge University Press, 1979. [Ed. bras.: *Hegel e a sociedade moderna*. São Paulo, Loyola, 2005.]

_____. *Multiculturalisme:* différence et démocratie. Paris, Aubier, 1994.

TOFFLER, Alvin. *The Third Wave*. Nova York, Bantam, 1980. [Ed. bras.: *A terceira onda*. Rio de Janeiro, Record, 2001.]

TÖNNIES, Ferdinand. *Communauté et société*. Paris, Retz, 1977.

UNESCO. *Declaração universal sobre a diversidade cultural*. Paris, Unesco, 2002.

YAMAZAKI, Masakazu. *Individualism and the Japanese*. Tóquio, Japan Echo, 1994.

WEBER, Max. *Economia y sociedad*. Cidade do México, Fondo de Cultura Económica,1984. [Ed. bras.: *Economia e sociedade*. Brasília, UnB, 1994.]

_____. *The Religion of China*. Nova York, The Free Press, 1964.

_____. *The Religion of India*. Nova York, The Free Press, 1967.

WIEVIORKA, Michel. *La Différence*. Paris, Balland, 2001.

_____. *La Diversité:* Rapport à la ministre de l'Enseignement supérieur et de la Recherche. Paris, Robert Laffont, 2008.

WURM, Stephen. *Atlas de las lenguas del mundo en peligro de desaparición*. Paris, Unesco, 1996.

2. SOCIOLOGIA, HISTÓRIA DAS IDEIAS:

ALTAMIRANO, Carlos. Entre el naturalismo y la psicología: el comienzo de la "ciencia social" en la Argentina. Conferência (mimeo). Caxambu, Anpocs, 2007.

BELLAH, Robert. *Tokugawa Religion:* The Cultural Roots of Modern Japan. Londres, Free Press, 1985.

BLANCO, Alejandro. *Razón y modernidad:* Gino Germani y la sociologia en la Argentina. Buenos Aires, Siglo XXI, 2006.

CANCLINI, Néstor García. *Culturas híbridas.* São Paulo, Edusp, 2003.

CARDOSO, Fernando Henrique. *As ideias e seu lugar.* Petrópolis, Vozes, 1980.

COOLEY, Robert; COOLEY, Charles. *Introductory Sociology.* Nova York, Charles Scribner's Sons, 1933.

DURKHEIM, Émile. *La Science sociale et l'action.* Paris, PUF, 1987. [Ed. bras.: *A ciência social e a ação.* São Paulo, Difel, 1976.]

EISENSTADT, Shmuel Noah. *Múltiplas modernidades.* Lisboa, Livros Horizonte, 2007. (Coleção Estudos Políticos)

_____. Multiple Modernities. *Daedalus,* v. 129, n. 1, 2000.

FERNANDES, Florestan. *A sociologia no Brasil.* Petrópolis, Vozes, 1977.

GELLNER, Ernst. *Relativism and the Social Sciences.* Cambridge, Cambridge University Press, 1985.

GEMPERLE, Michael. La fabrique d'un classique français: le cas Weber. *Revue d'Histoire des Sciences Humaines.* Paris, Ed. Sc. Humaines, v. 1, n. 18, 2008.

GENOV, Nikolai (org.). *National Traditions in Sociology.* Londres, Sage, 1989.

GERMANI, Gino. *La sociologia en América Latina.* Buenos Aires, Eudeba, 1964.

GIDDENS, Anthony. *As consequências da modernidade.* São Paulo, Editora Unesp, 1991.

HEIDEKING, Jürgen. The Pattern of American Modernity from the Revolution to the Civil War. *Daedalus,* v. 129, n. 1, 2000.

HEILBRON, Johan. Qu'est-ce qu'une tradition nationale en sciences sociales?. *Revue d'Histoire en Sciences Sociales.* Paris, v. 1, n. 18, 2008, p. 3-16.

_____ (org.). *The Rise of the Social Sciences and the Formation of Modernity.* Conceptual Change in Context, 1750-1850. Boston, Kluwer Academic Publishers, 1988.

HEILBRON, Johan; GUILHOT, Nicolas; JEANPIERRE, Laurent. Vers une histoire transnationale des sciences sociales. *Sociétés Contemporaines.* Paris, Presses de Sciences Po, v. 1, n. 73, 2009, p. 121-45.

IANNI, Octavio. Florestan Fernandes e a formação da sociologia brasileira. In: _____. *Florestan Fernandes.* São Paulo, Ática, 1986.

INKELES, Alex; SMITH, David Horton. *Becoming Modern.* Londres, Heinemann, 1974. [Ed. bras.: *Tornando-se moderno.* Brasília, UnB, 1981.]

LERNER, Daniel. *The Passing of Traditional Society.* Nova York, Free Press, 1958.

_____; COLEMAN, James S. Modernization. In: SILLS, David L. (org.). *International Encyclopaedia of the Social Sciences.* Nova York, Macmillan, 1968.

_____; SCHRAMM, Wilbur (org.). *Comunication and Change in Developing Countries.* Honolulu, East-West Center Press, 1967.

LEVINE, Donald N. *Visões da tradição sociológica.* Rio de Janeiro, Zahar, 1997.

MARTÍN-BARBERO, Jesús. *De los medios a las mediaciones.* Bogotá, Convenio Andrés Bello, 1998.

MOSBAH-NATANSON, Sébastien. Internationalisme et traditon nationale: le cas de la constitution de la sociologie française autour de 1900. *Revue d'Histoire des Sciences Humaines.* Paris, Ed. Sc. Humaines, n. 18, 2008.

NISBET, Robert. *The Sociological Tradition.* Londres, Heinemann, 1967.

PASSERON, Jean-Claude. *O raciocínio sociológico.* Petrópolis, Vozes, 1995.

BIBLIOGRAFIA **169**

POLLAK, Michael. Max Weber en France: l'itinéraire d'une oeuvre. *Cahiers de l'Institut d'Histoire du Temps Present*. Paris, IHTP, n. 3, 1986.

QUIJANO, Aníbal (org.). *José Carlos Mariátegui:* textos basicos. Cidade do México, Fondo de Cultura Económica, 1991.

ROSS, Dorothy. *The Origins of American Social Science*. Cambridge, Cambridge University Press, 1991.

ROSTOW, Walt Whitman. *Etapas do desenvolvimento econômico*. Rio de Janeiro, Zahar, 1964.

SAPIRO, Gisele (org.). *L'Espace intelectuel en Europe*. Paris, La Découverte, 2009.

SHILS, Edward. The Calling of Sociology. In: PARSONS, Talcott (org.). *Theories of Society*. Nova York, Free Press, 1965.

SMITH, Robert J. *Tradition, Self and Social Order*. Cambridge, Cambridge University Press, 1986.

SPENCER, Herbert. *Do progresso*: sua lei e sua causa. Lisboa, Inquérito, 1939.

STEINER, Philippe. La tradition française de critique de l'économie politique. *Revue d'Histoire des Sciences Humaines*. Paris, v. 1, n. 18, 2008, p. 63-84.

TIRYAKIAN, Edward A. A Problem for the Sociology of Knowledge: The Mutual Unawareness of Émile Durkheim and Max Weber. *Archives Européennes de Sociologie*, v. 7, n. 2, 1966.

_____. Traditions in Sociology. In: SMELSER, Neil J.; BALTES, Paul B. (orgs.). *International Encyclopaedia of the Social and Behavioral Sciences*. Amsterdã, Elsevier, 2001.

VERÓN, Eliseo. Idéologie et production des connaissances sociologiques en Amérique latine. In: MARTINS, Luciano (org.). *Amérique latine*: crise et dépendance. Paris, Anthropos, 1972.

VIEIRA PINTO, Álvaro. *Ideologia e desenvolvimento nacional*. Rio de Janeiro, Instituto Superior de Estudos Brasileiros, 1959.

WAGNER, Peter. Formes d'État et formes de savoir social: traditions nationales et pluralité d'interprétations de la modernité. In: ZIMMERMANN, Bénédicte (org.). *Les Sciences Sociales à l'epreuve de l'action*. Paris, Maison des Sciences de l'Homme, 2004.

_____. Social Science and the State in Continental Western Europe: the Political Structuration of Disciplinary Discourse. *International Social Science Journal*. Paris, Unesco, v. 41, n. 122, 1989.

WAGNER, Peter; WITTROCK, Björn; WHITLEY, Richard P. (org.). *Discourses on Society:* the Shaping of the Social Science Disciplines. Dordrecht, Kluwer Academic Publishers, 1991.

WALLERSTEIN, Immanuel. *Para abrir as ciências sociais*. São Paulo, Cortez, 1996.

ZEA, Leopoldo. *El pensamiento latinoamericano*. Cidade do México, Pomarca, 1965.

3. HISTÓRIA, EUROCENTRISMO, UNIVERSALISMO:

AMIN, Samir. *L'Eurocentrisme:* critique d'une idéologie. Paris, Anthropos, 1988.

BADIOU, Alain. *Saint Paul:* la fondation de l'universalisme. Paris, PUF, 1997. [Ed. bras.: *São Paulo: a fundação do universalismo*. São Paulo, Boitempo, 2009.]

BERNAL, Martin. *Black Athena*: The Afroasiatic Roots of Classical Civilization, v. 1. *The Fabrication of Ancient Greece*: 1785-1985. New Brunswick, NJ, Rutgers University Press, 1987.

BLAUT, James Morris. *The Colonized Model of the World*: Geographical Diffusion and Eurocentric History. Nova York, The Guilford Press, 1993.

BRAUDE, Benjamin; LEWIS, Bernard. *Christians and Jews in the Ottoman Empire*: The Functioning of a Plural Society. Nova York, Holmes & Meier, 1982.

170 Universalismo e diversidade

BRAUDEL, Fernand. *Le Monde actuel:* histoire et civilisations. Paris, Librairie Classique Eugène Belin, 1963.

BURKE, Peter. *The European Renaissance: Centres and Peripheries.* Oxford, Blackwell, 1998.

BUFFON, Georges. *Histoire naturelle.* Paris, Gallimard, 1984.

CHAKRABARTY, Dipesh. *Provincializing Europe.* Princeton, Princeton University Press, 2000.

CHAUNU, Pierre. *Histoire et décadence.* Paris, Librairie Académique Perrin, 1981.

CONDORCET, Nicolas. *Refléxions sur l'Esclavage des Nègres.* Paris, Flammarion, 2009.

_____. *Esquisse d'un tableau historique des progrès de l'esprit humain.* Paris, Flammarion, 1988.

DELACAMPAGNE, Christian. *Histoire de l'esclavage.* Paris, Le Livre de Poche, 2002.

DERRIDA, Jacques. *Le Droit à la philosophie du point de vue cosmopolite.* Paris, Verdier, 1997.

DUCHET, Michèle. *Anthropologie et histoire au siècle des lumières.* Paris, Maspero, 1971.

FERNÁNDEZ-ARMESTO, Felipe. *Milénio*: história dos últimos 1000 anos. Lisboa, Presença, 1996.

FERRO, Marc. *História das colonizações.* São Paulo, Companhia das Letras, 1999.

FOUCAULT, Michel. *Les Mots et les choses.* Paris, Gallimard, 1966.

_____. "Des espaces autres". *Revue d'Architecture.* Paris, n. 46, 1984.

FUMAROLI, Marc (org.). *La Querelle des anciens et des modernes.* Paris, Gallimard, 2001.

GOODY, Jack. *A lógica da escrita e a organização da sociedade.* Lisboa, Edições 70, 1987.

_____. *The East in the West.* Cambridge, Cambridge University Press, 1996.

_____. *The Theft of History.* Cambridge, Cambridge University Press, 2006. [Ed. bras.: *O roubo da história.* São Paulo, Contexto, 2008.]

HALL, Stuart. The West and the Rest: Discourse and Power. In: HELD, David et al. *Modernity and Introduction to Modern Societies.* Oxford, Blackwell, 1996.

HEGEL, G. W. F. *La Raison dans l'histoire.* Paris, Union Générale d'Éditions, 1965.

HOBSON, John M. *The Eastern Origins of Western Civilization.* Cambridge, Cambridge University Press, 2004.

KANT, Immanuel. *Ideia de uma história universal de um ponto de vista cosmopolita.* São Paulo, Brasiliense, 1986.

_____. Réponse à la question: qu'est-ce que les Lumières?. In: _____. *Vers la paix perpétuelle.* Paris, Flammarion, 1991.

LAZARUS, Neil. The Fetish of "The West" in Postcolonial Theory. In: BARTOLOVICH, Crystal; LAZARUS, Neil (orgs.). *Marxism, Modernity and Postcolonial Studies.* Cambridge, Cambridge University Press, 2002.

LE GOFF, Jacques. *Histoire et mémoire.* Paris, Gallimard, 1988. [Ed. bras.: *História e memória.* Campinas, Editora da Unicamp, 1992.]

MONTESQUIEU. *De l'Esprit des lois.* Paris, Flammarion, 1979. v. I. [Ed. bras.: *O espírito das leis.* São Paulo, Martins, 2005.]

_____. *Lettres Persanes.* Paris, Gallimard, 1973.

NISBET, Robert. *The History of the Idea of Progress.* Nova York, Basic Books, 1980. [Ed. bras.: *História da ideia de progresso.* Brasília, UnB, 1980.]

PATEL, Sujata (org.). *The ISA Handbook of Diverse Sociological Traditions.* Londres, Sage, 2010.

POMERANZ, Kenneth. *The Great Divergence*: China, Europe and the Making of the Modern World Economy. Princeton, Princeton University Press, 2000.

BIBLIOGRAFIA 171

REYNOLDS, Leighton Durham; WILSON, Nigel Guy. *Scribes and Scholars*. Oxford, Clarendon Press, 1991.

RODINSON, Maxime. *La Fascination de l'Islam*. Paris, La Découverte, 1989.

ROUSSEAU, Jean Jacques. *Discours sur les sciences et les arts*. Paris, Gallimard, 1964.

_____. *Discours sur l'origine et les fondements de l'inégalité parmi les hommes*. Paris, Librairie Générale Française, 1996. [Ed. bras.: *Discurso sobre a origem e os fundamentos da desigualdade entre os homens*. Porto Alegre, L&PM, 2008.]

SAID, Edward. *Orientalismo*: o Oriente como invenção do Ocidente (1978). São Paulo, Companhia das Letras, 2001.

SALA-MOLINS, Louis. *Les Misères des Lumières*. Paris, Homnisphères, 2008.

SOLÉ, Jacques. *A Revolução Francesa em questões*. Rio de Janeiro, Zahar, 1989.

STAROBINSKI, Jean. *As máscaras da civilização*. São Paulo, Companhia das Letras, 2001.

TODOROV, Tzvetan. *La Conquête de l'Amérique: la question de l'autre*. Paris, Seuil, 1982.

_____. *La Peur des Barbares*: au-délà du choc des civilisations. Paris, Robert Laffont, 2008.

_____. *L'Esprit des Lumières*. Paris, Robert Laffont, 2006.

_____. *Nous et les autres*: la réflexion française sur la diversité humaine. Paris, Seuil, 1989. [Ed. bras.: *Nós e os outros*: a reflexão francesa sobre a diversidade humana. Rio de Janeiro, Zahar, 1993.]

TURGOT, Anne Robert Jacques, *Formation & distribution des richesses*. Paris, Flammarion, 1997.

WALLERSTEIN, Immanuel. *L'Universalisme européen*: de la colonisation au droit d'ingérence. Paris, Demopolis, 2006. [Ed. bras.: *O universalismo europeu*: a retórica do poder. São Paulo, Boitempo, 2007.]

_____. Eurocentrism and Its Avatars: The Dilemmas of Social Science. In: _____. *The End of the World as We Know It*. Minneapolis, University of Minnesota Press, 1999.

4. ANTROPOLOGIA:

ALBÓ, Xavier. El retorno del índio. *Revista Andina*, ano 9, n. 2, dez. 1991.

ASAD, Talad (org.). *Anthropology & The Colonial Encounter*. Londres, Ithaca, 1973.

BALANDIER, Georges. *Sociologie actuelle de l'Afrique Noire*. Paris, PUF, 1971.

BALES, Elson. Ruth Benedict's Japan: The Benediction of Imperialism. *Dialectical Anthropology*. Berlim, Springer, v. 30, n. 1-2, 2006.

BARNETT, Homer Garner. On Science and Human Rights. *American Anthropologist*. Arlington, American Anthropological Association, v. 50, n. 2, 1948.

BENEDICT, Ruth. *Patterns of Culture*. Boston, Houghton Mifflin Co., 1963. [Ed. bras.: *Padrões de cultura*. Petrópolis, Vozes, 2013.]

_____. *The Crysanthemum and the Sword* (1946). Londres, Routledge and Kegan Paul, 1967. [Ed. bras.: *O crisântemo e a espada: padrões da cultura japonesa*. São Paulo, Perspectiva, 2006.]

BIDNEY, David. Cultural Relativism. In: SILLS, David L. (org.). *International Encyclopaedia of the Social Sciences*. Londres, The Macmillan Co., 1968. v. 3.

BOAS, Franz. *The Mind of the Primitive Man*. Nova York, Free Press, 1939. [Ed. bras.: *A mente do ser humano primitivo*. Petrópolis, Vozes, 2010.]

_____. *Race, Language and Culture*. Nova York, The Free Press, 1940.

_____. Introduction. In: _____. *Handbook of American Indian Languages*. Oosterhout, Anthropological Publications, 1969.

DARNELL, Regna. *And Along Came Boas*: Continuity and Revolution in Americanist Anthropology. Amsterdã, John Benjamins, 1998.

COX, Taylor; *Invisible Genealogies*: A History of Americanist Anthropology. Lincoln, University of Nebraska Press, 2001.

DOWER, John W. *War Whithout Mercy:* Race and Power in the Pacific War. Nova York, Pantheon Books, 1987.

DOWNING, Theodore E.; KUSHNER, Gilbert. *Human Rights and Anthropology*. Cambridge, Cultural Survival, 1988.

EDEL, Abraham. *Ethical Judgment:* The Uses of Science in Ethics. Glencoe, IL, Free Press, 1955.

EVANS-PRITCHARD, Edward. *Social Anthropology*. Londres, Cohen & West, 1951.

FIRTH, Raymond. The Study of Values by Social Anthropologists: The Marret Lecture, 1953. *Man*. Londres, Royal Anthropological Institute of Great Britain and Ireland, v. 3, 1953.

FURNIVALL, John Sydenham. *Colonial Policy and Practice*. Cambridge, Cambridge University Press, 1948.

_____. *Netherland India:* A Study of a Plural Economy. Cambridge, Cambridge University Press, 1939.

GODELIER, Maurice. *Au Fondement des sociétés humaines*. Paris, Albin Michel, 2007.

GORER, Geoffrey. *The American People*. Nova York, W. W. Norton & Co., 1948.

HARRIS, Marvin. *The Rise of Anthropological Theory*. Londres, Routledge and Kegan Paul, 1968.

HAZEL, Robert; MOHAMED-ABDI, Mohamed. *L'Infibulation en Milieu Somali et en Nubie*. Paris, Éditions de la Maison des Sciences de l'Homme, 2007.

HERSKOVITS, Melville. *Man and His Works*. Nova York, Alfred and Knopf, 1948.

_____. Some Further Comments on Cultural Relativism. *American Anthropologist*. Arlington, American Anthropological Association, v. 60, n. 2, 1958.

_____. Statement on Human Rights. *American Anthropologist*. Arlington, American Anthropological Association, v. 49, n. 4, 1947.

KAPLAN, David; MANNERS, Robert. *Culture Theory*. Nova Jersey, Prentice-Hall, 1972.

KLUCKHOHN, Clyde. Values and Value-Orientation in the Theory of Action: An Exploration in Definition and Classification. In: PARSONS, Talcott; SHILS, Edward (orgs.). *Towards a General Theory of Action*. Cambridge, Harvard University Press, 1951.

KRÖEBER, Alfred Louis. *The Nature of Culture*. Chicago, The University of Chicago Press, 1952. [Ed. bras.: *A natureza da cultura*. São Paulo, Almedina Brasil, 1993.]

_____ (org.). *Anthropology Today:* An Encyclopedic Inventory. Chicago, The University of Chicago Press, 1953.

KRÖEBER, Alfred Louis; KLUCKHOHN, Clyde. *Culture*: A Critical Review of Concepts and Definitions. Cambridge, The Museum, 1952.

LÉVI-STRAUSS, Claude. *Race et histoire*. Paris, Denoel, 1987.

LÉVY-BRUHL, Lucien. *La Mentalité primitive*. Paris, Retz, 1976. [Ed. bras.: *A mentalidade primitiva*. São Paulo, Paulus, 2008.]

LOWIE, Robert H. *The History of Ethnological Theory*. Nova York, Holt, Rinehart and Winston, 1937.

BIBLIOGRAFIA **173**

MATHIEU, Nicole-Claude. Relativisme culturel, excision et violences contre les femmes. *Sexe et race. Discours et formes nouvelles d'exclusion du XIXe au XXe siècle.* Paris, Centre d'Études et de Recherches Inter-Européennes Contemporaines, tomo 9, 1994.

MEAD, Margaret. *And Keep Your Powder Dry:* An Anthropologist Looks at America. Nova York, William Morrow and Co., 1942.

_____. Report of the Commitee on Ethics. *Human Organization.* Oklahoma City, Society for Applied Anthropology, v. 8, n. 2, 1949.

_____. The Importance of National Cultures. In: HOFFMAN, Arthur S. *International Communication and the New Diplomacy.* Bloomington, Indiana University Press, 1953.

_____ (org.). *An Anthropologist at Work:* Writings of Ruth Benedict. Londres, Secker & Warburg, 1959.

MEAD, Margaret; MÉTRAUX, Rhoda. *Themes in French Culture* (1953). Nova York, Berghahn Books, 2001.

_____ (orgs.). *The Study of Culture at Distance.* Chicago, The University of Chicago Press, 1949.

MORGAN, Lewis. *Ancient Society* (1877). Cambridge, The Belknap Press of Harvard University Press, 1964.

PATTERSON, Thomas C. *A Social History of Anthropology in the United States.* Oxford, Berg, 2001.

RADCLIFFE-BROWN, A. R. *A Natural Science of Society.* Chicago, The Free Press of Glencoe, 1964.

_____. Evolution, social or cultural?. *American Anthropologist.* Arlington, American Anthropological Association, v. 49, n. 4, 1947.

_____. *Method in Social Anthropology.* Chicago, The University of Chicago Press, 1958.

SAPIR, Edward. *Culture Language and Personality.* Berkeley, University of California Press, 1949.

SHWEDER, Richard. "What about Female Genital Mutilation?" And Why Understanding Culture Matters in the First Place. *Daedalus*, v. 129, n. 4, 2000.

STEWARD, Julian H. Comments on the *Statement of Human Rights. American Anthropologist.* Arlington, American Anthropological Association, v. 50, n. 2, 1948.

TYLOR, Edward Burnett. *Primitive Culture.* Nova York, Harper, 1958.

VOGT, Evan et al. Acculturation: An Exploratory Formulation. *American Anthropologist.* Arlington, American Anthropological Association, v. 56, n. 6, 1954.

WHORF, Benjamin Lee. *Language, Thought and Reality.* Nova York, John Wiley & Sons, 1956.

5. ADMINISTRAÇÃO DE EMPRESAS, MARKETING:

AUSTIN, Clyde (org.). *Cross-Cultural Reentry.* Abilene, Abilene Christian University, 1986.

BATTEAU, Allen W. Negations and Ambiguities in the Cultures of Organization. *American Anthropologist.* Arlington, American Anthropological Association, v. 102, n. 4, 2000.

BLOOM, Helen; CALORI, Roland; DE WOOT, Philippe. *Euromanagement:* A New Style for the Global Market. Londres, Kogan Page, 1994.

CHANDLER, Alfred. *The Visible Hand:* The Managerial Revolution in American Business. Cambridge, Harvard University Press, 1977.

CHEN, Min. *Asian Management Systems.* Londres, Thomson, 2004.

COX, Taylor. The Multicultural Organization. *The Executive*, v. 5, n. 2, 1991.

174 UNIVERSALISMO E DIVERSIDADE

COX, Taylor; BLAKE, Stacy. Managing Cultural Diversity: Implications for Organizational Competitiveness. *The Executive*, v. 5, n. 3, 1991.

DOWLING, Peter J.; WELCH, Denice E. *International Human Resource Management*: Managing people in a Multinational Context. Londres, Thomson, 2004.

EHRENREICH, Susanne. English as a Business Lingua Franca in a German Multinational Corporation. *Journal of Business Communication*, v. 47, 2010.

GARDENSWARTZ, Lee; ROWE, Anita. Why Diversity Matters. *HR Focus Special Report on Diversity*, v. 75, ed. 7, 1998.

GILBERT, Jacqueline A.; STEAD, Bette Ann; IVANCEVICH, John M. Diversity Management: A New Organizational Paradigm. *Journal of Business Ethics*, v. 21, n. 1, ago. 1999.

GUNDLING, Ernest; ZANCHETTIN, Anita. *Global Diversity*. Boston, Nicholas Brealay International, 2007.

HALL, Edward T.; HALL, Mildred Reed. *Understanding Cultural Differences*. Yarmouth, Intercultural Press, 1989.

HICKMAN, Craig; SILVA, Michael A. *Creating Excellence*: Managing Corporate Culture, Strategy and Change in the New Age. Nova York, New American Library, 1984.

HOFSTEDE, Geert. *Cultures and Organizations*. Nova York, McGraw-Hill, 1991.

_____. The Cultural Relativity of Organizational Practices and Theories. *Journal of International Business Studies*, v. 14, n. 2, 1983.

JACK, Gavin; WESTWOOD, Robert. Postcolonialism and the Politics of Qualitative Research in the International Business. *Management International Review*, v. 46, n. 4, 2006.

KANKAANRANTA, Anne; PLANKEN, Brigitte. BELF Competence as Business Knowledge of Internationally Operating Business Professionals. *Journal of Business Communication*, v. 47, 2010.

KASHANI, Kamran. Beware The Pitfalls of Globalization Marketing. *Harvard Business Review*. Boston, Harvard Business Publishing, set.-out. 1989.

KUMAR, Rajesh. Brahmanical Idealism, Anarchical Individualism and the Dynamics of Indian Negotiating Behavior. *International Journal of Cross-Cultural Management*, n. 4, 2004.

LEVITT, Theodore. The Globalization of Markets. *Harvard Business Review*. Boston, Harvard Business Publishing, mai.-jun. 1983, p. 92.

MEAD, Richard. *International Management:* Cross-Cultural Dimension. Cambridge, Blackwell, 1994.

MITRY, Darryl J. Using Cultural Diversity in Teaching Economics: Global Business Implications. *Journal of Education for Business*, v. 84, n. 2, nov.-dez. 2008.

NEHRING, Klaus; PUPPE, Clemens. A Theory of Diversity. *Econometrica*. Nova Jersey, Wiley Blackwell, v. 70, n. 3, 2002.

OHMAE, Kenichi. Planting for Global Harverst. *Harvard Business Review*. Boston, Harvard Business Publishing, jul.-ago. 1989.

PIRES, Guilherme D; STANTON, P. John. *Ethnic Marketing*: Accepting the Challenge of Cultural Diversity. Toronto, Thomson Learning, 2005.

PLESS, Nicola; MAAK, Thomas. Building an Inclusive Diversity Culture: Principles, Process, and Practice. *Journal of Business Ethics*, v. 54, n. 2, 2004.

PORTER, Michael. The Strategic Role of International Marketing. *The Journal of Consumer Marketing*. Bingley, Emerald Group, v. 3, n. 2, 1986.

REICH, Robert. *The Work of Nations*. Nova York, Vintage Books, 1992.

_____. Who Is Them?. *Harvard Business Review*. Boston, Harvard Business Publishing, mar.-abr. 1991.

RICE, Gillian. Islamic Ethics and the Implications for Business. *Journal of Business Ethics*, v. 18, n. 4, 1999.

RUGIMBANA, Robert; NWANKWO, Sonny (orgs.). *Cross-Cultural Marketing*. Londres, Thomson, 2003.

SARES, Ted. A Different Way to Look at Diversity. *New Hampshire Business Review*, 23 dez. 2005- 5 jan. 2006.

SCHEIN, Edgar. *Organizational Culture and Leadership*. São Francisco, John Wiley & Sons, 2004.

SELMER, Jan. Who Wants an Expatriate Business Career? In Search of the Cosmopolitan Manager. *International Journal of Cross-Cultural Management*, v. 1, n. 173, 2001.

SOLOMON, Charlene; SCHELL, Michael S. *Managing Across Cultures*: The Seven Keys to Doing Business with a Global Mindset. Nova York, McGraw-Hill, 2009.

TAGGART, Jim; MCDERMOTT, Mike. *The Essence of International Business*. Nova York, Prentice Hall, 1993.

TAYLOR, Frederick Winslow. *The Principles of Scientific Management*. Nova York, W. W. Norton & Co., 1967.

THIAGARAJAN, K.M. Cross-Cultural Training for Overseas Management. *Management International Review*, v. 11, n. 4/5, 1971.

TIAN, Robert Guang. Marketing in the 21st Century: Cross-Cultural Issues. *Study Overseas*, 2010. Disponível em: <www.studyoverseas.com>.

TYLER, Kathryn. Global Ease. *Human Resources Magazine*, n. 41, mai. 2011.

USUNIER, Jean-Claude. *International and Cross-Cultural Management Research*. Londres, Sage, 1998.

WEAVER, Gary R. Ethics Programs in Global Businesses: Culture's Role in Managing Ethics. *Journal of Business Ethics*, v. 30, n. 1, 2001.

WIND, Yoram; DOUGLAS, Susan P. The Myth of Globalization. *The Journal of Consumer Marketing*. Bingley, Emerald Group, v. 3, n. 2, 1986.

YAN, Jun; SORENSON, Rich. The Influence of Confucian Ideology on Conflict in Chinese Family Business. *International Journal of Cross-Cultural Management*, n. 4, 2004.

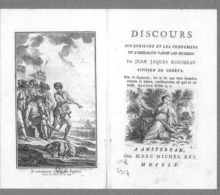

Frontispício da primeira edição (1755) de *Discurso sobre a origem e os fundamentos da desigualdade entre os homens*, de Jean-Jacques Rousseau (1712-1778)

Publicado em 2015, 260 anos após a primeira edição de *Discurso sobre a origem e os fundamentos da desigualdade entre os homens*, de Jean-Jacques Rousseau, num mundo ainda marcado por profundas desigualdades sociais, este livro foi composto em Adobe Garamond Pro, corpo 11/13,2, e impresso em papel Luxcream 70 g/m² pela Intergraf, em agosto, para a Boitempo Editorial, com tiragem de 2.500 exemplares.